Christian Felber

Geld

Die neuen Spielregeln

Mitarbeit: Clemens Guptara

Deuticke

1 2 3 4 5   18 17 16 15 14

ISBN 978-3-552-06213-9
Alle Rechte vorbehalten
© Deuticke im Paul Zsolnay Verlag Wien 2014
Satz: Eva Kaltenbrunner-Dorfinger, Wien
Druck und Bindung: CPI – Ebner & Spiegel, Ulm
Printed in Germany

MIX
Papier aus verantwortungs
vollen Quellen
FSC® C006701

Inhalt

Das Geld wird über das Schicksal der Menschheit entscheiden.

Jacques Rueff[1]

Der eigentliche Preis, den wir für unser Geld bezahlen, ist, dass es unser Denken darüber einengt, was möglich ist – Geld baut unserer Vorstellungskraft ein Gefängnis.

YES! A journal of positive futures[2]

Bei Licht betrachtet ist die Wachstumsspirale der Wirtschaft ein so genanntes Schneeballsystem, das darauf beruht, dass die Gewinnauszahlungen an frühere Investoren aus den Einzahlungen der neuen Investoren gespeist werden.

Hans Christoph Binswanger[3]

War einst Ware in Geld verwandelt worden, um den Erwerb einer neuen Ware zu ermöglichen, so verwandelte sich nun Geld in Ware mit dem einzigen Ziel, wieder zu Geld zu werden.

Christina von Braun[4]

Eine Bank ist nicht eine Anstalt zur Aufnahme und zum Ausleihen von Geld, sondern eine Anstalt zur Erzeugung von Kredit.

Henry Dunning Macleod (1889)[5]

Die Mehrheit der Bürger ist der Ansicht, in unserem Geldsystem zu den Zinsgewinnern zu gehören.

Helmut Creutz[6]

Die gesamte Verschuldung in den G 20, den 20 wichtigsten Volkswirtschaften der Welt, ist heute um 30 Prozent höher als 2007, vor dem Beginn der Finanzkrise.

William White[7]

So wie bisher kann es nicht weitergehen.

Lucas Zeise[8]

Ein Kollaps des Systems ist unausweichlich. Die Frage ist nicht ob, sondern wann.

Dirk Müller[9]

Die schlimmste Krise seit der Großen Depression der 1930er Jahre hat bisher nicht dazu geführt, die Aufmerksamkeit von Wissenschaft, Fachmedien und Politik auf monetäre Grundfragen zu lenken und eine Reform der Geldordnung zum Bestandteil aktueller Finanzreformen zu machen.

Joseph Huber[10]

Das Privileg der Schöpfung und Ausgabe von Geld ist nicht nur ein der Regierung vorbehaltenes Recht, sondern kann zu deren kreativstem Instrument werden.

Abraham Lincoln[11]

Geld könnte nur noch verliehen werden, wenn Geld zum Verleihen da ist. Die Banken könnten nicht mehr überverleihen, indem sie Geld aus dem Nichts produzieren und so Inflation und Booms erzeugen.

Irving Fisher[12]

Das Geld ist indeß nicht Zweck, sondern Mittel zum Zweck.

Friedrich Wilhelm Raiffeisen[13]

Ökonomie ist nur ein Mittel zum Zweck.

Thomas Jorberg[14]

Eigentum verpflichtet. Sein Gebrauch soll zugleich dem Wohl der Allgemeinheit dienen.

Deutsches Grundgesetz, Art. 14

Die gesamte wirtschaftliche Tätigkeit dient dem Gemeinwohl.

Bayerische Verfassung, Art. 151

Private und börsennotierte Institute haben keine Verpflichtung, das Gemeinwohl zu fördern.

Alexander Dibelius[15]

Wer das Geld hat, macht die Regeln.

Frank Stronach

Freie Finanzmärkte sind die wirkungsvollste Kontrollinstanz staatlichen Handelns (…) Wenn man so will, haben die Finanzmärkte quasi als »fünfte Gewalt« neben den Medien eine wichtige Wächterrolle übernommen. Wenn die Politik im 21. Jahrhundert in diesem Sinn im Schlepptau der Finanzmärkte stünde, wäre dies vielleicht so schlecht nicht.

Rolf-E. Breuer[16]

Das Paradigma des freien Finanzmarktes soll durch jenes eines Finanzmarktes als Infrastruktur der Realwirtschaft (Service Public) ersetzt werden.

Philippe Mastronardi[17]

Ich bin mit dem, was wir bei der Bankenunion erreicht haben, sehr zufrieden.

Wolfgang Schäuble[18]

Vorwort:
Geld und Demokratie – eine überfällige Hochzeit

Sind Sie mit der gegenwärtigen Geldordnung zufrieden? Halten Sie sie für gerecht, demokratisch, verständlich und nachhaltig?

Wissen Sie, wie das heutige Geldsystem funktioniert: wie das Geld geschöpft wird, wie die Beziehungen zwischen Geschäfts- und Zentralbanken laufen, wie ein Kredit in ein Wertpapier verwandelt wird, was genau eine Schattenbank ist und auf welchem Weg hundert Millionen Euro in eine Steueroase transferiert werden?

Wissen Sie, wer die heutige Geldordnung gemacht hat? Welches Gremium sie entwickelt, welcher Ausschuss sie diskutiert, welches Parlament oder welcher Souverän sie beschlossen hat?

Die Ratlosigkeit, die sich üblicherweise angesichts solcher Fragen ausbreitet, ist einer lebendigen Demokratie ebenso unwürdig wie freier und mündiger BürgerInnen. Dieses Buch möchte die »Herrschaft des Geldes«[19] beenden, indem es

a) einen öffentlichen Diskurs über die herrschende Geldordnung anstößt;

b) konkrete und verständliche Alternativen zu allen wichtigen Elementen der herrschenden Geld- und Finanzordnung vorschlägt und

c) einen demokratischen Prozess skizziert, wie wir von der gegenwärtigen Plutokratie und Finanzdiktatur zu einer demokratischen Geldordnung kommen könnten.

Der Autor dieses Buches ist der Ansicht, dass das gegenwärtige Geldsystem nicht nur multipel dysfunktional, sondern auch – und das ist gleichzeitig die wichtigste Ursache dafür – durch und durch undemokratisch ist. Die politischen Entscheidungen, die zur gegenwärtigen Geldordnung geführt haben, tragen nicht den Bedürfnissen und Werten der Souveräne Rechnung. Laut repräsentativer Umfragen wünschen sich in Deutschland und Österreich zwischen achtzig und neunzig Prozent der Bevölkerung eine andere Wirtschaftsordnung als die gegenwärtige.[20] Stünden mehrere Alternativen zur Auswahl, würde die aktuelle Geldordnung mit Sicherheit abgewählt. Würde es beispielsweise zu einer demokratischen Abstimmung darüber kommen, ob

- Geschäftsbanken Geld schöpfen
- Kredite an Spekulanten vergeben werden
- systemrelevante Banken entstehen
- diese mit Steuergeld gerettet werden
- Schattenbanken existieren dürfen
- Staaten sich auf Märkten verschulden müssen
- der Kapitalverkehr in Steueroasen frei sein
- mit Nahrungsmitteln spekuliert werden darf
- der US-Dollar die Rohstoffwährung sein soll ...

es würde sich wohl in kaum einem Land der Welt auch nur für eine dieser heute gültigen Regeln eine demokratische Mehrheit finden. Dennoch existiert dieses unsägliche Geldsystem *legal* im Rahmen demokratischer Rechtsstaaten und macht uns das Leben schwer. Manchen nimmt es das Leben. Zu oft stimmt leider: Geld oder Leben.

Teil des Problems ist, dass die demokratisch gewählten Vertretungen so sehr von den mächtigsten Interessen, die sich innerhalb des neofeudal-kapitalistischen Geldsystems herausgebildet haben, eingenommen sind, dass sie an den gegenwärtigen Spielregeln des Geldsystems nichts Entscheidendes zu ändern gewillt sind. Die Regierungen und Parlamente machen jedenfalls nicht die geringsten Anstalten, die herrschende Geldordnung in Frage zu stellen, geschweige denn, die Spielregeln neu zu schreiben. Zwar betreiben sie – von der G20 und dem Basler Komitee über die EU-Institutionen bis hin zu den Nationalstaaten – eine Reihe von Reformprojekten und Finanzregulierungen, doch keine einzige stellt eine profunde Lösung dar, keine von ihnen wird eine alternative Geldordnung hervorbringen, diese ist in den offiziellen Prozessen gar nicht das Ziel!

Deshalb bleibt aus der Sicht des Autors allen freien, vernünftigen und demokratisch gesinnten Menschen nichts anderes übrig, als sich aus der bequemen Passivität und achselzuckenden Hinnahme einer multipel dysfunktionalen Geldordnung zu lösen und eigenverantwortlich und kooperativ von der BürgerInnenbasis her die Gestaltung einer neuen Geldordnung in Angriff zu nehmen.

Gute Gründe sollten uns dazu motivieren: Wir stehen vor der berühmten Entscheidung: »Change by design or change by desaster.« Besser bewusst gestalten als in die nächste Krise taumeln. Diesen »system shift« sind wir nicht nur uns selbst, unserer Selbstachtung und Würde schuldig, sondern auch den kommenden Generationen, denen wir das gegenwärtige »Unsystem« nicht untätig vererben sollten. Wenigstens sollten wir den *Versuch* unternehmen, ein gerechteres, stabileres und nachhaltiges Geldsystem zu entwickeln.

Ein Systemwechsel oder besser: eine demokratische Weiterentwicklung der Geldordnung kann nur von vielen gemeinsam in die Wege geleitet und von der höchsten Instanz der Demokratie – dem Souverän – beschlossen werden. Die *indirekte* Demokratie ist selbst zum Opfer des Geldsystems und seiner Tendenz zur korruptiven Vereinnahmung, zum blinden monetären Wachstum, zur finanzalchimistischen Selbstreferenzialität, zur »Umwertung aller Werte«[21] und zur ungebremsten Konzentration ökonomischer und politischer Macht geworden.

Der Vorschlag dieses Buches ist daher, die Spielregeln für das Geldsystem in partizipativen, dezentralen Prozessen zu diskutieren, in delegierten oder direkt gewählten nationalen Konventen zu finalisieren und durch bindende Volksabstimmungen in den Verfassungen zu verankern. Konkret könnte ein eigener Abschnitt in den Verfassungen ergänzt werden, in dem die Spielregeln des Geldsystems verankert sind. Damit hätten die Parlamente eine klare Grundlage für die Geld-Gesetzgebung. Die Geldverfassung ist bindend für den Gesetzgeber, aber nicht für alle Zeiten in Stein gemeißelt. Sie kann geändert werden, bloß nur wieder vom Souverän selbst, von derselben Instanz, die sie in Kraft gesetzt hat. Eine demokratische Geldordnung kann und sollte auch periodisch überarbeitet, verbessert und weiterentwickelt werden – vom Auftraggeber des Parlaments.

Einen persönlichen Appell möchte ich an diejenigen Menschen richten, die mit besonderer Kreativität, Intelligenz und Intellektualität ausgestattet sind. Diese sind Gaben der Natur, die uns geschenkt werden. Wir können sie für unseren persönlichen Vorteil nützen und wir können diese Gaben an die Gemeinschaft zurückgeben, indem wir an der Entwicklung fairer und demokratischer Spielregeln mitwirken. Wie viele hochbegabte Menschen erlernen heute das Handwerk der InvestmentbankerIn, FondsmanagerIn oder VermögensverwalterIn? Wie viel Intelligenz wird heute investiert in Produktinnovationen innerhalb des Systems? Und wie viel in Innovationen *am* System? Ein Wirtschaftssystem kann nur gut funktionieren, wenn die Spielregeln gerecht und akzeptiert sind. Wenn die »Spielregeln« in einem Unternehmen, in einem Haus oder in einer Organisation nicht stimmig sind, dann leidet die gesamte Organisation. Die gegenwärtige Geldordnung belastet die gesamte Gesellschaft – die Regeln sind multipel disfunktional.

Ziel dieses Buches ist eine demokratische Geldordnung, welche die Freiheit aller erhöht durch a) die gleiche Möglichkeit zur Mitgestaltung der Spielregeln, b) die egalitäre Wirkung dieser Spielregeln und c) ihre Tendenz zu Systemstabilität, Verteilungsgerechtigkeit und Nachhaltigkeit. Je demokratischer sie zustande kommt, desto eher wird sie mit den Grundwerten der Gesellschaft – Menschenwürde, Freiheit, Solidarität, Gerechtigkeit, Nachhaltigkeit – übereinstimmen. Die Vision des Buches ist: Geld darf weder das Ziel des Wirtschaftens noch ein privates Gut sein, sondern ein Mittel des Wirtschaftens und ein öffentliches Gut. Geld soll von einer Waffe zum Werkzeug werden. Geld soll dem Leben dienen, dem Gemeinwohl.

I. Einleitung:
Intransparente Finanzdiktatur

Es gehört zu den faszinierenden Eigenschaften des
Menschen, dass er seine eigenen Kulturleistungen
weder vorhersieht noch gänzlich versteht.
Ulrike Herrmann[1]

Unholistische Evolution des Geldsystems

Es lässt sich schwerlich behaupten, dass das heutige Geldsystem
von einem Genie entworfen oder nach einem Masterplan erschaffen worden wäre. Vielmehr hat sich das Geldsystem über die Jahrhunderte oder sogar Jahrtausende schrittweise entwickelt und zu
einem sehr komplexen »Monster«[2] ausgewachsen. Das Endergeb-
nis ist weder schön noch gut, es gibt keine demokratische Struktur,
kein verfasstes Ethos und keine Gründungsvision des »Ganzen«.
Das Geldsystem wurde nie bewusst erschaffen und als Werkzeug
für die Menschheit angelegt. Jeder einzelne Schritt und jede Zu-Tat
mag für bestimmte Gruppen Sinn ergeben und ihnen einen Vorteil
verschafft haben, doch das Ganze dient nicht allen gleich und schon
gar nicht dem Gemeinwohl. So definiert sich aber kein öffentliches
Gut, keine demokratische Infrastruktur, die alle gleich behandelt
und dem Ganzen dient.

Selbstverständlich ist bei weitem nicht alles schlecht am gegenwärtigen Geldsystem: Mit Geld wird sehr viel Gutes gestiftet und es
erleichtert uns den Alltag; eine Reihe von Grundfunktionen bringt
allgemeine öffentliche Vorteile, vom gesetzlichen Zahlungsmittel
über individuelle Bankkonten bis hin zur Möglichkeit, einen Kredit
aufzunehmen. Doch genau diese Vorteile gilt es zu orten, zu destil-
lieren, sinnvoll auszugestalten und demokratisch zu beschließen.
Was wirklich gut ist, wird auf reichliche Zustimmung stoßen.

Doch in zu vielen Aspekten ist das heutige Geldsystem eine Be-
reicherungsquelle für wenige, ein Casino und Selbstbedienungs-

laden für Insider, SpekulantInnen und SpielerInnen, mitunter eine gefährliche Waffe. Auch diese Waffe hat niemand vorsätzlich designt und geplant, sie entstand durch sukzessives Aneinanderfügen immer neuer Funktionen, Gesetzgebungsakte und technischer Innovationen. Die Evolution des Geldsystems lässt sich in Etappen zusammenraffen:

- Vor Geld als Tausch- oder Zahlungsmittel waren **Kredit und Schuld**, wie wir heute aus anthropologischen und historischen Forschungen wissen.[3]
- Danach erst entstanden **Tauschmittel mit Nutzwert**: zum Beispiel Holz, besonders oft Rind. Das doppelt »durchgestrichene« Dollar-, Pfund- oder Yen-Zeichen geht noch auf Viehhörner zurück.[4]
- Es folgten **Tauschmittel mit Symbolwert**: Muscheln, Knochen, oder bestimmte Steine. Damit etwas als Geld fungieren konnte und innerhalb einer Gemeinschaft als solches anerkannt wurde, musste es selten sein.
- Nach und nach setzten sich die Edelmetalle durch: Kupfer, Silber, Gold.
- Diese wurden alsbald zu den **Goldschmieden** getragen zur sicheren Aufbewahrung. Die Goldschmiede inspirierten die ersten **Depositenbanken**, die ausschließlich das Aufbewahrungsgeschäft, nicht aber das Kreditgeschäft wahrnahmen.
- Die Depositenbanken haben das Hinterlegen von Gold durch **Banknoten** oder auch **Wechsel** quittiert: die ersten Vorläufer von **Papiergeld** als Zahlungsmittel.
- Goldschmiede und **Depositenbanken** begannen, ein und dasselbe Goldstück mehrfach zu verleihen: der Beginn des Banksystems mit fraktionaler Reserve.
- Aus dem »spontanen« fraktionalen Banking wurde legales fraktionales Banking: **Geschäftsbanken** entstehen (in Mitteleuropa im 14. Jahrhundert).
- Private Geschäftsbanken gründeten ab dem 17. Jahrhundert **Zentralbanken**.
- Zentralbanken deckten die nationalen Währungen vorerst noch mit Gold: **Gold-Standard**.

- Die Golddeckung geht verloren (1971). Zentralbanken drucken Papiergeld ohne Deckung: **Fiat-Geld**.
- Die Computerisierung bringt die bisher größte aller Revolutionen: **elektronisches Buchgeld**. Geld kann erschaffen werden, ohne dass es gedruckt wird. Mit dem Buchgeld ist jede Gelddeckung aufgehoben. In Europa besteht die Basisgeldmenge M1 (Bargeld plus Girokontoguthaben) heute je nach Land zwischen 5 und 20 Prozent aus Zentralbanknoten und Münzen und zu 80 bis 95 Prozent aus Buchgeld.[5]
- Infolge der doppelten Buchführung können Banken selbst Buchgeld schöpfen. Diese sogenannte **Giralgeldschöpfung** erweitert die Geldmenge und führt zu Inflation – entweder auf den Gütermärkten oder auf den Finanzmärkten: **asset price inflation** (lat. inflare = aufblähen).
- An den Börsen und Finanzmärkten werden nicht nur Wertpapiere gehandelt (Aktien, Anleihen, Kredite …) sowie Rohstoffe und Währungen, sondern auch Wetten auf deren zukünftige Preisentwicklung abgeschlossen: **Derivate**.
- Neben den einfachen Wetten (Put-/Call-Optionen, Futures) entsteht mit dem Investmentbanking ein ganzes Universum neuer **Finanzinnovationen**, von der Verbriefung von Krediten unterschiedlicher Qualität (Collateralized Debt Obligations) über Versicherungen gegen den Ausfall von Krediten oder Staatsanleihen (Credit Default Swaps) bis hin zu Partial-Return-Swaps, Partial-Return-Reverse-Swaps und Total-Return-Swaps. Das globalisierte Finanzcasino wird kontinuierlich komplexer und undurchschaubarer. In den USA bewegte sich der Wert der Aktiva des Finanzsektors bis in die 1980er Jahre auf einem Niveau um 450 Prozent der Wirtschaftsleistung. 2007 stieg dieser Wert auf 1000 Prozent.[6]
- Die Banken weisen nur einen Teil ihrer Kreditgeschäfte in den Bilanzen aus. Ein relevanter Teil wird **außerbilanziell** über sogenannte **Schattenbanken** durchgeführt. Dabei spielen besondere Rechtskonstruktionen und Steueroasen eine zentrale Rolle. In den USA wird nur noch die Hälfte des Bankgeschäfts im Licht der Bilanzen dokumentiert, 23 Billionen US-Dollar verhar-

ren im Schatten und brüten dort neue finanzielle Zeitbomben aus.[7]

- Der computerisierte Wertpapierhandel (Hochfrequenzhandel) treibt die Umsatzvolumina an den Börsen ins Astronomische. Aktien und andere Wertpapiere werden in Millisekunden gekauft und wieder verkauft. Laut Insidern macht der Hochfrequenzhandel bereits über fünfzig Prozent des Aktienhandelsvolumens in New York und Frankfurt aus.[8]
- Der Derivate-Umsatz muss in Millionen Milliarden – in *Billiarden* – gemessen werden. Solche Zahlen sprengen jede Vorstellungskraft, sie sind losgelöst von den realwirtschaftlichen Kennzahlen: Der globale Waren- und Dienstleistungshandel belief sich 2011 auf 22 Billionen US-Dollar[9], das Welt-BIP auf 70 Billionen US-Dollar[10]: zwischen einem und zwei Prozent des statistisch erfassten Derivate-Umsatzes.

Im Zuge dieser »Evolution« hat das Geld mehr und mehr Funktionen aufgeladen. Geld ist nicht mehr nur ein *Wertmaß* (für die Preise von Produkten und Dienstleistungen) und ein Tauschmittel oder besser: *Zahlungsmittel* zur Vereinfachung von Täuschen und Abwicklung von Käufen. Geld hat zudem die Funktion des *Kredites*, des *Wertspeichers* (Sparen, Altersvorsorge), des *Produktionsmittels* (Unternehmen), der *Versicherung* (gegen Ernteausfall, Wechselkursschwankung oder Zinsänderung), des *Statussymbols* (Anerkennung, Selbstwert, Zugehörigkeit) oder des *Machtmittels* (Einschüchterung, Korruption, Bestechung, Erpressung). Geld ist auch ein *Steuermittel* für die Finanzierung der Staatsaufgaben. Es gibt bei weitem keinen Konsens darüber, was Geld alles ist und welche Funktionen es hat. Dieser Aufgabe könnte eine systematische Geldwissenschaft nachgehen, doch ist die Existenz einer solchen nicht bekannt. Zwar tragen einzelne Lehrstühle und Lehrveranstaltungen diesen Namen, aber es gibt schon allein für Bankwissenschaften mehr Lehrstühle als für Geldwissenschaften. Die Geringachtung des Geldes betrifft prominente Ökonomen: »In der politischen Ökonomie kann es kein für sich genommen unbedeutenderes Thema geben als Geld«, meinte beispielsweise John Stuart Mill.[11] Auch Paul A. Samuelson warnt in seinem Standard-Lehrbuch die Studierenden vor der Befassung mit dem Thema Geld: »Nur das Währungsproblem hat mehr Menschen um den Verstand gebracht als die Liebe.«[12]

Helmut Creutz schreibt: »Selbst in der zuständigen Wissenschaft wird das Thema Geld noch als Rätsel behandelt oder weitschweifig umgangen.«[13] Ist es Zufall, dass es nur ein schwaches wissenschaftliches Interesse an der Funktionsweise des Geldsystems gibt, obwohl dieses zu hundert Prozent menschengemacht ist und so weitreichende Auswirkungen auf alle Lebensbereiche hat? Ist der »Nebel um das Geld«[14] und seine Spielregeln Teil der Herrschaft des Geldes? Es leuchtet wohl ein, dass Geld nur dann zur Zufriedenheit der Menschen funktionieren und der Wirtschaft dienen kann, wenn wir es a) gründlich durchschauen und b) bewusst gestalten – oder nicht?

Multiple Dysfunktionalität des aktuellen Geldsystems

Ergebnis der »bewusstlosen« und »lichtlosen« Geldordnung ist eine multiple Dysfunktionalität des gegenwärtigen Geldsystems aus ökonomischer, ökologischer, ethischer und demokratischer Perspektive. Das aktuelle Geldsystem ist:
– Unverständlich. Versuchen Sie, eine »ExpertIn« in zwei Minuten verständlich erklären zu lassen, wie Geld von privaten Banken geschöpft wird. Sie werden in mindestens neun von zehn Fällen scheitern. Einer der bekannteren Geld-Publizisten, Helmut Creutz, glaubt gar nicht an Geldschöpfung durch private Banken: »Würden die Banken tatsächlich ohne Einlagen Kredite schöpfen, wäre das Betrug und eine Sache für den Staatsanwalt.«[15] Auch »Mr. Dax« Dirk Müller ist eine korrekte Darstellung in seinem Bestseller »Crashkurs« nicht ganz gelungen.[16] Michael Moore hat sich in seinem Dokumentarfilm »Capitalism: A Love Story« den Scherz erlaubt, Investment- und NationalbankerInnen nach der Definition eines Derivates zu fragen. Das Ergebnis war Entertainment ohne Education. Joseph Huber schreibt: »Manchmal hat man den Eindruck, dass die heutigen Statistiken

und Begriffe über Geld speziell dazu erfunden wurden, um die tatsächliche Funktionsweise des Geldsystems zu verschleiern.«[17]

- **Ineffizient.** Die günstigsten Kredite erhalten nicht jene, die Gutes tun und reale Investitionen mit sozialem und ökologischem Mehrwert tätigen, sondern diejenigen, welche die höchste Finanzrendite versprechen. Geld fließt in Finanzblasen und Steueroasen, anstatt in Arbeitsplätze und Staatskassen.
- **Ungerecht.** Die höchsten Einkommen erhalten nicht jene, welche die wertvollsten Leistungen erbringen (z.B. Betreuung von Kindern, Kranken oder Älteren), sondern diejenigen, die das Geld derjenigen am riskantesten und schnellsten vermehren, die schon das meiste und zu viel davon haben (Hedge-Fonds-Manager).
- **Intransparent.** »Über Geld spricht man nicht«, heißt es. Obwohl es doch gleichzeitig das Wichtigste zu sein scheint. Zum »monetären Okkultismus« passen das Bankgeheimnis, anonyme Trusts, Steueroasen und das mauernde Schweigen der Verfassungen zur Frage der Buchgeldschöpfung.
- **Instabil.** Es tendiert systemisch zur Instabilität und Krise, weil private Profitinteressen Vorrang genießen vor Gemeinwohl und Systemstabilität. Erlaubt sind Leerverkäufe, spekulative Attacken auf Währungen, Wetten auf Staatspleiten und steigende Lebensmittelpreise, computergesteuerter Hochfrequenzhandel, hebelverstärkte Spekulation (»leveraging«) und Geldschöpfung durch Geschäftsbanken.
- **Nicht nachhaltig.** Weil Geld als Schuld in Umlauf kommt, muss es stets Wachstum geben, um die verzinsten Kredite tilgen zu können. Das Zinssystem und die allgemeine Auffassung, dass Kapital ein Recht auf Vermehrung hat, zwingen zu grenzenlosem Wachstum.
- **Unethisch.** Bei der Kreditvergabe spielen ethische Kriterien keine Rolle. Basel I, II und III sind ökologisch, sozial und human gleichermaßen blind.
- **Skrupellos.** Die gegenwärtige Geldordnung ist geradezu eine Einladung, sich auf Kosten anderer zu bereichern, zum Betrug durch das Ausnützen von Informationsasymmetrien (Insider-

geschäfte) und zur Bereicherung zum Schaden anderer (Wetten auf Verluste). »Geld verdirbt den Charakter« hat einen wahren Kern.

– **Kriminell.** Vom Goldman-Sachs-Griechenland-Deal bis zum Subprime-Betrug, vom Libor-Skandal bis zur Rohstoffpreismanipulation reiht sich Kriminalfall an Kriminalfall. J.P. Morgan zahlte für einen Vergleich dreizehn Milliarden US-Dollar. In derselben Woche entschädigte die Bank über den Tisch gezogene KundInnen mit weiteren vier Milliarden US-Dollar. UBS, Royal Bank of Scotland, Barclays und Rabobank zahlten zusammen 2,5 Milliarden Euro Strafe für die Libor-Manipulation. Die Deutsche Bank machte bei Drucklegung dieses Buches Milliarden-Rückstellungen gegen den einsetzenden Klagen-Hagel.

– **Undemokratisch.** Allerorts – von der Geldschöpfung bis zur Produktinnovation – haben sich Partikularinteressen durchgesetzt. Geld und das gesamte Finanzsystem sind heute viel zu sehr ein privates und viel zu wenig ein öffentliches Gut. Das, was klar verboten sein müsste, zum Beispiel »finanzielle Massenvernichtungswaffen«, Schattenbanken oder der freie Kapitalverkehr in Steueroasen, ist erlaubt, weil die Plutokraten die Politik korrumpieren.

– **Regulierungsresistent.** Der vielleicht größte Defekt der gegenwärtigen Geld- und Finanzordnung ist, dass sie zu einer so großen Machtkonzentration geführt hat, dass eine effektive Regulierung nicht mehr gelingt. Manche, wie der ehemalige Chef der Deutschen Bank Rolf-E. Breuer, heißen das öffentlich gut. Er bezeichnete die Finanzmärkte als »fünfte Gewalt«, die das Verdienst auszeichnet, den Staat zu »kontrollieren«.[18]

Der systemische Totalschaden an der Demokratie setzt sich aus zahllosen kleinen »Unfällen« zusammen:

– **Parteienfinanzierung** und Spenden an PolitikerInnen haben einen mächtigen Einfluss auf die Ergebnisse (formal) demokratischer Prozesse. Die BefürworterInnen der Regulierung von Derivaten im US-Kongress erhielten Ende der 1990er Jahre eine Million US-Dollar, die GegnerInnen dreißigmal so viel.[19]

- **Lobbies** umlagern die legislativen Gremien und bringen ihre Interessen erfolgreicher ein als die – mittellosen – BürgerInnen. Oft sagen PolitikerInnen ganz unumwunden, dass ihnen die Gesetzesvorlagen aus der jeweiligen Industrie eine willkommene Arbeitserleichterung darstellen.[20] Die Finanzunternehmen der Wall Street zahlten zwischen 1998 und 2008 recherchierte 5,1 Milliarden US-Dollar an Lobbyisten.[21] CEO Jamie Dimon meinte einmal, seine JP Morgan Chase erziele »eine gute Rendite mit dem ›siebenten Geschäfsfeld‹ der Bank – Beziehungen zu Politik und Behörden«.[22]
- Mitunter wird mit **Korruption** und **Bestechung** nachgeholfen. Österreich galt lange als ein von Korruption relativ verschontes Land. Das hat sich in den letzten zwanzig Jahren gedreht. Ex-Innenminister und Leiter der ÖVP-Fraktion im EU-Parlament Ernst Strasser bot seinen politischen Einsatz für 100 000 Euro an, er wurde in erster Instanz zu vier Jahren unbedingter Haft verurteilt.[23]
- **Drehtüreffekt**: Politische und wirtschaftliche Eliten bilden eine Einheit: Manager wechseln in die Politik, PolitikerInnen wechseln in den Lobby-Dienst der mächtigsten Konzerne. Goldman Sachs stellte gleich mehrere US-Finanzminister oder -Stellvertreter. In den USA wechselt jeder dritte Kongressabgeordnete nach Ablauf der Amtszeit direkt ins Lobby-Geschäft.[24] Die Türen drehen sich auch pausenlos zwischen Aufsichtsbehörden und Finanzunternehmen.
- **Medien** werden immer abhängiger von mächtigen AnzeigenkundInnen, die sie durch kritische Berichterstattung nicht verlieren wollen. Oder die Wirtschaftskonzerne besitzen Medien direkt und intervenieren, wie zum Beispiel Raiffeisen beim österreichischen *Kurier*.
- **WissenschaftlerInnen** haben Angst, sich außerhalb des Mainstreams zu bewegen, weil sie dann um ihren Ruf fürchten müssen, unter Umständen von der Wissenschaftsgemeinde »geschnitten« werden und nicht mehr in einschlägigen Periodika publizieren können.

RegulatiererIn gesucht

Angesichts dieser systematischen Unterminierung und Kaperung der Demokratie durch die Geldaristokratie hat eine tiefgreifende Reform des Geldsystems, eine Änderung der Spielregeln durch die zuständigen demokratischen Gremien und Institutionen geringe bis gar keine Aussichten auf Erfolg. In einer funktionierenden Demokratie hätten Regierungen, Parlamente und internationale Organisationen die Spielregeln des Geldsystems nach 2008 oder schon nach der Asienkrise 1997/98, nach dem Schiffbruch des Hedge-Fonds Long Term Capital Management 1998 oder dem Platzen der Dotcom-Blase 2000 umgehend in Angriff genommen. Bevor ich eine grundlegende Alternative vorschlage, machen wir noch einen Rundgang durch die wichtigsten Institutionen auf dem globalen Polit-Parkett, die für die Regulierung des globalen Finanzmonsters in Frage kommen. Sind sie dazu geeignet und daran interessiert, die Geldordnung in den Dienst der Menschen und der Wirtschaft zu stellen? Sind sie willens und in der Lage, dem guten Leben und dem Gemeinwohl zu dienen?

II. DompteurIn gesucht:
Wer bändigt das globale Geld- und Finanzsystem?

Jetzt muss jedem verantwortlich Denkenden in der
Branche selbst klar geworden sein, dass sich die inter-
nationalen Finanzmärkte zu einem Monster entwickelt
haben, das in die Schranken gewiesen werden muss.

Horst Köhler[1]

G20 und Finanzstabilitätsrat

Angesichts des hohen Globalisierungsgrades der Finanzmärkte
und des hohen Ansteckungsrisikos in Finanzkrisen wäre eine internationale Regulierung, eine *globale demokratische Geldordnung*, das
Gebot der Stunde. Das Gremium, das sich die Regulierung der internationalen Finanzmärkte am sichtbarsten auf die Fahnen geheftet hat, ist die Gruppe der zwanzig größten und mächtigsten In-
dustrie- und Schwellenländer. Doch schon die Zusammensetzung
der Gruppe wirft ein großes Fragezeichen auf: Wieso ausgerechnet diese zwanzig von 192 UN-Mitgliedern? Wieso nicht direkt die
UNO? Das fragen sich auch prominente ÖkonomInnen rund um
Joseph Stiglitz: »Weder die G7 noch die G20 stellen eine ausreichend
inklusive globale Steuerungsgruppe dar, um einen globalen Systemwechsel in Angriff zu nehmen. Zwar sind die G20 etwas breiter
aufgestellt als die G7, doch bleiben 172 Staaten außen vor. Die
Gestaltung jeder zukünftigen Regulierung muss Inklusion und an-
gemessene Vertretung von Entwicklungsländern sicherstellen, einschließlich der LDC.«[2] Es ist ein starkes Stück, wenn formal demokratische Staaten sich in einem hochexklusiven Club zusammentun
und davon ausgehen, dass das, was sie beschließen, für die ganze
Welt gut sei und von 172 vor der Tür wartenden Staaten mitgetragen
werde. Unbestritten ist das relative Gewicht der G20 an der globalen
Wirtschaftsleistung (85 Prozent des Welt-BIP und 80 Prozent des
Welthandels), aber Demokratie ist eben das Gegenteil von Hege-

monie. Die G20 argumentiert zudem mit ihrer »Öffnung«, weil es ja ursprünglich nur die sieben Allerwichtigsten waren. Doch historisch ist die G20 auch numerisch ein Rückschritt: 1944 beteiligten sich mehr als vierzig Staaten an der Gründung der Weltbank und des Internationalen Währungsfonds. Das ökonomische Gewicht der Entwicklungsländer hat seither zugenommen ... Noch ein Widerspruch: Seit nunmehr dreißig Jahren wird das Lied von der liberalen Globalisierung mit freiem Personen-, Waren- und Kapitalverkehr gesungen. Und nun soll gerade mal ein Zehntel aller Staaten Lösungen für Probleme suchen, die alle betreffen? Es gibt keinen vernünftigen Grund, weshalb eine Minderheit sich anmaßt, die Regeln für alle zu machen. Zum undemokratischen Prozess passt das substanzlose Ergebnis der G20-Gipfelserie. Fünf Jahre nach dem Ausbruch der Krise

– ist weit und breit keine globale Finanzaufsicht in Sicht;
– wurde kaum eine systemrelevante Bank zerschlagen, viele Finanzinstitute sind systemrelevanter als je zuvor;
– ist der Kapitalverkehr in alle Steueroasen vollkommen frei;
– wurde kein einziges Produkt aus dem Verkehr gezogen;
– wurde mit Ausnahme von ungedeckten Leerverkäufen in der EU keine einzige Aktivität international verboten;
– verschwand keine Kategorie von Finanzinstitutionen von der Bildfläche.

Vom Versprechen beim ersten Treffen 2008 in Washington, »alle Märkte, Produkte und Akteure zu regulieren oder zu beaufsichtigen«[3], ist wenig übrig geblieben. Der Eindruck, der dadurch entsteht, ist der umgekehrte, der erweckt werden soll: Die zwanzig mächtigsten Nationen haben sich nicht zusammengetan, um das »Monster« mit vereinter Macht zu bändigen, sondern um es zu schützen. Sie *sind* das Monster. Allerdings nicht in der Bedeutung, dass die Bevölkerung in den USA, in Deutschland oder Italien so sehr auf systemrelevante Banken versessen und auf freien Kapitalverkehr in Steueroasen bestehen würde, sondern dass die finanziellen und ökonomischen Eliten den demokratischen Prozess in den Nationalstaaten gekapert haben, wodurch dort Entscheidungen gegen die Interessen der Bevölkerungsmehrheiten getroffen werden und dasselbe Spiel über die Regierungen auf der globalen Ebene wiederholt wird.

Der einzige Erfolg, den sich die G20 anrechnen könnte, ist der Beschluss von Basel III. Doch wie wir später sehen werden, wird auch Basel III die nächste Finanzkrise nicht verhindern können.

Der Finanzstabilitätsrat (Financial Stability Board, FSB) wurde als Konsequenz der verheerenden Asienkrise 1997/98 zunächst als Finanzstabilitätsforum (Financial Stability Forum) gegründet.[4] Es setzt sich aus den wichtigsten Aufsichtsorganen, Notenbanken und Finanzministerien zusammen. Es kann als zuarbeitendes ExpertInnenforum der G20 bezeichnet werden, die G20 bezieht sich häufig auf den FSB. Doch beide zusammen eint die Untätigkeit und Wirkungslosigkeit. Diese wird auch von prominenter Seite attestiert: »Es ist jetzt offenkundig, dass die vom FSF vorgeschlagenen Reformen nicht ausreichend waren, um eine größere globale Finanzinstabilität zu verhindern«, meint die UN-ExpertInnenkommission rund um Joseph Stiglitz.[5]

Internationaler Währungsfonds

Dem 1944 gegründeten Internationalen Währungsfonds gehören zwar 184 Staaten als Mitglieder an, doch hat er ein nicht minderes Demokratieproblem als die G20: Er ist rechtlich eine Aktiengesellschaft im Mehrheitsbesitz der reichsten Länder. Er vertritt allein aufgrund seiner Eigentumsstruktur nicht globale Interessen, sondern hegemoniale. Die USA haben als einziges Mitgliedsland ein Veto-Recht und können jede Entscheidung, die ihren Interessen zuwiderläuft, verhindern. Zahllose Länder sind dagegen völlig unterrepräsentiert, sie finden kaum oder gar kein Gehör. Die auf alle Mitgliedstaaten gleich verteilten Basis-Stimmrechte haben sich historisch zudem deutlich verschlechtert und machen nur noch 5,5 Prozent der Stimmrechte aus. 1944 waren es noch 11,3 Prozent.[6]

Der Fonds hat sich einen ziemlich schlechten Ruf erworben, indem er zunächst in den 1980er Jahren überschuldeten Ländern die berüchtigten Strukturanpassungsprogramme aufzwang: Kürzung öffentlicher Ausgaben, Streichung von Lebensmittelsubventionen, Einführung von Schuldgeld, Privatisierungen und Marktöffnung. Nach Stiglitz »haben im IWF die Marktideologen das Sagen; ihrer Auffassung nach funktionieren die Märkte im Großen und Ganzen gut, während Staaten mehr oder minder schlecht funktionieren.«[7] Die verordnete Medizin hat die erhoffte Wirkung oft verfehlt – die Armut hat sich in vielen behandelten Ländern erhöht. Dennoch wird die zweifelhafte Kunst des IWF seit der Euro-Krise auch auf die EU-Staaten angewandt, von Griechenland bis Irland. Wie schon bei den früheren Patienten verschlimmerte sich nach der »Therapie« der Zustand Griechenlands, dessen Wirtschaft sich in der schwersten Rezession eines europäischen Landes seit dem Zweiten Weltkrieg befindet – Erholung ist auch Jahre nach Behandlungsbeginn nicht in Sicht. Die Troika wird deshalb immer öfter als »Destroika« bezeichnet und des »Austerizids« bezichtigt.

Zum anderen waren es die dogmatisch-blinden Liberalisierungen, die von einem fundamentalen Glauben an die Selbstregulierungskräfte des Marktes motiviert waren und zu schweren Finanzkrisen geführt haben, die der Fonds selbst unmittelbar vor Ausbruch nicht vorhersah, weil sie nicht in sein ideologisches Bild perfekt funktionierender (Finanz-)Märkte passten.[8] Entsprechend »fördern viele der wirtschaftspolitischen Auflagen des IWF mit Sicherheit die globale Instabilität«, kritisiert Stiglitz. »Statt den Interessen der Weltwirtschaft zu dienen«, diene der Fonds »den Interessen der internationalen Finanzwelt.«[9]

Zur Ehrenrettung des Fonds ist auch anzuführen, dass er sich in letzter Zeit gleich vier Verstöße gegen seine eigene ideologische Doktrin geleistet hat. Erstens hieß es plötzlich, nachdem jahrzehntelang der freie Kapitalverkehr zum Allerheiligsten zählte, dass Beschränkungen des Kapitalverkehrs eine mögliche Schutzmaßnahme darstellen können. Zweitens dämmerte nach dem totalen Griechenland-Desaster, dass Sparen in der Rezession vielleicht doch nicht das beste Mittel zur Genesung ist. Drittens gruben die IWF-Experten Jaromir Benes und Michael Kumhof den aus den 1920er Jahren stammenden Vorschlag nach einem reservengedeckten »100-Prozent-Geld« aus und widmeten ihm das Working Paper

»The Chigaco Plan Revisited«.[10] Und viertens löste ein »Fiscal Monitor« mit dem Titel »Taxing Times« helle Aufregung aus, weil darin die Möglichkeit ausgeführt wurde, sämtliche Bankeinlagen einmalig mit zehn Prozent zu besteuern, um die Staatsschulden auf das Niveau vor der Krise abzubauen.[11] Die Fonds-Führung beeilte sich allerdings mit der Klarstellung, dass es sich nicht um eine Position des Fonds, sondern um Einzelmeinungen handelte. Es bleibt vorerst bei Lichtblicken in einer dunklen Organisation.

Welthandelsorganisation WTO

Die Welthandelsorganisation WTO hat die schlechtesten Karten von allen: Sie stellt einen Kontinuitätsbruch auf dem Weg des »Zusammenwachsens« der internationalen Staatengemeinschaft dar. Nachdem die Vereinten Nationen gegründet, die Allgemeine Erklärung der Menschenrechte proklamiert und das Institutionenkonzert der UNO Mitglied um Mitglied gewachsen war, kam es 1995 zu einem gewaltigen Ausscherer: Ausgerechnet die mächtige Handelsorganisation wurde nicht in das UN-Orchester eingebettet und mit den bestehenden Programmen, Organisationen und Zielen abgestimmt, sondern zur alleinigen Durchsetzung der Handelsfreiheit als Einzelorganisation gegründet. Der Grund: Die Handelsinteressen der transnationalen Konzerne sollten eben nicht abgestimmt werden mit Menschenrechten, Klimaschutz, kultureller Vielfalt, Arbeitsrechten oder Ernährungssicherheit und -souveränität. Eine Institution im Rahmen der UNO hätte diese Abstimmungen und Abwägungen vornehmen müssen. Im Rahmen der UNO gibt es sogar eine »Konferenz für Handel und Entwicklung«, die UNCTAD, die 1964 auf Initiative der G77, einer Gruppe von heute 130 Entwicklungsländern, gegründet wurde und deren Ziel nachhaltige Entwicklung ist und nicht »Freihandel«. Genau deshalb verloren die Industriestaaten, allen voran die EU-Kernstaaten und die USA, das Interesse an dieser UN-Handelsorganisation und setzten sie aufs politische Abstellgleis.

Die WTO kann alle Rücksichten hinter sich lassen, sie ist in blinder Mission der Durchsetzung der Handelsfreiheit verschrieben. Doch Handel ist kein Selbstzweck, sondern ein Instrument für Entwicklung, Freiheit und Demokratie. Folglich sollte Handel nur in dem Maße und in der Qualität praktiziert werden, wie er der Erreichung der Ziele dient. Die WTO macht das Mittel zum Zweck, weil es den Konzernen gefällt. Entsprechend ist sie gar nicht für Regulierungen, also die Begrenzung, Bedingung und Gestaltung des Handels zuständig, sondern ausschließlich für Liberalisierungen und Marktöffnungen. Ihre Verträge sind so verdreht aufgesetzt, dass sie Regulierungen in Frage stellen oder Klagen dagegen ermöglichen. So wurde mehrfach – mit Erfolg – vor dem WTO-Schiedsgericht gegen diverse nationale Gesetze zum Schutz der Gesundheit oder der Umwelt geklagt.[12]

Besonders tückisch ist das Dienstleistungsabkommen der WTO, das auch Finanzdienstleistungen umfasst. In diesem Teilabkommen stellen die WTO-Mitglieder gegeneinander Forderungen. Die EU fordert speziell von Entwicklungsländern, dass sie Kapitalverkehrsbeschränkungen aufheben und dass Banken, die von Steueroasen aus operieren, zum Markt zugelassen werden sollen. Kurz, die WTO hat gar keinen Regulierungsauftrag, sondern eine Deregulierungswirkung. Von ihr die Bändigung der Finanzmärkte zu erhoffen, hieße, den Bock zum Gärtner zu machen.

Basler Ausschuss für Bankenaufsicht

Der Basler Ausschuss für Bankenaufsicht, der 1974 von den zehn mächtigsten Staaten gegründet wurde, hat nach der Krise eine dritte Generation Kreditvergaberegeln für die Mitgliedstaaten ausgearbeitet. Die Richtlinien »Basel I«, »Basel II« und nun »Basel III« werden in der Regel von den Mitgliedstaaten in nationales Recht umgesetzt, in der EU in Form der Richtlinien über Eigenkapitalanforderungen (Capital Requirements Directive I–IV).

Der Basler Ausschuss kommt als globale Regulierungsinstanz schon allein deshalb nicht in Frage, weil sein Kompetenzbereich sehr eng begrenzt ist und sich auf die Eigenkapital- und Kreditvergaberegeln beschränkt. Er hat bei diesen auch keine legislative Kompetenz, sondern nur Empfehlungscharakter. Und ähnlich wie die G20 ist er ein ziemlich exklusiver Club mit einer nur etwas höheren Mitgliederzahl.

Zweitens gibt es heftige Kritik an Basel II, aber auch an Basel III, das 2014 in Kraft tritt. Ein wichtiger Kritikpunkt ist die Prozyklizität der Regeln: Unternehmen müssen auf ihre Kreditwürdigkeit bewertet und »geratet« werden. In einer Rezession sinkt jedoch die Kreditwürdigkeit aller Unternehmen, genau dann, wenn sie besonders dringend Kredite bräuchten. Drehen die Banken in der Rezession den Kredithahn zu, verstärken sie diese und lösen eine Insolvenzwelle aus: volkswirtschaftlich die genau falsche Reaktion. Umgekehrt wird beim Aufschwung Öl ins Feuer gegossen, weil sich die Kreditwürdigkeit der Unternehmen generell verbessert, was die Blasenproduktion im Kapitalismus anregt.

»Blasel III« hält zudem an der Berechnung des Eigenkapitals für die einzelnen Aktivposten nach gewichteten Risikofaktoren fest. Manche Aktiva gelten als sicherer, oder erhalten ein günstigeres Rating, und müssen deshalb mit weniger Eigenkapital unterlegt werden. Doch die letzten Jahre haben gezeigt, dass auf Ratings wenig Verlass ist; und dass als sicher geltende Assets wie zum Beispiel Staatsanleihen ausfallen können – in Basel II und III gelten sie dennoch als ausfallsicher und müssen gar nicht mit Eigenkapital unterlegt werden. Eine Bank, die sich auf die Finanzierung von Staaten spezialisiert, könnte sehr rasch in große Probleme kommen, wenn es zum Schuldenschnitt des Staates, dessen Anleihen sie hält, kommt. Das müssten auch die Letzten seit Griechenland wissen.

Drittens ist der Basler Ausschuss kein für die ganze Gesellschaft repräsentatives Gremium. Weder finden sich darin ÖkologInnen noch PsychologInnen, SozialmedizinerInnen oder NeurobiologInnen, obwohl die Kreditvergabeentscheidungen, die von Banken getroffen werden, massive Auswirkungen auf alle Bereiche der Gesellschaft haben. Die ökologischen, sozialen, humanen oder demokratischen Auswirkungen eines Kredites sind für das Basler Komitee kein Thema. Das ist vielleicht das größte Qualifizierungsdefizit: Das Wesentliche muss gar nicht bewertet werden. Der Kredit kann ökologisch destruktiv, entwürdigend, diskriminierend sein und asoziale Wirkungen haben – solange die Rückzahlung inklusive Zinsen als wahrscheinlich gewertet wird, darf er vergeben werden. Die Kreditvergaberegeln sind im wahrsten Sinn des Wortes »unethisch«. Sie sind monetärer Autismus und damit gefährlich für die Gesellschaft. Der Basler Bankenausschuss scheidet aus.

Europäische Union

Die meisten Hoffnungen auf erfolgreiche Bändigung und Regulierung der Finanzmärkte gelten der Europäischen Union. Und einige AkteurInnen im weiten Institutionen-Konzert der EU geben auch berechtigten Anlass zur Hoffnung. Im Parlament, dem einzig direkt demokratisch legitimierten Organ, sitzen einige engagierte PolitikerInnen, die dem Gemeinwohl verpflichtet sind, und nicht der Finanz-Lobby. Auch wenn das alles andere als einfach ist: Sven Giegold, der sich für die deutschen Grünen mit Banken, Versicherungen und Fonds herumschlägt, berichtet, dass auf jedes Gegenüber, das die Interessen der KonsumentInnen, ArbeitnehmerInnen oder UmweltschützerInnen vertritt, fünfzig Lobbyisten der Geldindustrie kommen, die vor seiner Tür stehen. Es ist ein ungleicher Ressourcenkampf. Gemeinsam mit anderen hat Giegold eigens die gemeinwohlorientierte NGO »Finance Watch« gegründet, welche von der Kommission jährlich mit zehn Millionen Euro ausgestattet wird.[13] Doch im Vergleich zu den Milliarden, welche den Konzernen und Bankenverbänden zur Verfügung stehen, sind das Peanuts. Manche SpitzenpolitikerInnen bieten sich bereits für 100 000 Euro an.

Und selbst wenn das Parlament die Fahne des Gemeinwohls hisst, ist seine Macht begrenzt. In nicht wenigen und nicht unwesentlichen Politikbereichen, wie zum Beispiel der Steuerpolitik, hat das Parlament nicht einmal ein Mitentscheidungsrecht. In denjenigen Materien, wo es ein Stimmrecht hat, muss es sich mit dem Rat, den nationalen Exekutiven (!), abstimmen. Allein kann es gar nichts entscheiden – und nicht einmal Gesetze initiieren. Das

Monopol für den Entwurf von Verordnungen und Richtlinien liegt bei der EU-Kommission, die demokratisch nicht legitimiert ist. Nicht selten verfolgt sie ihre eigene Agenda. Bei der Finanztransaktionssteuer oder der Regulierung von Hedge-Fonds musste das Parlament die Kommission jahrelang beknien, bevor diese sich bequemte, aktiv zu werden. Die Kommission hört zu, wem sie will. Und sie wählt aus, wer sie berät. Ein sehr anschauliches Beispiel für die ideologisch getränkte Interessenpolitik der Kommission ist die Zusammensetzung der Larosière-Kommission, die auf dem Höhepunkt der Finanzkrise 2008 von Kommissionspräsident Manuel Barroso eingesetzt wurde, um Vorschläge für die Regulierung der Finanzmärkte zu erarbeiten. Laut Lobbypedia war die achtköpfige Expertengruppe mehr als einseitig besetzt. Vier Mitglieder haben direkte Verbindungen zu den Großen der Finanzbranche: Der Vorsitzende Jacques de Larosière ist seit 1998 als Berater der BNP Paribas tätig, Otmar Issing ist Berater von Goldman Sachs, Onno Ruding berät die Citigroup. Rainer Masera war Geschäftsführer von Lehman Brothers Italien. Callum McCarthy wird in seiner Rolle als Chef der britischen Finanzaufsicht FSA grobes Versagen vorgeworfen. Leszek Balcerowicz, Kuratoriumsmitglied der Friedrich-August-von-Hayek-Stiftung und Mitglied des Advisory Council des European Policy Centre, gilt als marktradikaler Gegner von Regulierung. Kritische Perspektiven fehlten in der Gruppe gänzlich. Folgerichtig wurde im Schlussreport der Larosière-Gruppe die Selbstregulierung der Banken nicht wesentlich in Frage gestellt.[14]

Einige Kostproben aus den Empfehlungen der Experten: »Die Rolle des IWF in der makroökonomischen Überwachtung soll gestärkt werden« (noch ein Bock als Gärtner), außerbörsliche OTC-Derivate sollen »vereinfacht und standardisiert« (anstatt verboten) werden oder: »Für außerbilanzielle Zweckgesellschaften sollten (wie vom FSB empfohlen) strengere Regeln gelten. Das heißt, dass Art und Umfang der für diese Zweckgesellschaften geltenden aufsichtlichen Vorschriften geklärt und gegebenenfalls höhere Eigenkapitalanforderungen festgelegt werden müssen. Außerdem sollte für mehr Transparenz gesorgt werden.«[15] Mit anderen Worten: Außerbilanzielle Zweckgesellschaften alias »Schattenbankensektor« sollen weiterbestehen, nur »gegebenenfalls« höhere Eigen-kapitalanforderungen erfüllen und etwas transparenter werden. Die Schließung des Sektors durch die Aufnahme aller Bankge-schäfte in die Bankbilanzen wird von den Experten nicht empfoh-len.

Der massive Belagerungsring um die zarten Gemeinwohl-Keime in den EU-Institutionen lässt nicht zu, dass effektive Gesetze her-auskommen. Zwar ist die Liste der Regulierungsvorhaben seit 2008 beachtlich, darunter:

– Eigenkapitalanforderungen für Banken (»CRD IV-Paket«), setzt Basel III in der EU ab 1.1.2014 um;
– Regulierung von Versicherungen (»Solvency II«), tritt am 1.1. 2016 in Kraft;
– Richtlinie zur Regulierung der Manager profitorientierter In-vestmentfonds (»AIFMD«), wurde 2011 verabschiedet;
– Richtlinie für Finanzprodukte und -märkte (MIFID), wird ge-rade überarbeitet zur MIFID II, die frühestens 2015 in Kraft tre-ten kann …

Doch die Gesetzestexte sind flau, mitunter ein Hohn. Parallel zur emsigen Scheinregulierung wird das neoliberale Projekt mit erhöh-ter Geschwindigkeit ausgebaut: EFS/EFSF/ESM, Fiskalpakt, Wett-bewerbspakt, Bankenunion, Handels- und Investitionsschutzab-kommen TTIP mit den USA … Im derzeitigen Zustand ist die EU nicht Teil der Lösung, sondern der Kern des Problems.

Vereinte Nationen – UNO

Positiv aus der Reihe fällt die Generalversammlung der Verein-ten Nationen. Sie beauftragte nach dem Ausbruch der Krise 2008 ein internationales ExpertInnen-Team rund um Joseph Stiglitz mit der Ausarbeitung von Regulierungsvorschlägen für das interna-tionale Finanzsystem. Der 140-seitige Abschlussbericht unterschei-det sich wohltuend von den Papieren der G20, des IWF, des Bas-ler Ausschusses oder von EU-Richtlinien. Das Werk ist im Vergleich geradezu luzide. Es schlägt folgende Maßnahmen und Institutionen vor: eine globale Finanzaufsicht, eine globale Reservewährung mit Weltzentralbank und Weltwährungsunion, eine Finanztransaktionssteuer, Kapitalverkehrskontrollen, einen globalen Schuldengerichtshof ... alles überdacht von einem UN-Wirtschaftsrat, der auf einer Stufe mit der Generalversammlung und dem Sicherheitsrat stehen soll: ein Feuerwerk an Ideen, Vorschlägen und wirkungsvollen Maßnahmen.[16]

Das Problem: Die Generalversammlung beschloss genau nichts davon. Wichtigster Grund: Die G20-Regierungen boykottierten die UNO-Konferenz im Juni 2009. Beispielsweise entschied Angela Merkel, dem Treffen fernzubleiben. Gäbe es so etwas wie eine direkte Mandatierung von RepräsentantInnen des Souveräns durch diesen, könnte eine Bundeskanzlerin so eine wichtige Entscheidung nicht eigenmächtig treffen. Die bahnbrechenden Inhalte der Stiglitz-Kommission werden uns im Hauptteil des Buches ausführlicher beschäftigen als die verwässerten EU-Richtlinien.

Unabhängige ExpertInnen

Manche Menschen wünschen sich angesichts des Versagens der Politik, dass unabhängige ExpertInnen die Gesetze machen sollten. Doch wissen wir heute, dass es unabhängige ExpertInnen nicht gibt. Es gibt schlicht keine »Objektivität« in der Wirtschaftswissenschaft, sondern verschiedenen Möglichkeiten. Jede Möglichkeiten ist »effizient« und »funktioniert« – für die eine oder andere Interessengruppe. Jede Variante ist mehr oder weniger »gerecht« – je nachdem, welche Perspektive man einnimmt und wie man Gerechtigkeit definiert. Daher ergibt es streng logisch keinen Sinn, dass ÖkonomInnen die Grundregeln für die Wirtschaft oder das Geldsystem schreiben, sondern der demokratische Souverän müsste diese Aufgabe übernehmen, weil allein er die – ethischen und politischen – Prioritäten setzen kann, nach denen die Wirtschaft und das Geld geordnet werden. Die ÖkonomInnen können vor der demokratischen Entscheidung Ideen einbringen und danach Parlament und Regierung bei der Feingesetzgebung und Umsetzung beraten.

Ein weiteres Problem: Wer wäre denn heute »Geld-ExpertIn«? Wie wir schon gesehen haben, ist das Geldsystem so komplex und unüberschaubar geworden, dass so gut wie niemand mehr einen sinnvollen Gesamtüberblick geben kann. Zwar tummeln sich unzählige Geld-Gurus und -SpezialistInnen, doch jede/r hat einen anderen Zugang: BankanalystIn, WirtschaftshistorikerIn, ZentralbankerIn, ZinskritikerIn, Börsen-BrokerIn, Anlage-BeraterIn, GlobalisierungskritikerIn … So gut wie jede/r hat eine eigene Problemanalyse: private Geldschöpfung, Zinseszinssystem, staatliche Regulierung, Deregulierung der Finanzmärkte, Profitgier der Banken, Lobbyismus, Kapitalismus … und andere Vorschläge: Deregulierung, Verstaatlichung der Banken, Vollgeld, Schwundgeld, Komplementärwährungen, Abschaffung des Zinses, Änderung des Produktionsmodells, geldlose Geschenkökonomie. Je nachdem, wer an der Lösung beteiligt wird, würden die Lösungen sehr unterschiedlich aussehen.

Differente Meinungen sind andererseits nicht das Problem, es geht gar nicht anders, »Konsens« gibt es in der Politik in keinem Bereich, ebenso wenig unter ExpertInnen. Der Punkt ist: Wer würde die ExpertInnen aussuchen und zusammenwürfeln? Wenn wir den Regierungen die Auswahl der ExpertInnen überlassen, dann ziehen sie in der Regel jene zu Rate, die ihren eigenen Interessen dienen, und nicht jene, die dem Allgemeininteresse verpflichtet sind.

Wer dann?

Angesichts des Versagens der Regierungen und der von ihnen beschickten internationalen Organisationen und Gremien sowie der Fallen, die sich bei der Option der Experto- oder Meritokratie auftun, erscheint mir zum gegenwärtigen Zeitpunkt der zielführendste Weg zu einer demokratischen Geldordnung über den Souverän selbst. Aber wie könnte das Volk eine Geldordnung festlegen?

III. Die Spielregeln neu schreiben:
Der demokratische Geldkonvent

*Eine gute monetäre Rahmenordnung ist wesentlich sinnvoller
als immer mehr Regulierung und Bürokratie, zur Kompensation
der Schwachstellen einer ungenügenden Rahmenordnung.*

Mark Joób[1]

Es wäre schön, wenn die formal demokratisch gewählten Regierungen und Parlamente das Design einer neuen Geldordnung in die Hand nähmen und sich in den internationalen Organen dafür einsetzten. Wenn die Demokratie so funktionieren würde, wie sie in Lehrbüchern beschrieben ist, wäre das auch vollkommen ausreichend, funktional und effizient. Doch darauf können wir uns gegenwärtig nicht verlassen, wie ich soeben ausführlich zu begründen versuchte. Deshalb schlage ich hier eine Alternative zur ausschließlich repräsentativen Demokratie vor, eine Innovation am demokratischen System selbst: dass alle freien und eigenverantwortlichen BürgerInnen das (demokratische) Zepter selbst in die Hand nehmen und in dezentralen Versammlungen über die Grundprinzipien und -elemente einer alternativen Geldordnung entscheiden. Die Ergebnisse könnten über Delegation oder direkte Wahl in nationalen Geldkonventen und später auch einem EU-weiten und sogar einem globalen Wirtschaftskonvent zusammengeführt und zu einem Mehr-Optionen-Entwurf für eine demokratische Geldordnung konsolidiert werden. Über diese Vorlage würde dann von allen Mitgliedern des demokratischen Souveräns abgestimmt; was angenommen wird, findet Eingang in die nationalstaatlichen Verfassungen und völkerrechtlichen Verträge.

Legitimation und Kontextualisierung des Konvents

Manche LeserIn wird sich fragen, wie und ob denn überhaupt so ein BürgerInnen-Konvent legitimiert sei: Ist nicht das Parlament gerade dazu da, den Willen der WählerInnen auszuführen, indem es Gesetze beschließt und die Verfassung ändert? Zweifellos ist das Parlament dazu da, Gesetze zu beschließen. Dafür wird es gewählt. Bei Verfassungsänderungen ist das schon nicht mehr so eindeutig. Grundsatzfrage: Wer sollte idealerweise die Verfassung eines demokratischen Gemeinwesens schreiben? Aus der Sicht des Autors sollte das allein der demokratische Souverän sein, die höchste Instanz in der Demokratie. Das entspräche der Bedeutung der lateinischen Wurzel von »Souverän«. »Superanus« heißt wörtlich »über allem stehend«. Der Souverän, die Bevölkerung, steht über der Regierung und über dem Parlament und ist deshalb die logische Instanz, welche die Spielregeln für ein demokratisches Staatswesen schreibt, an die sich seine Vertretung, Parlament und Regierung, halten müssen.

Das wäre eine konsequente Weiterentwicklung des Prinzips der Gewaltenteilung. Dieses sieht eine ausgewogene Verteilung der Macht zwischen den Instanzen einer Demokratie vor. Eine sinnvolle Verteilung der Macht zwischen Souverän und Vertretung beginnt aber damit, dass der Souverän die Spielregeln festlegt, nach denen seine RepräsentantInnen »spielen« dürfen. »Echte Souveränität« im Sinne der »höchsten Instanz« bedeutet, dass die Bevölkerung eine Reihe »souveräner Grundrechte« genießen müsste:

1. eine bestimmte Regierung(skombination) wählen;
2. die Regierung abwählen;
3. ein Gesetzesvorhaben des Parlaments stoppen;
4. selbst ein Gesetz initiieren und beschließen;
5. einen demokratischen Wirtschafts-, Geld-, Medien- oder Gemeingüterkonvent einberufen;
6. die Verfassung aus eigener Initiative abändern;
7. die Verfassung von Grund auf neu schreiben.

Von diesen sieben Grundrechten genießen die rechtmäßigen demokratischen Souveräne in Deutschland und Österreich gegenwärtig kein einziges. Der größte Teil der Macht liegt derzeit bei der Vertretung des Volkes. Die Souveräne sind politisch weitgehend impotent. Das ist Prädemokratie.[2] Ein erster Schritt zu einer ausgewogeneren Gewaltenteilung zwischen Souverän und Vertretung ist das Erkennen des Nichtvorhandenseins der »souveränen Grundrechte« und der Einsatz für ihre Verbriefung in einer breiten BürgerInnenrechts- und Demokratiebewegung. Dank der Geldkonvente könnte sich in der Bevölkerung das Bewusstsein bilden, dass es an ihr liegt, nicht nur die Spielregeln für das Geldsystem zu schreiben, sondern letztlich die Spielregeln für die Demokratie. Idealerweise folgen auf Geldkonvente weitere Themenkonvente und eines Tages der »Krönungskonvent«, der Verfassungskonvent.

Vom kommunalen zum nationalen Wirtschaftskonvent

Der erste kommunale Geldkonvent wird großes Interesse hervorrufen und auf Nachahmung stoßen. Die Idee ist, dass die Geldkonvente in Hunderten von Kommunen, Städten und Regionen stattfinden, der Prozess koordiniert wird und die Ergebnisse von einer Stelle dokumentiert werden. Das könnte eine unabhängige Organisation wie Mehr Demokratie e.V. oder die Gemeinwohl-Ökonomie-Bewegung sein, oder aber die Pionier-Gemeinden nehmen den Prozess selbst in die Hand. Im Rahmen eines Forschungsprojekts oder eines Lehrstuhls könnte ein »Observatorium Geldkonvente« eingerichtet werden, das sämtliche kommunalen und regionalen Prozesse erfasst, wissenschaftlich begleitet und die Ergebnisse protokolliert. In der Gemeinwohl-Ökonomie-Bewegung ist bereits eine Basisinfrastruktur für das Monitoring kommunaler *Wirtschafts*-konvente vorhanden, diese könnte ausgebaut oder wenigstens zum Vorbild genommen werden für die Koordination und Begleitung der Geldkonvente.

Von der lokalen zur EU-Ebene und zur globalen Ebene

In einer zweiten Phase könnten die Konvente auf regionaler Ebene tagen – auf Kreisebene, auf der Ebene der Bundesländer, der Schweizer Kantone oder der Comunidades Autónomas in Spanien. Hier wäre bereits eine erste EU-Rechtsebene erreicht: Der »Ausschuss der Regionen« ist eine formale Instanz im EU-Institutionengefüge. Auch wenn er keine legislative Kompetenz innehat, so wäre eine Resolution des Ausschusses der Regionen für eine alternative, demokratisch konstituierte Geldordnung und einen EU-weiten Geldkonvent ein sensationeller Schritt, der nicht ohne Konsequenzen bleiben würde.

Innerhalb der Nationalstaaten gibt es mehrere Instrumente und Wege: In Deutschland kann der Kommunalverband oder der Städtetag, in Österreich der Städte- und Gemeindebund eine Resolution verabschieden. Auf Bundesländerebene kann die Landeshauptleutekonferenz aktiv werden, die bereits einen relevanten Einfluss auf die Regierung und das Parlament besitzt. Sollte sich ein politischer Wille an der Basis der Gebietskörperschaften – Kommunen, Städte, Regionen – bilden und über die Ländergrenzen hinweg verdichten, die auf immer mehr durchgeführte lokale und regionale Geldkonvente verweisen könnten, gewänne sie große Kraft. Am einfachsten ist es vielleicht in der Schweiz. Dort hat der Souverän die Macht, eine Volksabstimmung über ein konkretes Anliegen zu erzwingen, wenn eine Mindestanzahl von BürgerInnen die Initiative unterschreibt. Nach einer Reihe von themenverwandten Initiativen in jüngster Zeit – Minder-Initiative, Faktor-12-Initiative, Mindestlohninitiative – ist der Boden für Geld- und Finanzthemen bereits bestellt, und die Saat kann rasch aufgehen, sobald die ersten anfassbaren Erfahrungen aus österreichischen, deutschen, italienischen, spanischen und Schweizer Kommunen vorliegen.

Die kommunalen und regionalen Konvente können außerdem als Delegationsbasis dienen, von der aus die Mitglieder des Bundeskonvents – oder noch höherer Konvente – entsandt würden. Das wäre mit weiteren Vorteilen verbunden, wie der Evolution der Fragestellungen und Wahl-Optionen, wie in Kapitel VI gezeigt wird.

Lokale Inhalte

Ein wichtiger Aspekt des Verfahrens ist der Umstand, dass die Gemeinde gar nicht die zuständige Rechtsebene für die diskutierten und abzustimmenden Inhalte ist. Das sollte jedoch – erstens – kein Hindernis dafür sein, dass sich die Bevölkerung Gedanken über die Spielregeln des globalen Geldsystems macht. Zweitens könnte ein Teil der Fragen so gestellt werden, dass sie in den Kompetenzbereich der Gemeinde fallen. Daraus erwächst ein zusätzlicher Ansporn, sich mit den »großen« Fragen auseinanderzusetzen. 25 Prozent der Fragen könnten kommunale Themen und Kompetenzen betreffen. Dazu zählt die Frage der Gewinn- oder Gemeinwohl-Orientierung der lokalen Banken; die Einführung einer ethischen Kreditprüfung bei diesen; die Erstellung einer Gemeinwohl-Bilanz; die Auswahl ethischer Finanzdienstleister seitens der Kommune; die Mit-Einrichtung einer regionalen Gemeinwohl-Börse; die Ausgabe einer regionalen Komplementärwährung; die Entscheidung, diese als Kommunalsteuermittel zu akzeptieren und so fort.

Der Großteil, vielleicht die Hälfte, der Fragen könnte die Geldordnung auf der Ebene des demokratischen Nationalstaates betreffen, und ein weiteres Viertel die internationale Regulierungsebene (G20, Basler Ausschuss, Internationaler Währungsfonds, Weltbank, UNO ...). Die direkt demokratische Mandatierung der Regierungen durch die nationalen Souveräne würde mit Sicherheit ein ganz anderes Geld-Regime, eine alternative internationale Geldordnung zur Folge haben, zumal die Souveräne wahrscheinlich ganz andere Interessen, Bedürfnisse und Werte haben als die Eliten und Lobbys, die gegenwärtig ihre Sonderinteressen erfolgreich durchsetzen und zum für alle verbindlichen Gesetz und Völkerrecht machen.

Kerninhalte

Die Inhalte sollten wirklich die fundamentalsten Fragen der Geldordnung sein: Ist Geld ein öffentliches Gut? Wer schöpft das Geld? Welches Ziel sollen Banken verfolgen? Dürfen Kredite für reine

Finanzgeschäfte vergeben werden oder nur für reale Investitionen? Müssen Kredite nur auf die finanzielle Güte (»Bonität«) geprüft werden oder auch auf ihre ethische? Sind Kapitaleinkommen (Zinsen, Dividenden, Kursgewinne) zulässig? Soll es Grenzen für die Ungleichheit geben? Soll es eine kooperative Weltwährungsordnung geben?

Es sollten ganz bewusst nur die großen Fragen sein, denn Feinarbeit und Novellierung sind Aufgabe der Parlamente. Im Hauptteil V des Buches werden 47 Fragen ausgearbeitet, die Sie am Ende noch einmal kompakt zusammengefasst als fixfertige Basis für einen kommunalen Geldkonvent vorfinden. Selbstverständlich ist jeder »Souverän« frei, die Fragen abzuändern und zu ergänzen. Die Modifikation der Fragen inklusive der Abstimmungsvarianten ist sogar Teil des Stufenverfahrens von der lokalen zur Bundes-, EU- oder globalen Ebene. Echte Demokratie bedeutet nicht nur, dass der Souverän abstimmen darf, sondern dass er zuerst die Fragen selbst bestimmen darf.

Entscheidungsverfahren

Was die Entscheidungsmethode betrifft, empfehle ich eine relativ junge Innovation, die alle jene, die mit ihr Erfahrungen gemacht haben, nachhaltig überzeugt: das SK-Prinzip oder die Methode des »Systemischen Konsensierens«, die von WissenschaftlerInnen der Universität Graz entwickelt wurde.[3] Dieses Verfahren wenden wir in der Gemeinwohl-Ökonomie[4], im Projekt Bank für Gemeinwohl[5] und bei Attac[6] mit nachhaltigem Erfolg an. Die SK-Methode bietet gegenüber den üblichen demokratischen Entscheidungsverfahren zwei klare Vorteile: Erstens können mehrere Vorschläge zur Abstimmung gebracht werden. Zweitens wird nicht die Zustimmung gemessen, sondern der Widerstand – gegen jeden der eingebrachten Vorschläge. Es gewinnt derjenige Vorschlag, der den geringsten Gesamtwiderstand erfährt. Dahinter steckt ein einfacher Gedanke: Jede Regel, jedes Gesetz und jede Norm schränkt die Freiheit eines Teils der Menschen in einem gewissen Ausmaß ein. Gleichzeitig erhöht sie idealiter die Freiheit einer größeren Gruppe in höherem Maße, deswegen wird sie ja beschlossen. Von daher gilt es diejenige Lösung zu finden, welche die Freiheit von so wenigen Menschen wie möglich so gering wie möglich einschränkt. Oder anders gesagt: die Spielregel, die den geringsten Schmerz in der Bevölkerung verursacht.

Ein einfaches Beispiel: In der Schweiz wurde am 24. November 2013 über den Vorschlag abgestimmt, die Ungleichheit zwischen den höchsten und niedrigsten Einkommen in einem Unternehmen mit dem Faktor 12 zu begrenzen. Die Initiative wurde von knapp zwei Dritteln der Abstimmenden abgelehnt, nur im Nord- und Südtessin (Locarno, Chiasso) stimmte die Bevölkerungsmehrheit für die vorgeschlagene Begrenzung. Das »Nein« bedeutet, dass der Status quo unverändert bleibt: Faktor 900[7], mit der Möglichkeit des weiteren Anstiegs ohne Grenze nach oben. Anders betrachtet hatten die SchweizerInnen nur die Wahl zwischen dem Faktor 12 und dem Faktor 900 bis unendlich, dazwischen standen keine Alternativen zur Wahl. Das ist ziemlich absurd. Denn der gegenwärtige Zustand ist für einen so großen Teil der Bevölkerung so schmerzhaft, dass es zur Initiative kam und ein Drittel dafür stimmte – in einzelnen Regionen die Mehrheit. Umgekehrt ist aber der gegenwärtige Zustand für die Bevölkerung offenbar weniger schmerzhaft als der Faktor 12, weshalb die Mehrheit dagegen stimmte. Sinnvoll wäre, denjenigen Faktor zu ermitteln, der den geringsten Schmerz auslöst, der höchstwahrscheinlich dazwischen liegt: Vielleicht ist es der Faktor 20, vielleicht der Faktor 30, vielleicht der Faktor 50. Um das herauszufinden, müssten auch diese Alternativen und weitere zur Wahl stehen und nicht nur zwei. Eine reife Demokratie muss diesen Grad an Komplexität und Vielfalt ertragen, er »edelt« sie sogar. Das Leben eines Menschen und die Evolution insgesamt sind ein permanenter Ausdifferenzierungsprozess.

Beim Systemischen Konsensieren gibt es zwei grundlegende Abstimmungsvarianten: die »grobe« Arm-heben-Variante und die feinere Zehn-Punkte-Variante. Bei der Arm-heben-Variante haben die Abstimmenden drei Möglichkeiten, ihren Widerstand zu zeigen:

1. Sie heben *keinen* Arm, das bedeutet, dass sie mit dem betreffenden Vorschlag grundsätzlich einverstanden sind. Sie müssen nicht begeistert sein, nur haben sie eben auch nichts dagegen (kein Widerstand).
2. Sie heben *einen* Arm, hier macht sich Bauchweh bemerkbar oder es tauchen gewichtige Fragen auf (leichter Widerstand).
3. Sie heben *beide* Arme. Damit legen sie ein Veto gegen den Vorschlage ein (schwerer Widerstand).

Diese Methode ist gut sichtbar für alle und einfach zu zählen. Bei der Zehn-Punkte-Variante versehen die Abstimmenden jeden einzelnen Vorschlag mit null bis zehn Widerstandspunkten. Dieses Messverfahren ist feiner und differenzierter, allerdings nicht in gleichem Maße sichtbar wie das »Grobverfahren«. Es ist die Standard-Methode bei Online-Abstimmungen. Und es ist auch die vorgeschlagene Vorgangsweise für die Geldkonvente. Alle Wahloptionen am Ende des Buches sind mit »WP: __ von 10« versehen. WP steht für Widerstandspunkte.

Ein weiterer wichtiger Aspekt beim Systemischen Konsensieren ist, dass der gegenwärtige Status quo ein »Fixstarter« unter den Vorschlägen ist, genannt »Nulllösung«. Damit soll verhindert werden, dass sich von den Reformvorschlägen zwar einer klar durchsetzt, aber immer noch einen höheren Widerstand erfährt als die alte Regelung – dann soll diese bleiben.

Das SK-Prinzip breitet sich seit einigen Jahren weltweit aus. Es ist eine humane Hightech, eine prozessual effiziente Zukunftstechnologie.

Verwertung der Ergebnisse

Der »lokale« Teil der Fragen könnte vom Gemeinderat unmittelbar umgesetzt werden – ein Gewinn für die Gemeinde und die lokale Demokratie und Autonomie. Der nationale und internationale Teil hingegen müsste schrittweise an eine höhere Ebene delegiert werden, die im demokratischen System dafür zuständig ist. Das Ziel ist die Änderung der Verfassung, und Verfassungen gibt es derzeit nur im Rahmen der Nationalstaaten. Dafür bräuchte es einen »Bundeswirtschaftskonvent«. Dieser hätte das Mandat, einen Entwurf für eine Geldverfassung auszuarbeiten, über die von der Bevölkerung abgestimmt, und die bei Annahme in der Verfassung verankert würde. Kraft dieser könnten die Souveräne jedoch ihre Parlamente und Regierungen binden, in der EU, der WTO und in der UNO ein bestimmtes Verhalten und eine bestimmte Position einzunehmen. Allein diese Aussicht, dass Regierungen und Parlamente in Zukunft nicht mehr nach freiem Ermessen handeln dürfen und dadurch sehr anfällig werden, Elite-Interessen zu vertreten bzw. dem Drängen der mächtigsten Lobbys nachzugeben, würde einer Revolution der internationalen Beziehungen gleichkommen. Anstatt gegen die Freiheit gerichtete Handels- und Investorenschutzabkommen abzuschließen und über undemokratische Institutionen (Internationaler Währungsfonds, Weltbank) und Gremien (G20, Basler Ausschuss) Politik zu machen, müssten sie einen demokratischen Auftrag ihrer Souveräne ausführen und umsetzen. Nach einer Phase der Globalisierung nach Maßgabe der Konzerne wäre das ein Schub demokratischer Globalisierung.

Prototypen gestartet

Die gute Nachricht: Die praktische Grundfigur, die wir hier vorschlagen, existiert bereits. In der Gemeinwohl-Ökonomie-Bewegung haben wir das Konzept des »Kommunalen Wirtschaftskonvents« entwickelt, das in »Gemeinwohl-Gemeinden« zur Anwendung kommt: Die freien und souveränen BürgerInnen versammeln sich über den Zeitraum eines Jahres mehrmals, um die zwanzig wichtigsten Rechtselemente einer demokratischen Wirtschaftsordnung zu ermitteln. Die Ergebnisse bilden die Grundlagen für einen Wirtschaftsverfassungsteil, der von einem Bundeswirtschaftskonvent ausgearbeitet werden soll. Die ersten Gemeinwohl-Gemeinden starteten im Lauf des Jahres 2013 in Spanien, Italien und Deutschland, für 2014 erwarten wir den Start des ersten kommunalen Wirtschaftskonvents. Analog dazu könnten, auch innerhalb der

Gemeinwohl-Ökonomie-Bewegung, »Kommunale Geldkonvente« tagen, in denen die Bevölkerung das Geldsystem ihrer Wahl entwickelt. Die Ergebnisse von Hunderten lokalen und regionalen Geldkonventen könnten in einem nationalen Geldkonvent synthetisiert und als Vorschlag für eine Änderung der Verfassung aufbereitet werden. In einer Volksabstimmung würde systemisch konsensiert, welcher der Vorschläge in die Verfassung eingeht.

Zehn Gründe für den Geldkonvent

1. Das Geldsystem ist *technisch* insuffizient.
2. Das Geldsystem ist *ethisch* insuffizient.
3. Die derzeitigen Regierungen und Parlamente machen nicht die geringsten Anstalten, daran etwas zu verändern. Sie sind selbst Teil der ethischen Insuffizienz des Systems, indem sie von den vermeintlichen Profiteuren ideologisch, persönlich und prozessual vereinnahmt, instrumentalisiert und korrumpiert werden.
4. Veränderungen bedürfen daher eines anderen demokratischen Prozesses und anderer AkteurInnen.
5. Der demokratische Beteiligungsprozess wird das kollektive Bewusstsein über die Notwendigkeit und Machbarkeit einer alternativen Geldordnung im nötigen Maße wecken und dadurch erst zum Ergebnis führen: einer demokratischen Geldordnung.
6. Der Souverän ist nicht für die Details zuständig, sondern »fürs Grobe«. Genau dazu sind die Konvente gut.
7. Die Detailarbeit kann und soll im Anschluss von den Parlamenten geleistet werden. Sie finden dann allerdings einen Verfassungsrahmen vor, innerhalb dessen sie sich bewegen müssen. Wenn sie gegen den Verfassungsrahmen verstoßen sollten, kann sowohl der Verfassungsgerichtshof einschreiten – so wie heute schon bei jedem Gesetzesentwurf – als auch der demokratische Souverän selbst, der in einer echten Demokratie seine Vertretung jederzeit korrigieren oder abwählen kann.
8. Entwickelt sich der Kenntnisstand weiter oder aber ändern sich die Werthaltungen und Prioritäten der Bevölkerung, kann der

Konvent erneut tagen und in regelmäßigen Abständen Revisionen durchführen: Eine demokratische Geldordnung ist kein zementierter Zustand, sondern ein lebendiger, evolutionärer und entwicklungsoffener Prozess.

9. Konvente sind Inspirations- und Kräftigungsübungen für den demokratischen Souverän, sie stärken die demokratische Essenz: die Beteiligung der Menschen an den politischen Angelegenheiten und Entscheidungen: der »res publica«.

10. Geldkonvente machen Appetit auf weitere Themenkonvente wie zum Beispiel Wirtschaftskonvente, Bildungskonvente, Medienkonvente oder – die »Krönungskonvente« – Verfassungs- oder Demokratiekonvente.

Kommunale Geldkonvente sind »game changers«, eine innovative Änderung der Spielregeln. Das Traumziel des Buches ist, dass in jeder Kommune von wenigstens einigen Personen die Möglichkeit eines kommunalen Geld-, Wirtschafts- oder Demokratiekonvents diskutiert wird. Grundsätzlich kann in jeder Gemeinde ein Geldkonvent stattfinden.

IV. Das Fundament:
Geld als öffentliches Gut

Eine der Grundthesen dieses Buches ist, dass Geld zu einem öffentlichen Gut, zu einem »Service Public«, einer »modernen Allmende« und einer »res publica« werden soll. Ähnlich wie das für das Bildungswesen, das Internet oder die öffentliche Sicherheit der Fall ist oder wünschenswert wäre. Als öffentliches Gut gelten in der klassischen Wirtschaftswissenschaft solche Güter, welche die beiden Kriterien der Nichtausschließbarkeit und der Nichtrivalität erfüllen. Nichtausschließbarkeit bedeutet, dass niemand von der Nutzung ausgeschlossen werden kann, wie dies zum Beispiel bei sauberer Luft, Straßenbeleuchtung oder öffentlicher Sicherheit der Fall ist. Nichtrivalität bedeutet, dass kein Konflikt in der Nutzung auftritt. Für saubere Luft, Straßenbeleuchtung und öffentliche Sicherheit trifft auch das zu, für ein Schwimmbad nur bedingt, für eine Parkbank gar nicht: Sie ist zwar für alle da und schließt niemanden aus, doch wenn sie besetzt ist, kann sie nicht gleichzeitig von anderen genutzt werden. Öffentliche Güter, für die beide Kriterien zutreffen, werden auch »reine öffentliche Güter« genannt, während solche, für die nur das erste Kriterium zutrifft, als »unreine öffentliche Güter« oder auch Allmenden bezeichnet werden. Für Geld trifft nur das erste Kriterium zu: Niemand kann von der Verwendung von Geld ausgeschlossen werden: Hingegen kann ein und derselbe Hundert-Euro-Schein oder ein Girokontoguthaben nur von einer bestimmten Person verwendet werden und nicht gleichzeitig von einer anderen. Alle können es nutzen, aber nicht zur gleichen Zeit. Die Geldnutzung ist begrenzt wie die einer Parkbank. Damit ist Geld nach der derzeit üblichen wissenschaftlichen Definition ein »unreines öffentliches Gut«.

Allerdings gibt es auch einen wichtigen Aspekt von Geld, der ein reines öffentliches Gut darstellt: Geld schafft Vertrauen zwischen Menschen, die sich nicht kennen. Der Staat errichtet und stützt das Vertrauen in das gesetzliche Zahlungsmittel und die offizielle Währung. Dieses Vertrauen ist ein »reines öffentliches Gut«: nicht ausschließend und nicht rivalisierend. Ohne dieses Vertrauen könnte das Geldsystem nicht funktionieren. Der Staat setzt verschiedene Maßnahmen, um dieses Vertrauen zu bilden und aufrechtzuhalten:

– Er bringt über die Zentralbank selbst Geld in Umlauf;
– er gibt den Annahmezwang für das gesetzliche Zahlungsmittel vor;
– er sichert einen Teil der Spareinlagen bei den Banken;
– er schützt Privateigentum und rettet Banken.

Schon diese umfassende Verantwortung des Staates spricht dafür, dass Geld ein öffentliches Gut ist. Dieses Buch schlägt jedoch vor, den Begriff »öffentliches Gut« in Richtung eines »Service Public« und einer »res publica« weiterzuentwickeln, konkret gemeint sind vier Erkennungsmerkmale von »Geld und Kredit als öffentlichem Gut«:

1. Das gesamte Finanzsystem, also nicht nur die Gelderzeugung, sondern auch die Kreditvergabe, das Bankengeschäft und alle anderen Finanzdienstleistungen, wird zu einem öffentlichen Gut oder »Service Public« nach Schweizer Rechtsverständnis. Das bedeutet, dass die Versorgung der Wirtschaft und Bevölkerung mit Geld und Krediten eine öffentliche Aufgabe wird und der Staat die Verantwortung dafür übernimmt, dass diese Leistungen zum Wohle der Allgemeinheit erbracht werden. Diese staatliche »Gewährleistungsverantwortung« setzt sich aus zwei Komponenten zusammen[2]:

   a) *Erfüllungsverantwortung*: Der Staat muss diese Leistungen nicht selbst erbringen, er kann private Anbieter beauftragen, bestimmte (Bank-, Versicherungs-, Finanzdienstleistungen) zu erbringen, allerdings nach vom Staat vorgegebenen Regeln. Private wie öffentliche Banken müssen einen demokratisch beschlossenen Leistungskatalog erfüllen.

   b) *Auffangverantwortung*: Versagen die Privaten, greift der Staat ein, um das Funktionieren der Basisinfrastruktur aufrecht-zuerhalten, z.B. Bankenrettung, Bankenverstaatlichung oder Spareinlagensicherung. Diese Bürden werden durch die im Hauptteil des Buches gemachten Vorschläge stark verringert: Zum einen wird es nur noch mit extrem geringer Wahrschein-lichkeit zu Bankenrettungen kommen, zum anderen würde eine Vollgeld-Reform die Spareinlagensicherung teilweise er-übrigen.

2. Geld und Kredit werden getrennt. Geld wird ausschließlich vom Staat zur Verfügung gestellt und nicht (gleichzeitig) von Priva-ten. Das steht zumindest sinngemäß bereits in zahlreichen Ver-fassungen:

– Im deutschen Grundgesetz steht in Artikel 73: »Der Bund hat das ausschließliche Gesetzgebungsrecht über das Geld-, Wäh-rungs- und Münzwesen.« Im ausführenden Gesetz über die Deutsche Bundesbank steht dann genauer: »Die Bundesbank hat (...) das ausschließliche Recht (...) Banknoten auszuge-ben.«[3] Klare Worte. Bloß: Spannend wäre auch zu erfahren, wer das Recht hat, Buchgeld auszugeben, darüber steht nichts im Gesetz.

– In der österreichischen Bundesverfassung steht zum einen in Artikel 10 (1), dass »die Gesetzgebung und Vollziehung im Geld-, Kredit-, Börse- und Bankwesen Bundesangelegenheit« ist; zum anderen »kann das Geld-, Kredit-, Börse- und Bank-wesen unmittelbar von Bundesbehörden besorgt werden« (Art. 102 [2]). Das ist ein klares Statement für ein Finanzsys-tem als »Service Public«: Der Staat muss nicht, kann aber Fi-nanzdienstleistungen selbst erbringen. Im ausführenden Na-tionalbankgesetz steht: »Die Österreichische Nationalbank ist nach Maßgabe der Genehmigung der EZB berechtigt, auf Euro lautende Banknoten auszugeben. Die (...) ausgegebenen, auf Euro lautenden Banknoten sind gesetzliche Zahlungsmittel.«[4] Auch hier wird nicht geklärt, wer das Buchgeld ausgeben darf. Besonders spannend: Auf Euro lautende Banknoten sind ge-setzliche Zahlungsmittel. Ausschließlich diese? Wenn nicht, warum steht dann über *andere* gesetzliche Zahlungsmittel nichts im Gesetz? Wenn über Buchgeld nichts im *Gesetz* steht, kann es logischerweise kein *gesetzliches* Zahlungsmittel sein. Mit Buchgeld wird aber bezahlt! Ist Buchgeld somit ein ungesetzliches Zahlungsmittel, ein gesetzloses? Es wäre hilfreich, wenn sich das Gesetz dazu äußern würde!

– Gemäß der Satzung der Europäischen Zentralbank hat »der EZB-Rat das ausschließliche Recht, die Ausgabe von Banknoten innerhalb der Union zu genehmigen. Die EZB und die nationalen Zentralbanken sind zur Ausgabe dieser Banknoten berechtigt. Die von der EZB und den nationalen Zentralbanken ausgegebenen Banknoten sind die einzigen Banknoten, die in der Union als gesetzliches Zahlungsmittel gelten.«[5] Prima. Und schon wieder kein Sterbenswörtchen über Buchgeld!

– In der US-Verfassung steht in Artikel I, Section 8: »The Congress shall have the right to coin money, to regulate the value thereof.« Der Kongress hat demnach das Recht der Gelderschaffung. Dieses hat er 1913 mit dem Federal Reserve Act an die – private – Federal Reserve Bank abgegeben. Das ist schon einmal merkwürdig. Warum tritt der Staat ein exklusives Recht an Private ab? Meines Erachtens steht der private Eigentumscharakter der Federal Reserve Bank im Widerspruch zum staatlichen Geldmonopol. Im Abschnitt 16.1. des Federal Reserve Act steht dann, dass »Banknoten nach dem Ermessen des Gouverneursrates des Federal Reserve Systems auszugeben« seien. Auch im US-Gesetz sucht man vergeblich nach einem Hinweis auf Buchgeld.

– Die Schweizer Bundesverfassung ist eine Sphinx mehr in der Reihe: »Das Geld und Währungswesen ist Sache des Bundes; diesem allein steht das Recht zur Ausgabe von Münzen und Banknoten zu« (Art. 99). Geht die Schweizer Bundesverfassung damit über das Grundgesetz hinaus? Das bleibt unklar: Zwar ist »Geld« Sache des Bundes, aber sein alleiniges Recht zur Ausgabe von Geld betrifft wörtlich nur »Münzen und Banknoten«. Lässt auch die Schweizer Bundesverfassung bewusst offen, wem die Ausgabe von Buchgeld zusteht?

Die Frage, ob es ein staatliches Geldschöpfungsmonopol gibt, wird von den Verfassungen und dem EU-Vertrag erstaunlicherweise entweder gar nicht oder nur auffällig schwammig beantwortet. Somit entbehrt aber die heute übliche Geldschöpfungspraxis der privaten Geschäftsbanken jeder Verfassungsgrundlage. Zwar verbieten die Verfassungen die private Geldschöpfung auch nicht explizit, doch Interpretationen der Verfassungstexte deuten eindeutig auf das Gegenteil: dass die Geldschöpfung durch Private verfassungswidrig ist, jedenfalls aber »verfassungslos«.

3. Geld bleibt als öffentliches Gut im öffentlichen Eigentum, auch wenn Private darüber verfügen und es »besitzen« können. Zwischen EigentümerIn und BesitzerIn besteht ein rechtlicher Unterschied. Bei der privaten Nutzung einschließlich des Besitzes eines öffentlichen Gutes ergeben sich Regeln, Bedingungen und Grenzen. Zwar kann ich Geld besitzen, aber damit nicht tun und lassen, was ich will. Geld ist »graduelle Privatsache«: Die Bereitstellung und Definition von Geld ist Sache des Staates, die Vermittlung von Sparen und Kredit ist zwar privat, wird aber vom Staat beauftragt und streng reguliert (Service Public). Am freiesten sind die finale Nutzung und der Besitz von Geld. Aber selbst hier gibt es Bedingungen und Grenzen. Joseph Huber schreibt: »Geld ist ein allgemeines Zahlungsmittel und somit ein Gemeingut, das sich von daher auch in Gemeineigentum befinden sollte.«[6]

4. Die Regeln der Geldnutzung werden demokratisch gebildet, zumal es sich um ein öffentliches Gut handelt und gleichzeitig – bei der privaten Nutzung – um das größte denkbare Potenzial von Machtkonzentration. Ein öffentliches Gut muss so designt sein, dass es allen dient (nicht einem Teil), dass es für Sicherheit und Stabilität sorgt (nicht für Unsicherheit und Krisen). Die Entwicklung der Spielregeln soll so partizipativ wie möglich sein, damit das Geldsystem so gerecht und liberal wie möglich werden kann – und um Missbrauch und Machtkonzentration zu verhindern. Das Ergebnis, die Spielregeln, sollte in den Verfassungen verankert werden. Das ist die Vision und Raison d'être dieses Buches.

Geld hat eine gewisse Analogie zu Luft, Energie und Wasser: Diese Grundgüter sollten allen Menschen zur Verfügung stehen. Von der Natur werden sie uns geschenkt. Sie sollten deshalb gar nicht als Privateigentum von Menschen betrachtet werden. Auch bei Luft, Energie und Wasser geht es nicht primär um »Besitzen«, sondern um Nutzung. Analog hat Geld keinen Nutzwert an sich, sondern es entfaltet seine Nützlichkeit erst in der Anwendung als Zahlungsmittel oder aufgrund anderer Funktionen. Das »Fließen« ist der Sinn des Geldes. Ähnlich Energie, Wasser, Luft. Auch diese globalen Commons können in kleinerem Ausmaß »gespeichert« werden (Stausee, Regenwassertonne, Batterie, Sauerstoffflasche), doch zielen diese begrenzten Vorhaltungen stets auf die zukünftige Nutzung. Das »Wesen« dieser Stoffe ist nicht ihre Speicherung, sondern die Nutzung und In-Umlauf-Haltung. Darauf sollte auch die Geldordnung achten.

Werte der Geldordnung

Das Geldsystem kann nur dann ein kohärenter Teil der Verfassung sein, wenn die allgemeinen Verfassungswerte auch für die Geldordnung gelten. Deshalb sollten alle Vorschläge, die nun folgen, auf die Werte Menschenwürde, Freiheit, Gleichheit, Gerechtigkeit, Solidarität, Nachhaltigkeit und Demokratie geprüft werden. Dann fällt die Wahl zwischen den einzelnen Optionen leichter.

Ergänzend schlägt dieses Buch einige weitere Werte für das Geldsystem vor:
- Einfachheit und Allgemeinverständlichkeit
- Risikoaversität und Systemstabilität
- Resilienz und Vielfalt

Die ersten beiden lassen sich dem Wert der Demokratie zuordnen; das zweite Paar dem Wert Gerechtigkeit und Würde, das dritte dem Wert Nachhaltigkeit. Grundwerte für die demokratische Geldordnung müssten gleichermaßen demokratisch entschieden werden wie die Regeln selbst. Diese Werte sind eine Einladung an die geschätzten LeserInnen, sie bei der Lektüre »mitschwingen« zu lassen. Finden die LeserInnen andere, zusätzliche Werte, von denen sie der Meinung sind, dass sie mehrheitsfähig oder für die Geldordnung konstitutiv sind, raten wir, auch diese Werte »mitschwingen« zu lassen und zu prüfen, ob die im nun folgenden Hauptkapitel unterbreiteten Vorschläge diese Werte erfüllen.

V. Der Inhalt:
Bausteine einer demokratischen Geldordnung

1. WER SCHÖPFT DAS GELD?

> *Es ist kein Zufall, wenn Faust im zweiten Teil des Dramas sein*
> *Wirtschaftsvorhaben mit dem Geldschöpfungsakt beginnt.*
> *Er hat damit den magischen Schlüssel, den Nachschlüssel in*
> *der Hand, der Zugang schafft zu allen Tresoren der Welt.*
>
> Hans Christoph Binswanger[1]

Die Geldschöpfungsfrage ist eine Schlüsselfrage der Geldordnung: Wer darf es schöpfen? Wer »erschafft« das Geld, das allen Mitgliedern des demokratischen Gemeinwesens als gesetzliches Zahlungsmittel dient und das von allen akzeptiert werden muss? Wer darf die in Umlauf befindliche Geldmenge steuern – sowohl die Bargeld- als auch die Buchgeldmenge?

Schon bei dieser ersten Frage gibt es eine Reihe von Möglichkeiten, die nüchtern betrachtet und sorgfältig diskutiert werden sollten. Wir gehen deshalb als ersten Schritt die Möglichkeiten durch, wer das Geld schöpfen könnte:

a) die Zentralbank
b) die Geschäftsbanken
c) Unternehmen
d) alle BürgerInnen
e) regionale Gebietskörperschaften: Gemeinden, Landkreise, Regionen, Länder …

Sehen wir uns die einzelnen Optionen an:

a) Die staatliche Zentralbank
Ergibt es Sinn, dass die Zentralbank gesetzliche Zahlungsmittel mit Annahmezwang für einen definierten Währungsraum schöpfen und in Umlauf bringen kann? Sowohl Bargeld wie Buchgeld? Es ergibt Sinn. Aus irgendeiner Quelle muss das Geld ja kommen. Erhält

die Zentralbank das exklusive Geldschöpfungsrecht, kann sie allein die Geldmenge steuern, und über die Geldmenge wiederum die Konjunktur. Die Geldpolitik ist ein wichtiges makroökonomisches Steuerungsinstrument. Ein weiterer Vorteil der Geldschöpfung durch eine öffentliche Institution: Die Geldschöpfungsgewinne können zur Gänze der Allgemeinheit zugutekommen.

b) Geschäftsbanken

Ergibt es Sinn, dass private Banken zusätzlich zur Zentralbank Geld schöpfen? Oder gar nur sie? Ausschließlich würde das Sinn ergeben, wenn es keine Zentralbank gäbe. Mit dem Entstehen von Zentralbanken im 19. Jahrhundert wurde den Privatbanken jedoch durch Zentralbankgesetze verboten, eigenes Geld auszugeben.[2] Trotz dieses Verbots und den Hinweisen vieler Verfassungen, dass die Ausgabe von Geld ein exklusives Recht des Staates sei, schöpfen sie heute ganz selbstverständlich Geld. Nur eben nicht Bargeld, sondern Buchgeld. Das ist nicht ausdrücklich verboten, aber schon gar nicht ausdrücklich erlaubt. Diese »monetäre Unschärfe« vieler Verfassungen sollte nachgeschärft werden: entweder indem den Banken das, was sie tun, erlaubt wird; oder, indem es verboten wird. Dann müsste es zu einer größeren Geldreform kommen. Der Umstand, dass es lange Zeit umstritten war, ob private Banken überhaupt Geld schöpfen, hat diese Nachschärfung verzögert. Heute ist klar: Sie tun es. Die korrekte Beschreibung ihrer Praxis ist: Sie umgehen das Geldschöpfungsmonopol der Zentralbank durch eine technische Innovation vom Münz- und Papiergeld zum elektronischen Geld.

Wenn Geschäftsbanken Geld schöpfen dürfen, hat dies mehrere Konsequenzen. Zum einen können die Zentralbanken die Geldmenge nicht mehr allein steuern, sie können dies nur noch indirekt über die Mindestreserve, welche die Banken bei der Zentralbank deponieren müssen, sowie über die Zinshöhe, die für die Refinanzierungskosten der Geschäftsbanken entscheidend ist. Da die Zentralbank nicht die einzige Refinanzierungsquelle für Geschäftsbanken ist, wirkt dieser indirekte Steuerungshebel nicht verlässlich. Die Geldschöpfungspraxis der Geschäftsbanken birgt außerdem

Inflationsgefahren: »Gelingt« es ihnen, bei ausreichendem Eigenkapital mehr Kredite zu vergeben, kann dies zur Aufblähung der Wertpapierpreise (Finanzinflation) und zum Anstieg der Preise der Güter des täglichen Gebrauchs (Warenpreisinflation) führen. Zudem werden die Geldschöpfungsgewinne zu privaten Profiten, das steht einem öffentlichen Gut nicht an. Ein Teil der vergleichsweise hohen Profite der Banken geht auf die Geldschöpfung zurück.

c) Unternehmen

Unternehmen machen heute oft ihr eigenes Geld, indem sie Warengutscheine, »Palmersmünzen« oder »Bonusflugmeilen« in Umlauf bringen. Allerdings handelt es sich hierbei nicht um gesetzliche Zahlungsmittel: Niemand, außer den betreffenden Unternehmen selbst, ist zur Annahme dieser KundInnen-Währungen verpflichtet – es besteht weder Bereicherungs- noch Inflationsgefahr. Das gesetzliche Zahlungsmittel dürfen Unternehmen nicht schöpfen und tun es auch nicht. Würden sie die offizielle Währung drucken, handelte es sich um Falschgeld. Das ist strafbar. Genauso wäre es strafbar und würde sich um Falschgeld handeln, wenn private Banken Geld drucken würden. Deshalb ist es schwer begreiflich, dass ihnen das Schöpfen von Buchgeld erlaubt ist.

d) Privatpersonen

Was würde passieren, wenn jede Person das gesetzliche Zahlungsmittel entweder drucken oder sich selbst auf ein Bankkonto buchen könnte? Alle würden sich alles kaufen können, es käme zur Hyperinflation – von daher erscheint es nicht sinnvoll, dass Privatpersonen Geld schöpfen dürfen. Es ist nicht bekannt, dass das irgendwo auf der Welt so wäre. Es widerspräche auch dem »öffentlichen Gut«, das impliziert, dass es eine zentrale Geldschöpfungsquelle gibt. Hingegen darf jeder Mensch Gutscheine ausgeben, die nur bei ihr/ihm selbst einlösbar sind: Dabei handelt es sich um keine gesetzlichen Zahlungsmittel. In Tauschkreisen und Zeitbanken-Systemen gewähren sich Menschen gegenseitig Kredit, allerdings sind diese »gedeckt« durch die deklarierte Bereitschaft oder Verpflichtung der TeilnehmerInnen zur Erbringung von Leistungen.

e) Politische Gebietskörperschaften

Wäre es sinnvoll, dass Gemeinden, Regionen, Landkreise oder Länder die offizielle Währung schöpfen dürfen? Meines Erachtens wäre das, solange es sich um die offizielle Währung handelt, nicht sinnvoll, weil es zu einer Kompetenz-Überlappung käme, die Inflationsgefahren in sich birgt. Es ergibt aber allein schon aus Effizienzgründen keinen Sinn: Die Ausgabe von Geld ist ein »natürliches Monopol«: Es ist am besten, wenn es eine Institution macht, und diese muss dafür öffentlich – und da Geld im ganzen Staat gültig ist, auch zentral – sein. Dagegen ist es durchaus überlegenswert, kleinen politischen Einheiten das Recht zuzugestehen, Komplementärwährungen auszugeben, deren Gültigkeit lokal oder regional begrenzt ist. Historisch gab es immer wieder äußerst erfolgreiche Experimente mit Lokalwährungen, zum Beispiel im Tiroler Wörgl der 1920er Jahre; das spräche für ihre rechtliche Zulassung als offizielle Währung.

So weit ein erster kurzer Überblick. Welches Ergebnis würde bei einer demokratischen Abstimmung herauskommen? Mein Tipp: Die Mehrheit der Menschen würde a) den Zentralbanken das Geldschöpfungsmonopol für das gesetzliche Zahlungsmittel zugestehen, b) Geschäftsbanken das Schöpfungsrecht entziehen und c) politischen Gebietskörperschaften das Recht auf die Ausgabe von Komplementärwährungen zugestehen. Heute ist es anders: »Die Banken haben faktisch das generelle Geldmonopol.«[3] Die Zentralbanken reagieren nur und refinanzieren die Geschäftsbanken. Gemeinden ist es verboten, eigene Währungen auszugeben, und sei es auch nur mit begrenztem Geltungsbereich. Allein das wären bereits drei gravierende Änderungen der Geldordnung – schon bei der ersten Fragestellung! Aber möge doch der Souverän entscheiden.

Die »Fragen an den Geldkonvent« zu jedem der zwölf Inhaltskapitel finden sich am Ende des Buches in Kapitel VII kompakt zusammengefasst als Servicepaket für dezentrale Konvente.

2. DIE VOLLGELD-REFORM

> *Die Aufgabe von Banken besteht nicht darin, die Wirtschaft mit*
> *der benötigten Menge an Geld zu versorgen oder ihr Geld zu entziehen.*
> *Dies ist alleinige Aufgabe der Zentralbank als Monetative. Vielmehr*
> *ist es die Aufgabe der Banken, die Wirtschaft zu finanzieren.*
>
> Joseph Huber[1]

Um die Zusammenhänge zwischen privater Geldschöpfung, Ausweitung der Geldmenge und Inflation besser zu verstehen und um Alternativen dazu abstimmen zu können, bedarf es zunächst der Beschreibung, wie die Geldschöpfung durch private Geschäftsbanken heute überhaupt funktioniert und welche Folgen dies hat.

Giralgeldschöpfung durch private Geschäftsbanken

In der Vorstellung vieler Menschen halten sich hartnäckig zwei »Geldmythen«. Zum einen, dass die gesamte Geldmenge durch Gold gedeckt ist, und zum anderen, dass das gesamte in Umlauf befindliche Geld von der Zentralbank stammt. Beide Vorstellungen stimmen nur noch zu einem Bruchteil mit der Realität überein. Die Golddeckung wurde schon lange aufgegeben. Beispielsweise betragen die Reserven des gesamten Euro-Systems 10800 Tonnen. Der Wert derselben betrug Ende 2013 rund 345 Milliarden Euro.[2] Das machte gerade einmal 6,5 Prozent der Geldmenge M1 (Bargeld plus Girokontenguthaben) im Euro-System aus. Nicht wenige, die Neo-österreichische Schule oder Autor Rolf Dobelli, betrachten die Entkoppelung von Gold und Geld als »Grundübel unserer heutigen Krise« und hoffen: »Irgendwann werden wir wieder zu einem Goldstandard zurückkehren.«[3] Doch heute wäre es nicht mehr sinnvoll, nur so viel Geld in Umlauf zu bringen, wie durch Gold gedeckt ist – es gibt relativ zum Wert der gesamten Waren- und Dienstleistungsmenge viel zu wenig Gold oder anders gesagt: Die Wirtschaftsleistung ist im Zuge der industriellen Revolution regelrecht explodiert

und damit einer Golddeckung entwachsen. »Der geologische Gold-
mangel war schließlich einer der Gründe dafür, die Metallgeldzeit
hinter sich zu lassen«, schreibt Joseph Huber.[4] Die Golddeckung ist
zu Recht Geschichte.

Zum anderen glauben immer noch viele Menschen, dass die
»Notenbank« die einzige Quelle von Geld sei. Sie heißt so, weil sie
Bank-Noten drucken darf. Doch erstens ist das meiste in Umlauf
befindliche Geld nicht Bargeld (Banknoten und Münzen), sondern Buchgeld. Die Bargeld-Bestände im Euro-System beliefen
sich Ende 2013 auf 951 Milliarden Euro oder 17,6 Prozent der Geldmenge M1.[5] Zweitens wird der größere Teil der Buchgeldmenge
nicht von der Zentralbank geschöpft und in Umlauf gebracht, sondern von privaten Geschäftsbanken: Das von der Zentralbank ausgegebene Buchgeld machte Ende 2013 im Euro-System 245 Milliarden Euro oder fünf Prozent von M1 aus. Demnach waren Ende 2013
rund neunzig Prozent des Buchgeldes von den privaten Banken geschöpft. Wie aber geht die Geldschöpfung bei privaten Geschäftsbanken vor sich?

In der klassischen Vorstellung einer Bank bringen »zuerst« die
SparerInnen ihr *bares* Geld zur Bank und legen es auf der *Passiv*-
seite der Bankbilanz (den Verbindlichkeiten) an, es handelt sich um
eine Sichteinlage auf dem Girokonto und damit ein Girokontoguthaben. Es kann auch direkt auf ein Sparkonto oder Sparbuch eingezahlt werden. Diese Bareinlage, egal ob auf dem Giro- oder Sparkonto, wird zugleich auf der *Aktiv*seite verbucht und erhöht dort
den Kassastand. Dieser *zusätzliche* Bargeld-Bestand ermöglicht
der Bank, einen Kredit an ein Unternehmen oder eine Privatperson
oder den Staat zu verleihen: das Bargeld auf der Aktivseite in eine
Forderung umzubuchen und auszuzahlen. Die Geldmenge wird dabei nicht erhöht, das Geld existierte ja bereits, es wurde »zuerst«
von den SparkundInnen hereingebracht.

Etwas langsamer: Tausend Euro in bar wandern »von außen«
in die Bank, werden auf der Passivseite als Girokontoguthaben
oder als Sparanlage verbucht. Dadurch kann die Bank (vorbehalt-
lich ausreichender Eigenkapitalquote und Mindestreserve) einen
Kredit in annähernd gleicher Höhe vergeben (minus Bargeld- und

Mindestreserve). Dieser wird auf der Aktivseite der Bank als Forderung an die KreditnehmerIn verbucht und auf der Passivseite auf dem Girokonto der KreditnehmerIn gutgeschrieben (als Forderung gegen die Bank). Umgehend wird das Geld abgehoben oder überwiesen – der Kredit will ja »verwendet« sein – und so verlassen tausend Euro die Bank. Tausend Euro rein, tausend Euro raus, die Geldmenge bleibt konstant bei dieser Möglichkeit der *passivseitigen* Kreditentstehung. Das kann heute so in der Realität der Banken ablaufen, es ist nicht falsch.

Eine *andere* Möglichkeit, die den Standardvorgang darstellt, ist die *aktivseitige* Kreditvergabe durch Banken. Hier wird »zuerst« ein neuer Kredit vergeben, ohne vorherige Einzahlung oder Spareinlage, in dem »aus dem Nichts« auf der Aktivseite der Bank eine (Buchgeld-)Forderung gegen die KreditnehmerIn zusätzlich zum bisherigen Aktivvolumen verbucht wird. Diese Forderung der Aktivseite wird auf der Passivseite auf das Girokonto der KreditnehmerIn gutgeschrieben, ebenfalls als Buchgeld. Damit sind Aktiv- und Passivseite wieder im Gleichgewicht, doch in diesem Fall – oder besser in dieser Reihenfolge – wurde die Bilanz im Unterschied zu Fall 1 auf beiden Seiten »verlängert«: Die Geldmenge hat sich erhöht.

Noch nicht ganz: Der Kredit will ja auch hier, in Fall 2, »verwendet« werden, er wird auf das Konto einer (um es anschaulicher zu machen) anderen Bank überwiesen. Tausend Euro gehen in diesem Fall »zuerst« raus aus der Bank, die dieses Geld »geschöpft« hat. Im Moment der »Verwendung« des Kredites – der Überweisung – braucht es, um die Bilanz ausgeglichen zu halten, eine »Refinanzierung« (einen Ersatz des ausgehenden Geldes) auf der Passivseite. Eine Bank hat grob sortiert sechs Möglichkeiten, sich zu refinanzieren: 1. Erhöhung des Eigenkapitals aus dem Geschäftsgewinn oder über eine Kapitalerhöhung, 2. Zahlungseingang auf einem Girokonto, 3. Spareinlage, 4. Begebung einer Bankanleihe, 5. Kreditaufnahme auf dem Interbankenmarkt, 6. Kreditaufnahme bei der Zentralbank. Aus jeder dieser sechs Quellen können die tausend Euro Buchgeld, die hinausgegangen sind, auf der Passivseite ersetzt oder »refinanziert« werden. Bezüglich der Veränderung der Geldmenge und der Frage »Schöpfung oder Nichtschöpfung« von Geld kommt es darauf an, woher das Geld kommt, bei wem und in welcher »Geldsorte« sich die Bank verschuldet.

Verschuldet sie sich bei der Zentralbank, erhöht sich die Geldmenge dann, wenn die Zentralbank in einem bestimmten Zeitraum den Geschäftsbanken mehr frische Kredite gewährt, als alte Kredite getilgt werden. Die Zentralbank kann auf diese Weise die Geldmenge (mit)steuern und z.B. in Zeiten der Rezession mehr oder günstigere Kredite vergeben und in Zeiten guter Konjunktur weniger oder teurere Kredite. Das Geld, das den Kredit finanziert, ist hier »gutes« Zentralbankgeld. Der Kreditvergabeakt der Geschäftsbank ist in diesem Fall neutral in Bezug auf die (Zentralbank-)Geldmenge. Das Geld wird »zuerst« von der Geschäftsbank, schlussendlich aber doch »nachträglich« von der Zentralbank geschöpft.

Anders liegt der Fall, wenn der Kredit ersetzt wird z.B. durch eine Giroeinlage einer KreditnehmerIn B, die bei der Bank B ebenfalls einen auf der Aktivseite generierten (= geschöpften) Kredit erhalten hat und damit via Girokontoüberweisung eine Leistung bei der Kreditnehmerin A = KontoinhaberIn der Bank A bezahlt. Damit hat die Bank A die ausgegangenen tausend Euro wieder »herinnen«, sie hat sich »refinanziert«. Wenn gleichzeitig die KreditnehmerIn A ihren bei Bank A geschöpften Kredit auf ein Konto bei Bank B überweist, ist auch Bank B refinanziert – in beiden Fällen ohne Zentralbank! So funktioniert die Giralgeldschöpfung durch private Geschäftsbanken. Sie erhöht die Geldmenge, in diesem Beispiel um zweitausend Euro. (Das Beispiel hätte auch abgekürzt werden können, indem der Kredit A bei Verwendung auf ein anderes Konto derselben Bank fließt, damit hätte sich die Bank über eine andere Kredit- und Konto-KundIn refinanziert, der Geldschöpfungsakt wäre ebenso vollendet gewesen. Ich habe hier bewusst eine zweite Bank ins Spiel gebracht, um den systemischen und kollektiven Charakter der Geldschöpfung aller privaten Geschäftsbanken sichtbar zu machen.)

Das Beispiel ist nicht ganz sauber: Die Giralgeldschöpfungsfähigkeit der Geschäftsbanken ist dreifach begrenzt durch a) ihr *Eigenkapital* (Mindestkapitalanforderungen nach den Basel-Regeln), b) die *Mindestreserve* (in der Eurozone derzeit ein Prozent) und c) die *Barreserve* (1,4 Prozent). In Summe kann die Geldmenge dennoch beträchtlich wachsen. In den USA wuchs die Geldmenge seit der Jahrtausendwende doppelt so schnell wie die Wirtschaft, in Deutschland wuchs die Wirtschaft von 1992 bis 2008 nominal um 51 Prozent, die Geldmenge M1 hingegen um 189 Prozent.[6] Mit diesen (privat geschöpften) Krediten wird Konsum finanziert und führt über steigende Nachfrage zu Inflation – entweder zu Güterpreisinflation, wenn mit den Krediten Konsumgüter gekauft werden; oder zu Finanzinflation, wenn mit den geschöpften Krediten Wertpapiere gekauft werden. Viele AutorInnen analysieren übereinstimmend, dass die Geldschöpfungspraxis der Geschäftsbanken seit den 1980er Jahren zu Wertpapierpreisinflation und zu Blasenbildung auf den Finanzmärkten geführt hat: Aktien-, Internet-, Devisen-, Rohstoff- und Immobilienblasen. So hängen private Geldschöpfung und Finanzinstabilität zusammen.

Die Geldschöpfungsgewinne der privaten Banken, die sich aus der Differenz zwischen Refinanzierungs- und Kreditzins ergeben, sind umso höher, je größer das Ausmaß ihrer Geldschöpfung ist. Für Deutschland werden die Geldschöpfungsgewinne der privaten Banken auf 15 bis 25 Milliarden Euro jährlich geschätzt, für die Schweiz auf 6 bis 12 Milliarden Franken.[7] Diese Gewinne sind illegitim, weil sich private AkteurInnen an der Bereitstellung eines öffentlichen Gutes bereichern. Joseph Huber argumentiert, dass diese Bankenextragewinne als »Privatsteuer« betrachtet werden können, die »unserem heutigen Rechtsempfinden widerspricht«.[8] Und auch dem ökonomischen Denken: »Ökonomen sagen gerne ›There ain't no such thing as a free lunch‹. Das trifft für den Finanzsektor nicht zu, da spezielle Gewinne zu einem riesigen und ungerechtfertigten ›free lunch‹ führen«, mokiert sich Simon Sennrich.[9] Die private Geldschöpfungspraxis erhöht das volkswirtschaftliche Kreditvolumen und damit den systemischen Verschuldungsgrad. Sie führt zu Inflation und Blasenbildung einerseits und andererseits zu systemischer Überschuldung. Derzeit ist der Gesamtverschuldungsgrad des Finanzsystems und der Volkswirtschaften so groß wie nie zuvor in der Geschichte. Laut einer Untersuchung der

Bank für Internationalen Zahlungsausgleich verdoppelte sich in achtzehn OECD-Staaten das Gesamtverschuldungsniveau (aus den Schulden der privaten Haushalte, der privaten Unternehmen und des Staates) zwischen 1980 und 2010 von 167 auf 314 Prozent ihres BIP.[10] In Führung liegt Japan mit 456 Prozent der Wirtschaftsleistung vor Portugal (366 Prozent), Belgien (356 Prozent) und Spanien (355 Prozent). Vergleichsweise gering gesamtverschuldet waren Australien (235 Prozent), Österreich (238 Prozent) und Deutschland (241 Prozent); aber auch die USA (268 Prozent). Das McKinsey Global Institute hat zu den drei klassischen Sektoren noch die Schulden des Finanzsektors addiert und kommt dadurch auf noch höhere Zahlen für 2011: Die Gesamtverschuldung aller vier Sektoren betrug demnach in Irland 663 Prozent des BIP, in Japan 511 Prozent, in Großbritannien 507 Prozent, in Spanien 363 Prozent, in den USA 279 Prozent, in Deutschland 278 Prozent und in Griechenland 267 Prozent.[11] Hier gäbe es viel zu erklären, nicht nur die auf den ersten Blick unglaubliche Diskrepanz zwischen Irland und Griechenland. Um es einfach zu halten: Die Zusammensetzung ist je nach Land sehr unterschiedlich: Irland »führt« bei den Haushalten vor Australien, bei den Unternehmen vor Spanien und beim Finanzsektor vor England. Bei den Staatsschulden ist Japan einsamer Spitzenreiter.

Die Bank für Internationalen Zahlungsausgleich hält eine Verschuldung des Staates und der privaten Haushalte von mehr als 85 Prozent des BIP jeweils und der Unternehmen von mehr als neunzig Prozent des BIP für gefährlich – zusammen maximal 260 Prozent der Wirtschaftsleistung. Die Boston Consulting Group »unterbietet« diesen Wert deutlich und empfiehlt als Verschuldungsmaximum sechzig Prozent je Sektor, in Summe 180 Prozent der Wirtschaftsleistung.[12] Von beiden Werten sind die OECD-Staaten mit durchschnittlich 314 Prozent Gesamtverschuldung weit entfernt. Gesichert scheint: Gegenwärtig besteht bereits eine systemische Überschuldung. Deshalb warnen auch zahlreiche Insider, vom Börsenguru bis zum Finanzmathematiker, vor dem großen Krach: Die Volkswirtschaft bricht unter der nicht mehr bedien- und rückzahlbaren Gesamtverschuldung zusammen.[13]

Vollgeld-Reform

Wie könnte die private Geldschöpfung beendet werden? Seit einiger Zeit kursiert der Vorschlag einer Vollgeld-Reform. Vollgeld steht für vollgültiges gesetzliches Zahlungsmittel. Unter diesem Titel sind verschiedene Reformansätze vereint, die dahingehend zusammengefasst werden können, dass das in vielen Verfassungen dem Staat (der staatlichen Zentralbank) zugeschriebene exklusive Recht der Geldschöpfung auf Buchgeld ausgeweitet und gleichzeitig den privaten Geschäftsbanken das gegenwärtige De-facto-Monopol[14] auf Geldschöpfung entzogen wird. Die Vollgeld-ReformerInnen sind eine wachsende Bewegung im deutschen und englischen Sprachraum, sie firmieren auch unter der Bezeichnung Monetative, will heißen: Neben der legislativen, exekutiven und judikativen soll es eine unabhängige monetäre Staatsgewalt geben, welcher das exklusive Recht der Geldschöpfung und der Steuerung der Geldmenge übertragen wird. Dies sind die wichtigsten Punkte des Vorschlages:

1. Die Notenbank erhält das ausschließliche Recht der Geldschöpfung, sowohl für Bargeld als auch für Buchgeld. Alles in Umlauf befindliche Geld ist Zentralbankgeld, das diese gezielt nach vorgegebenen Regeln geschöpft hat. Den Geschäftsbanken wird das Recht auf Geldschöpfung, das ihnen nie explizit verliehen wurde, explizit entzogen.

2. Die Ausweitung oder Kontraktion der Geldmenge wird *langfristig* an der Ausweitung oder Kontraktion der Wirtschaftsleistung orientiert, wobei das Instrument der Geldmengensteuerung »antizyklisch« eingesetzt werden kann: Um ein »Überhitzen« der Konjunktur zu verhindern, kann die Geldmenge bei hohem Wachstum verknappt werden; um eine Depression zu verhindern, kann in Zeiten der Flaute die Geldmenge erhöht werden.

3. Das Geld, das die Zentralbank in Umlauf bringt, fließt der Staatskasse zins- und schuldenfrei zu. Damit kommt der Geldschöpfungsgewinn, die originäre Seigniorage (Differenz zwischen dem Wert des Geldes und den Produktionskosten), direkt der Allgemeinheit zugute.

4. Geld fließt somit über Ausgaben des Staates an Unternehmen und Private, die es zur Bank bringen und dort veranlagen (ähnlich wie in Fall 1, mit dem einzigen Unterschied, dass es nicht Bargeld sein *muss*, sondern auch Buchgeld sein kann; jedoch wäre auch dieses garantiert von der Zentralbank geschöpftes Buchgeld). Über die Einlage von »Vollgeld« landet dieses auf der Aktivseite der Geschäftsbanken – entweder als Bargeld oder als Buchgeld-Forderung an die Zentralbank. Auf der Passivseite wird eine Verbindlichkeit gegenüber der EinlegerIn verbucht. Ganz so oder ähnlich, wie es heute in vielen Köpfen als »Mythos« ankert. Die Realität wird an die Fiktion angepasst. Dieses (Voll-)Geld steht nun zur Kreditvergabe zur Verfügung.

5. Damit die Banken nicht zusätzlich Geld »aus dem Nichts« schöpfen können, werden die Girokonten aus den Bankbilanzen ausgegliedert und als »Geldkonten« im Besitz der BankkundInnen angelegt, die reine Depots sind. Derzeit sind Girokonto-Guthaben ganz gleich wie Sparanlagen Forderungen der SparerInnen an die Bank und Teil der Bankbilanz. Sie befinden sich rechtlich im Besitz der Bank und sind im Falle einer Bankenpleite aus Sicht der BankkundInnen gefährdet, was ein System der Spareinlagensicherung auch für Girokontoguthaben erforderlich macht. Vor allem aber ist die gegenwärtige »Vermischung« von Girokonten und Sparkonten ein Teil des Geldschöpfungssystems, indem eine Bank einen soeben geschöpften Kredit auf der Passivseite als Sichteinlage verbucht und damit gleich wieder in eine Einlage verwandelt. Die bilanztechnische Trennung von »Einlagen« und »Anlagen« beendet die Geldschöpfung durch private Geschäftsbanken.

6. Bei der Kreditvergabe wird Vollgeld von der Aktivseite der Bankbilanz auf das Geldkonto (Depot) der Kredit-KundIn überwiesen. Aus der Sicht der Bank kommt es dabei zu einem Aktivtausch auf der linken Seite der Bankbilanz: Vollgeld, entweder Bargeld oder eine Buchgeld-Forderung gegen die Zentralbank, wird (ausbezahlt und) umgebucht in eine Forderung gegen die KreditnehmerIn. Bei diesem Vorgang verringert sich das (Vollgeld-)Guthaben der Bank bei der Zentralbank, es wird umge-

wandelt in eine Kreditforderung an die Kredit-KundIn (ein anderer Bilanzposten auf der gleichen Aktivseite der Bankbilanz). Bildlich wird Vollgeld von der Zentralbank über die Aktivseite der vermittelnden Geschäftsbank an das Publikum »durchgereicht«. Die Geldmenge bleibt dabei unverändert, auf der Passivseite tut sich gar nichts.[15] Die einzige Veränderung ist, dass der gleiche Betrag an (Zentralbank-)Vollgeld dieser nicht mehr von der Geschäftsbank geschuldet wird, sondern direkt von der KundIn (über ihr Geldkonto). Das ist auch ein Grund, weshalb im Falle einer Bankinsolvenz das Vollgelddepot der KundIn außen vor bleibt – es handelt sich um eine Direktbeziehung zwischen KundIn und Zentralbank, die Bank dient nur als Depot oder (elektronischer) Tresor, die für die KundIn ein »Geldkonto« verwaltet, dessen Inhalt jedoch im Besitz der BankkundIn bleibt (und im Eigentum der Notenbank).

7. Erst wenn die BankkundIn eine Sparanlage tätigt, wandert Vollgeld von ihrem Geldkonto oder Depot auf die Aktivseite (!) der Bankbilanz (wo es entweder den Kassastand erhöht [bar] oder die Forderungen gegen die Zentralbank [unbar]), wo dieses für die Kreditvergabe zur Verfügung steht. Auf der Passivseite wird eine Forderung der KundIn an die Bank verbucht. Dadurch wandert das Geld rechtlich in den Besitz der Bank und ist im Falle der Insolvenz der Bank ausfallgefährdet. Die KundIn geht dieses Risiko üblicherweise ein, um einen Sparzins zu erhalten, welcher – im gegenwärtigen Paradigma – unter anderem das Risiko des Ausfalls kompensiert (neben der »Leistung« des »Konsumverzichts«). Damit handelt es sich aber um eine Investition, und jede Investition ist ausfallgefährdet, auch wenn eine Bank das Ausfallrisiko durch die »Pooling« der Kredite auf alle SparerInnen verteilt und dadurch minimiert. Für (einen Teil der) Spar*an*lagen bräuchte es somit auch im Vollgeld-Regime eine Sparanlagensicherung, falls diese überhaupt eine vernünftige Idee ist: Sie ist streng genommen eine Art staatlicher InvestorInnenschutz: Die Allgemeinheit nimmt den SparerInnen das Investitionsrisiko ab. Marktwirtschaft ist das nicht. Und es gibt im Vollgeld-Regime Alternativen: Wer möchte, dass ihr/sein Geld

hundert Prozent sicher ist – sicherer als unter dem Kopfpolster, wo es gestohlen werden kann, und sicherer als auf dem Sparkonto, wo es im Falle einer Insolvenz der Bank *und* des Staates verlorengehen kann –, legt es auf das Geldkonto. Dort kann wirklich nichts passieren.

8. Geldsortenmäßig gäbe es im Vollgeldsystem nur noch Zentralbankgeld = Vollgeld: Egal, ob das Geld von SparerInnen, anderen Banken, dem Staat oder direkt der Zentralbank kommt, es handelt sich immer um Zentralbankgeld, weil die Zentralbank die einzige Instanz ist, die Geld schöpft und in Umlauf bringt. Heute wird die in Umlauf befindliche Geldmenge der Zentralbank durch privat (»giral«) geschöpftes Geld verwässert und vergrößert, so sehr, dass es umgekehrt ist: Im großen See des privat geschöpften Buchgeldes befindet sich nur noch ein sehr kleiner Zustrom von Zentralbank-Buchgeld.

9. Das Halten von »Reserven« (an Zentralbankgeld) erübrigt sich, weil alles Geld Reserve = vollwertiges Zentralbankgeld ist. Die Mindestreserve entfällt. Eine Hundert-Prozent-Reserve, wie andere sie vorschlagen, erübrigt sich aus demselben Grund. Das Bankgeschäft und die Bankbilanz werden deutlich einfacher.

So weit die Beschreibung der Funktionsweise des Vorschlages. Nun zu den Vorteilen der Vollgeld-Reform, diese wären zahlreich und relevant:

1. Effektivere Geldmengensteuerung: Die Geldmenge würde allein durch die Zentralbank gesteuert und nicht in Kombination mit den (gewinnorientierten) Geschäftsbanken. Die Hoheit über ein makroökonomisches Steuerungsinstrument ist wiederhergestellt. Die Treffsicherheit steigt. Die Inflation kann durch direkte Steuerung der Geldmenge besser unter Kontrolle gehalten werden als durch ihre indirekte Steuerung über den Leitzins – sowohl die Güterpreisinflation als auch die Finanzinflation.

2. Antizyklische Konjunktursteuerung: Wenn die Ausweitung oder Kontraktion der Geldmenge gegengleich zum Konjunkturzyklus praktiziert wird, kann die fiskalpolitische Kontrazyklik (Haushaltsüberschuss und Schuldentilgung im Boom, Defizit und

Verschuldung in der Rezession) verstärkt werden: In der Rezession kann die Geldmenge dosiert ausgeweitet werden, wodurch es zu mehr Staatseinnahmen und damit höheren Ausgabemöglichkeiten ohne zusätzliche Verschuldung kommt. Erfolgt die Geldmengensteuerung indirekt über die Kreditvergabe an Geschäftsbanken, was im gegenwärtigen Geld-Regime von den Zentralbanken praktiziert wird (von »Quantitative easing« bis »Dicke Berta«), kann es sein, dass diese ausgeweitete Geldmenge gar nicht im realen Wirtschaftskreislauf ankommt, weil die Banken die Kreditvergabe aus Angst vor Ausfällen zurückfahren – oft sogar in einem stärkeren Ausmaß, als die Wirtschaft schrumpft, wodurch es zu einem *pro*zyklischen Effekt der gegenwärtigen Form der Geldmengensteuerung durch die Zentralbank kommt. Oder die Banken spekulieren lieber mit dem billigen Geld (zum Beispiel kaufen sie Staatsanleihen), weil sie darin ein geringeres Risiko sehen oder zumindest höhere Profitchancen als im »realen« Kreditgeschäft.

3. Geld käme nicht als Kredit (mit Zins und Wachstumszwang) in Umlauf, sondern über öffentliche Ausgaben, schulden- und zinsfrei. Und ohne Wachstumszwang.

4. Die Geldschöpfungsgewinne (Seigniorage) kommen vollständig der Allgemeinheit zugute. Derzeit sahnen die Banken einen erklecklichen Teil der Geldschöpfungsgewinne ab, indem sie Geld »ex nihilo« erschaffen und die damit erzielten Zinsmargengewinne oder Kurs-/Dividendengewinne[16] behalten dürfen. Im Vollgeld-Regime könnte die Zentralbank bei einem ein- bis zweiprozentigen Wirtschaftswachstum die Geldmenge im langjährigen Durchschnitt um ein halbes bis ein Prozent der Wirtschaftsleistung erhöhen (zumal die Geldmenge M1 in Deutschland und der Eurozone rund halb so groß ist wie das BIP). Das wären in Deutschland 13,5 bis 27 Milliarden Euro Budget-Zuschuss pro Jahr (das BIP liegt bei 2,7 Billionen Euro), in Österreich 1,5 bis 3 Milliarden Euro pro Jahr (BIP rund 315 Milliarden Euro) und in der Schweiz 3,8 bis 7,5 Milliarden Franken pro Jahr (BIP bei 500 Milliarden Franken, aber M1 ist größer: fast 80 Prozent vom BIP). Die Budgets und Staatsfinanzen würden spürbar entlastet.

5. Durch die Umstellung vom gegenwärtigen Giralgeld-Regime auf Vollgeld würden – bei konstanter Geldmenge M1 – hohe Umstellungsgewinne für den Staat anfallen: im Ausmaß der bisher akkumulierten Geldschöpfung durch die Privatbanken in Form von Sichtguthaben. In der Schweiz betragen die Sichtguthaben 385 Milliarden Franken, das ist fast das Doppelte der Staatsschulden (211 Milliarden Franken), der Staat wäre schuldenfrei. In Deutschland und Österreich betragen die Sichtguthaben rund achtzig Prozent der Staatsschuld.[17] In der EU und den USA ist es rund die Hälfte der Staatsschulden[18] – diese könnten halbiert werden, die Staatsschuldenkrise wäre massiv entschärft.

6. Die Geldmenge bliebe dabei vollkommen konstant, da die Sichteinlagen der SparundInnen auf der Passivseite in Sichteinlagen der Zentralbanken umgewandelt würden. Forderungen der Zentralbank an die Geschäftsbanken sind aber nicht Teil der Basisgeldmenge M1, die ausgelagerten Geldkonten hingegen sehr wohl. In Bezug auf die Geldmenge M1 werden die Sichteinlagen des Publikums auf Geldkonten ausgelagert – geldmengenneutral. (Auf der Aktivseite bleiben die Forderungen der Geschäftsbanken gegenüber den SparundInnen aufrecht – bis zur Zurückzahlung.)[19] Ein solcher »Ausschleusungsvorgang« wäre nichts Neues in der Geldgeschichte: Im Zuge der Gründung von zentralen Notenbanken aus Konsortien privater Banken wurden die privaten Banknoten aus dem Geldsystem ausgeschleust. Seither sind private Banknoten illegal oder Falschgeld. Ganz analog würde in dieser zweiten »Verstaatlichungsetappe« des Geldes nun auch das privat geschöpfte Buchgeld ausgeschleust. Nach dem Übergang wäre privat geschöpftes Buchgeld ebenso illegales Falschgeld wie privat gedruckte Banknoten. Der Übergangsprozess würde schätzungsweise zwei bis vier Jahre in Anspruch nehmen.[20]

7. Die Zentralbank-Bilanzsumme würde durch die Umstellung um fünfzig Prozent ansteigen (Euroraum), allerdings würde das zu keinerlei Inflation führen, weil nur die bereits jetzt von den Geschäftsbanken geschöpfte Geldmenge – erstmals korrekt – in der Zentralbank-Bilanzsumme abgebildet würde. Sollte die Geld-

menge M1 von der Zentralbank verringert werden, wäre der Effekt auf die Staatsschuld entsprechend geringer.

8. Im Falle einer Bankenpleite sind die Geldkonten absolut sicher. Sie befinden sich im Besitz der BankkundInnen und sind von der Insolvenz nicht betroffen. Sparanlagen wären unverändert im Falle einer Bankeninsolvenz betroffen und entsprechend gefährdet. Doch bei ihnen handelt es sich im Vollgeld-Regime um umso bewusstere private Investitionen, deren staatlicher Schutz fragwürdig ist und einen grundlegenden Bruch marktwirtschaftlicher Prinzipien darstellt – die InvestorInnen tragen das Verlustrisiko nicht zur Gänze selbst, sie teilen es mit den SteuerzahlerInnen. Eine solche Spareinlagensicherung könnte zwar ein demokratisch beschlossener Teil eines »öffentlichen Gutes Geld« sein, sollte aber umso bewusster an Bedingungen geknüpft werden; dazu in den folgenden Kapiteln mehr.

9. Durch die klare Trennung von Geldvermögen, das auf Banken lediglich deponiert, aber nicht investiert wird, und bewusst investiertem Kapital kann derjenige Teil des Finanzvermögens, der »überflüssig« ist, weil er gar nicht realwirtschaftlich investiert werden kann, bewusst »befriedet« werden. Geld würde nicht arbeiten und keinen Renditedruck ausüben. Das gesamte System würde sich an zwei Fronten entspannen: Der Druck wird herausgenommen, und die Gefahr der Spekulation verringert. Der Kredithebel wird dadurch auf den Kopf gestellt: Nicht ein Bruchteil des vergebenen Kreditvolumens (Bankbilanz) ist durch Finanzvermögen gedeckt, sondern nur ein Bruchteil des privaten Finanzvermögens wandert in die Bankbilanz und wird zu Kredit. Aufgrund des wachsenden Vermögensüberschusses (in Relation zum BIP) ist es denkbar, dass bald nur noch eine Minderheit des Finanzvermögens in die Wirtschaft investiert und die Mehrheit als »nicht arbeitende« Bankeinlage dort nur deponiert wird: Geld gibt endlich Ruhe!

10. Der Konnex zwischen Sparanlagen und Kredit-Vergaben auf den beiden Bankbilanz-Seiten würde (wieder) hergestellt. Es würde genau das erreicht, was dem landläufigen Verständnis einer Bank heute entspricht.

Exkurs: Vollgeld und Hundert-Prozent-Geld

Manchen versierten LeserInnen ist der sogenannte »Hundert-Prozent-Banking«-Vorschlag aus den 1930er Jahren von einer Reihe von Ökonomen aus Chicago, darunter der junge Milton Friedman, bekannt. Diese schlugen vor, dass alle vergebenen Kredite durch Reserven bei der Zentralbank – zu hundert Prozent – gedeckt sein sollten. Irving Fisher entwickelte den Plan zu »100 Percent Money« weiter.[21] 2013 nahmen zwei Autoren des Internationalen Währungsfonds den Hundert-Prozent-Banking-Plan erneut unter die Lupe und legten die Ergebnisse unter »The Chicago-Plan revisited« vor. All diese Varianten laufen unter dem Oberbegriff Hundert-Prozent-Reserve, weil das Aktivgeschäft der Banken vollständig durch Reserven gedeckt ist, und werden fleißig miteinander verwechselt.

»Vollgeld ist technisch bzw. bankbetrieblich ein gänzlich anderes System als Hundert-Prozent-Reserve«, differenziert der wichtigste Vordenker Joseph Huber von der Universität Halle-Wittenberg.[22] Aufgrund der nicht ganz unkomplizierten Materie stelle ich hier nur die Unterschiede von Hundert-Prozent-Geld und Vollgeld dar. Aus der Übersicht geht hervor, warum ich dem neueren Vorschlag für eine Vollgeld-Reform klar den Vorzug für die Diskussion im Konvent einräume. Die Hundert-Prozent-Geld-Reform hat wichtige Erkenntnisse und Impulse geliefert, sie ist aber veraltet und wurde von der Idee des Vollgeldes überholt und dabei entscheidend vereinfacht.

Hundert-Prozent-Geld	Vollgeld
Girokonten sind Teil der Bankbilanz	Girokonten aus Bankbilanz ausgegliedert
Geld kommt als Kredit-Schuld in Umlauf	Geld kommt als Gabe an den Staat in Umlauf
Geld kommt verzinst in Umlauf	Geld kommt unverzinst in Umlauf
Zins-Seigniorage (indirekt)	originäre Seigniorage (direkt)
getrennte Buchungskreisläufe	ein Buchungskreislauf
Zuerst wird der Kredit vergeben, dann wird bei der Zentralbank refinanziert	Zuerst fließt Zentralbankgeld auf ein Bankkonto, dann wird der Kredit vergeben

Hundert-Prozent-Geld	Vollgeld
Reserve für Kreditgeld muss gehalten werden	Reserve nicht nötig, Kreditgeld ist Reserve
Banken müssen doppelt Zinsen zahlen: für die Spareinlagen und für die Reserven	Banken müssen nur »einmal« Zinsen für die Spareinlagen zahlen
Belastung der Staatsfinanzen	Entlastung der Staatsfinanzen

Anpassung der Rechtstexte

Rechtlich müssten in diversen Verfassungen bzw. im Lissabon-Vertrag der EU, der das Statut der EZB als Protokoll Nummer 4 enthält, nur geringfügige Änderungen vorgenommen werden, zum Beispiel: »Der EZB-Rat hat das ausschließliche Recht, die Ausgabe von Banknoten *und Buchgeld* innerhalb der Union zu genehmigen. Die EZB und die nationalen Zentralbanken sind zur Ausgabe dieser Banknoten *sowie von Buchgeld* berechtigt. Die von der EZB und den nationalen Zentralbanken ausgegebenen Banknoten *und Buchgelder* sind die einzigen *Geldformen,* die in der Union als gesetzliches Zahlungsmittel gelten.«

In Deutschland müsste im Gesetz über die Deutsche Bundesbank Artikel 14 angepasst werden: »Die Deutsche Bundesbank hat unbeschadet des Artikels 128 Abs. 1 des Vertrages über die Arbeitsweise der Europäischen Union das ausschließliche Recht, Banknoten *und Buchgeld* im Geltungsbereich dieses Gesetzes auszugeben.«

In der Schweiz würde eine geringfügige Änderung von Artikel 99 der Bundesverfassung ausreichen: »Das Geld und Währungswesen ist Sache des Bundes; diesem allein steht das Recht zur Ausgabe von Münzen, Banknoten *und Buchgeld* zu.«

3. DEMOKRATISCHE ZENTRALBANKEN

Sollte das amerikanische Volk je privaten Banken erlauben, die
Ausgabe ihrer Währung zu kontrollieren, werden die Banken
und die um sie wachsenden Konzerne, erst durch Inflation,
dann durch Deflation ... den Leuten all ihre Habe nehmen,
bis ihre Kinder eines Tages obdachlos erwachen ... Das Recht
der Geldausgabe sollte den Banken genommen und dem Volk
zurückgegeben werden, wo es rechtmäßig hingehört.

Thomas Jefferson[1]

Die Zentralbank ist die mächtigste Einzelinstitution im gesamten Geldsystem. Sie schöpft Geld aus dem Nichts und steuert die Geldmenge, sie legt den Leitzins fest, an dem sich die Marktzinsen orientieren. Sie steuert mit Zins und Geldmenge Inflation und Konjunktur, sie dreht den Kredithahn für die Volkswirtschaft auf und zu, sie kann Banken mit Liquidität fluten oder verdursten lassen, sie kann auch Staaten finanzieren oder dies verweigern – sie betätigt die zentralen Stellschrauben des Geldsystems und ist damit die mächtigste Einzelinstitution der Wirtschaftspolitik.

Kein Wunder, dass bei den öffentlichen Äußerungen der Chefs von Fed und EZB jede Silbe auf die Waagschale gelegt wird, jede feinste Nuance hat Auswirkungen wie das Wort kaum einer anderen Machtfigur. Alan Greenspan wurde, zumal er mit dieser Deutung seiner Aussagen gerne spielte, als »Sphinx« bezeichnet, die »Greenspeak« produziere: »Ich weiß, dass Sie glauben, Sie wüssten, was ich Ihrer Ansicht nach gesagt habe. Aber ich bin nicht sicher, ob ihnen klar ist, dass das, was Sie gehört haben, nicht das ist, was ich meine.« Es geht auch direkter: Von EBZ-Chef Mario Draghi genügten am 26. Juli 2012 zwei kurze Sätze, um die Euro-Krise, die am Eskalieren war, abrupt zu entschärfen: »Innerhalb ihres Mandats ist die EZB bereit, alles zu tun, um den Euro zu retten. Und glauben Sie mir – es wird reichen.«[2] Paul Krugman bewertete den Effekt dieser Sätze, dass »ohne sie der Euro wahrscheinlich 2011 oder 2012 zusammengebrochen wäre«.[3]

Ob dieser Macht ist es von größter Wichtigkeit, dass Zentralbanken a) öffentliche Einrichtungen, b) so demokratisch und repräsentativ wie möglich organisiert sind, sowie c) ihr Auftrag so klar wie möglich definiert wird. Ihre Politik muss dem Gemeinwohl dienen und nicht Einzelinteressen, die sich als öffentliches Interesse tarnen, oder bestimmten ökonomischen Schulen und Weltanschauungen, die gerade in Ökonomen- oder Bankerkreisen en vogue sind.

Wem gehört die Zentralbank?

Je relevanter und je monopolhafter ein Bestandteil der Infrastruktur ist, desto wichtiger ist es, dass dieser sich auch in öffentlichem Eigentum befindet. Historisch haben sich die Zentralbanken aus den größten Privatbanken gebildet und waren zunächst überwiegend in deren Eigentum, zum Teil sind sie es heute noch. Die Bank of England wurde 1694 als private Aktiengesellschaft gegründet, das Gründungskapital von 1268 Privatiers war ein Kredit an die Regierung. Erst 1830 wurden die Noten der Bank zum gesetzlichen Zahlungsmittel, und erst hundert Jahre später, 1930, wurde die letzte Privatbank, die eigene Banknoten ausgegeben hatte, von der Bank of England übernommen, die damit ein Monopol auf die Ausgabe von Banknoten erhielt – allerdings nur in England und Wales. In Schottland und Nordirland dürfen Privatbanken bis heute eigene Banknoten drucken und ausgeben, diese müssen allerdings zu hundert Prozent durch Einlagen bei der englischen Zentralbank gedeckt sein. 1946 wurde die Bank of England verstaatlicht – 250 Jahre nach ihrer Gründung.

Die US-Zentralbank Federal Reserve ist immer noch privat. Sie gehört den Zentralbanken der US-Bundesstaaten, und diese wiederum den größten regionalen Privatbanken. Zwar werden die sieben Vorstandsmitglieder vom US-Präsidenten ernannt, doch im wichtigen Offenmarktausschuss, der die geldpolitischen Entscheidungen trifft, sitzen die Präsidenten der zwölf regionalen Notenbanken, von denen fünf stimmberechtigt sind. Joseph Stiglitz kritisiert: »Die Präsidenten der regionalen Notenbanken werden in einem intransparenten, wenig demokratischen Prozess gewählt, in dem die Geschäftsbanken (die von ihnen reguliert werden) zu viel Einfluss besitzen.«[4] Eine solche Eigentumsstruktur ist merkwürdig: Würden wir es zulassen, dass die Bundespolizeibehörde den Landespolizeizentralen gehörte und diese den mächtigsten regionalen Privatmilizen und Sicherheitsfirmen?

Auch in Deutschland wurde die erste Notenbank, die Reichsbank, 1876 mit privatem Kapital von mehreren tausend Personen gegründet. Allerdings war sie von Beginn an eine Anstalt öffentlichen Rechts. Anfang des 20. Jahrhunderts erreichte sie Unabhängigkeit von der Regierung, die Nazis brachten sie wieder unter ihre Kontrolle. Die Alliierten gründeten 1948 zur Einführung der D-Mark die »Bank deutscher Länder«, die 1957 gemeinsam mit den Landeszentralbanken zur Deutschen Bundesbank alias »Buba« verschmolz. Die Reichsbank wurde erst 1961 liquidiert und die 20 000 Anteilshaber abgefunden.[5] So gesehen wurde die Bundesbank erst in den 1960er Jahren zu einem vollständig öffentlichen Gut. Fast.

Auch in Österreich ist der Weg der Zentralbank von einem privaten zu einem öffentlichen Gut ein Prozess. Bis 2006 war die OenB, die Österreichische Nationalbank, zu fast fünfzig Prozent in Privateigentum, die Vollverstaatlichung erfolgte erst 2010.[6] Über die Gründe gibt es verschiedene Vermutungen: Einerseits war das sozialpartnerschaftliche Gleichgewicht mit dem Ausscheiden der Gewerkschaftsbank BAWAG und des Österreichischen Gewerkschaftsbundes 2006 verlorengegangen, weshalb auch die restlichen PrivateigentümerInnen ihre Anteile abgeben mussten. Eine andere Hypothese besagt, dass die EigentümerInnen der nationalen Zentralbanken für die in den nächsten Jahren anfallenden Verluste der Europäischen Zentralbank geradestehen werden müssen, weshalb die Privaten kein Interesse haben, hier ihre Eigentümerverantwortung wahrzunehmen. Aus Aufsichtsperspektive ist die Verstaatlichung begrüßenswert, weil die Nationalbank bis 2010 mit der Beaufsichtigung ihrer EigentümerInnen beauftragt war: ein unschöner Rollenkonflikt.

Die Schweizerische Nationalbank befindet sich heute noch zu

39,9 Prozent in Privateigentum.[7] Aus meiner Sicht ist das ein Verstoß gegen das Gebot der Bundesverfassung, dass »die Ausgabe von Banknoten und Münzen allein dem Bund zusteht«. Wenn dieses Recht »allein« dem Bund zusteht, dann kann es nicht von einer Institution wahrgenommen werden, welche sich zu knapp vierzig Prozent in Privateigentum befindet, einschließlich der Stimmrechte. Obwohl rund ein Drittel der privaten MiteigentümerInnen »juristische Personen«, also Unternehmen sind, werden diese im Geschäftsbericht nicht namentlich aufgeführt. Besondere Kuriosität: 1,52 Prozent der Stimmrechte der Nationalbank befinden sich in ausländischem Eigentum. Das ist vielleicht kein entscheidender Souveränitätsverlust, aber es widerspricht doch prinzipiell einem öffentlichen Gut und »Service Public«.

In Italien herrschen noch archaische Zustände: Die Banca d'Italia gehört sechzig privaten Banken und Sparkassen. Die sechs größten davon halten die Hälfte der Stimmrechte. Allein die Intesa Sanpaolo und die UniCredit vereinen hundert der 535 Stimmrechte auf sich.[8]

In historischer Betrachtung bilden sich also aus den wichtigsten Privatbanken zunächst private oder teilprivate Zentralbanken, die schrittweise in öffentliches Eigentum überführt, von der Regierung unabhängig werden und nach anfänglicher Koexistenz von »privaten« und offiziellen Banknoten das ausschließliche Recht auf Geldschöpfung übertragen bekommen, wenn auch noch nicht für Buchgeld. Dieser Prozess sollte in allen Demokratien fortgesetzt und (mithilfe der Geldkonvente) abgeschlossen werden, indem alle Zentralbanken vollständiges öffentliches Eigentum werden, indem die (gesamte) Geldausgabe ein exklusives Recht der Zentralbanken wird, indem diese so demokratisch wie möglich organisiert werden und indem die Beauftragung der Zentralbank klar und direktdemokratisch erfolgt.

Demokratische Organisation der Zentralbank

Aufgrund der umfassenden Auswirkungen der Zentralbank-Politik auf alle Gesellschaftsbereiche ist es wichtig, dass auch alle Sektoren der Gesellschaft den Kurs der Zentralbank mitbestimmen können. Die Einbindung der Betroffenen in die Entscheidungen ist ein demokratisches Grundprinzip. Doch in den Zentralbanken sitzen ganz vornehmlich BankerInnen und sogar InvestmentbankerInnen. Sie sind nur ein kleiner Teil und nicht repräsentativ für die gesamte Gesellschaft. Betroffen sind außerdem: UnternehmerInnen, ArbeitnehmerInnen, KonsumentInnen, Arbeitslose, der öffentliche Sektor, zukünftige Generationen und die Umwelt. Es wäre ganzheitlicher, dass die Entscheidungen der Notenbanken von einem gemischten Stakeholder-Gremium getroffen werden, um die wichtigsten Interessen ausgewogen abzubilden. In der schwedischen Reichsbank entscheiden immerhin die Gewerkschaften mit. Das zeigt, dass ein höheres Maß an Diversität möglich ist.

Die »Unabhängigkeit« der EZB lässt sich diskutieren, faktisch ist sie derzeit eine doppelte Farce: Zum einen befinden sich ausschließlich NotenbankerInnen in den Gremien, die grundsätzlich die Interessen der Eliten vertreten (die manchmal auch divergieren können). Zum anderen ist der statutarische bzw. gesetzliche Auftrag so unklar, dass die Entsandten der Nationalstaaten ihre jeweiligen VertreterInnen für die Durchsetzung nationaler Interessen instrumentalisieren können. Seit dem Beginn der Euro-Krise tobt in der EZB ein solcher Richtungskampf. Einige Mittelmeerländer unter der Führung von EZB-Chef Mario Draghi befürworten die »fiskal- und konjunkturpolitische« Funktion der Zentralbank, während der »hard core« unter der Führung des deutschen Direktors Jörg Asmussen, der wiederum auf den Schultern von Buba-Chef Jens Weidmann steht, die »geld- und stabilitätspolitische« Linie verficht. Diejenigen Staaten, die sich der Pleite entgegenschlittern sehen, wollen die Zentralbank verständlicherweise als billigen »lender of last resort« anzapfen; hingegen wollen diejenigen Staaten, die sich außerhalb der Gefahr einer Staatsinsolvenz sehen und die Rolle der »Transferzahler« fürchten, die »Unabhängigkeit« der Zentralbank wahren. Beides dient bestimmten Interessen. Während die »Anzapfer« die Linderung ihrer Staatsschuldenprobleme im Auge haben, wobei ihnen eine höhere Inflation durchaus zupasskäme, schützt die »Die-EZB-ist-tabu«-Fraktion die Geldvermögen und den Finanzplatz Frankfurt wie Deutschland. Sie fürchtet Inflation wie der Teufel das Weihwasser. Die Hardliner agieren jedoch kurzsichtig: Ihre rigide Haltung zur Inflation könnte in den nächsten Jahren über die Staatsinsolvenz der Schuldnerländer zu einem fatalen Bumerang gegen die Gläubiger werden, ein aus meiner Sicht sehr wahrscheinliches Szenario. (Was wiederum nicht bedeutet, dass die Draghi-Linie die Lösung der Euro-Krise wäre.)

Die »Unabhängigkeit« der Zentralbank ist eine ähnliche Illusion wie die »Objektivität« der Wissenschaft. Jede EZB-Entscheidung folgt einem bestimmten ideologischen Paradigma und bedient bestimmte Interessen. Deshalb sollten alle großen Interessengruppen gleich transparent und demokratisch in den Leitungsorganen der Zentralbank vertreten sein. Auch ein Multi-Stakeholder-Gremium würde keine perfekten Entscheidungen treffen, aber seine Entscheidungen werden sicher weniger fehlerhaft und einseitig sein als die Entscheidungen der Zentralbanken in ihrer derzeitigen Zusammensetzung.

In jedem Fall bedarf es eines klareren Auftrags als heute. Die vertraglichen Mandate der EZB widersprechen einander. Zum einen sagt der Vertrag über die Arbeitsweise der Europäischen Union, dass die Union »nicht für die Verbindlichkeiten eines Mitgliedstaates haftet« und nicht für diese »eintritt«.[9] Zählt die Zentralbank zur »Union«, dann darf sie also weder haften noch für Staatsschulden eintreten. Hingegen »verbietet« das Protokoll des Lissabon-Vertrages über die Zentralbank nur den »unmittelbaren Erwerb von Schuldtiteln [von Mitgliedstaaten] durch die EZB oder die nationalen Zentralbanken«.[10] Heißt das, dass der »mittelbare« Erwerb erlaubt ist? Wenn ja, begrenzt oder unbegrenzt? Staatsfinanzierung verboten, Aufkauf von Staatsanleihen auf den Märkten erlaubt: Mit einer so widersprüchlichen Zielvorgabe können die Bankgremien verständlicherweise nicht vernünftig arbeiten, sondern nur begründet streiten.

Ziele und Aufgaben einer Zentralbank

Die Aufgaben und Ziele einer Zentralbank sind genauso wenig ein Naturgesetz wie die Geld- oder Wirtschaftsordnung selbst. Entsprechend braucht es auch hier ein möglichst klares demokratisches Mandat. Die Aufgabe der Geldschöpfung zweifelt niemand an. Doch bei den Zielen der Geldpolitik gehen die Schulen auseinander wie die Lichtfunken eines Feuerwerks. Wir sehen uns die drei wichtigsten Schulen etwas genauer an:

1. *Modell EZB*: Laut Statut der Europäischen Zentralbank hat die Geldwertstabilität, also ein möglichst geringer Wertverlust durch »Inflation«, Vorrang vor allen anderen Zielen.[11] Andere Ziele wie die »Unterstützung der allgemeinen Wirtschaftspolitik der Union« werden angeführt, haben aber expliziten Nachrang hinter dem Stabilitätsziel. Welche sind die wichtigsten Vorteile von »stabilem Geld«? Eine niedrige Inflation nützt vor allem den Privatvermögen, die vor realer Entwertung geschützt werden. Nutznießer ist damit auch der Finanzplatz, dessen »stabile« Währung eine hohe Attraktivität genießt. Je verlässlicher das Versprechen der Zentralbank, für eine niedrige Inflation zu sorgen, desto interessanter ist diese Währung als Anlagewährung für Finanzinvestoren. Das Thema Inflation betrifft die »Stabilität des Innenwerts« einer Währung. Die »Stabilität des Außenwerts« bezieht sich auf den Wechselkurs. Zwischen beiden besteht ein Zusammenhang: Je stabiler ihr Innenwert, desto attraktiver wird eine Währung und desto mehr Investitionen werden in diesen Währungsraum fließen. Der Zustrom von Kapital stärkt wiederum den Außenwert, sprich den Wechselkurs zu weniger attraktiven (inflationsgefährdeteren) Währungen und Finanzplätzen. Der Wechselkurs ergibt sich aus Angebot und Nachfrage nach einer Währung: Gibt es viel Nachfrage wegen niedriger Inflation, steigt ihr »Preis«: der Wechselkurs. Was die FinanzinvestorInnen freut, gereicht den ExporteurInnen zum Nachteil. Je höher der Außenwert/Wechselkurs, desto teurer werden ihre Produkte im Verhältnis zu den Handelspartnern. Die Interessenlage unter den Unternehmen ist also keineswegs eindeutig, man könnte sogar

sagen, dass Industrie und Finanz beim Thema »äußere Stabilität« gegensätzliche Interessen haben. Es sei denn, die Industriebetriebe wandeln sich in Finanzinvestoren und erzielen nur noch einen geringen Teil ihrer Einnahmen aus der Produktion. In der Tat ist diese Entwicklung zu beobachten. Siemens wird als »große Bank mit kleiner Werkbank« beschrieben, Novartis als »Großbank mit kleiner Apotheke«. Volkswirtschaftlich ist der Unternehmenssektor vom Nettoschuldner zum Nettogläubiger mutiert[12], mit anderen Worten: In Summe teilen die Unternehmen das Interesse der Finanzinvestoren und nicht dasjenige von Handwerk, Gewerbe und Industrie. Die Konsequenz: Je stärker die Zentralbank auf den Außenwert achtet, desto einseitiger bedient sie die Interessen der Banken und Großkonzerne. (Je »schwächer« der Euro, desto besser für ExporteurInnen.) Dasselbe gilt schon zuvor für den Innenwert: Ein Abbremsen der Konjunktur zur Vermeidung höherer Inflation mithilfe höherer Zinsen (das Bremsseil der Geldpolitik) führt zu einem Rückgang der realen Investitionen der Unternehmen und damit zur Schaffung von weniger Arbeitsplätzen und zum Anstieg der Arbeitslosigkeit. Während sich die Präferenz für höhere Zinsen auf den finanziellen Unternehmenserfolg insgesamt nicht negativ auswirken muss, weil die Unternehmen die Option haben, auf den Finanzmärkten zu investieren und gut zu verdienen – auch wenn das ihrem Zweck widerspricht –, haben die Arbeitsuchenden keine Wahl: Sie leiden unter höherer Arbeitslosigkeit, schlechteren Arbeitsbedingungen und sinkenden Einkommen. Auch hier hat also die »Parteistellung« der Zentralbank unterschiedliche Auswirkungen auf unterschiedliche Gruppen der Gesellschaft. Und desto wichtiger ist a) eine möglichst demokratische Festlegung der Ziele der Bank und b) dass in den Entscheidungsgremien *alle* wichtigen Sektoren der Gesellschaft vertreten sind, nicht nur Banker.

2. *Modell Fed*: Die US-Zentralbank Federal Reserve ist vielfältiger statuiert. Das Zentralbankgesetz sieht als Ziel der Fed »langfristiges Wachstum der monetären und Kredit-Aggregate im Gleichschritt mit dem Wachstumspotenzial der Produktion« vor, wodurch »die Ziele maximale Beschäftigung, stabile Preise und moderate lang-

fristige Zinssätze effektiv gefördert« werden können.[13] Sie ist neben der Kreditversorgung der Wirtschaft und niedrigen Zinsen zwei zentralen makroökonomischen Zielen verpflichtet: Vollbeschäftigung und Geldwertstabilität, in dieser Reihenfolge. Da beide Ziele tendenziell miteinander im Konflikt stehen, ist das ein »spannender« Auftrag. Konkret kann die Fed-Leitung eine höhere Inflation in Kauf nehmen (höheres Wirtschaftswachstum, größere Geldmenge, stärkere Flutung der Banken mit Zentralbankkrediten), um damit die Beschäftigung zu fördern und die Arbeitslosigkeit zu reduzieren. Auch die Bank of England hat Spielraum. Im Sommer 2013 kündigte sie an, sie werde die Zinsen so lange niedrig halten, bis die Arbeitslosigkeit unter sieben Prozent gefallen ist.[14]

Die EZB darf das nicht, sie hat sogar eine Obergrenze für Inflation von zwei Prozent einzuhalten. Das sind zwei grundverschiedene Aufträge. Wer erteilt der Zentralbank diesen Auftrag? In der EU ist der Auftraggeber der Lissabon-Vertrag, die höchstrangige Rechtsgrundlage der Gemeinschaft. Und wer setzte diesen Vertrag in Kraft? Die Bevölkerung? Der Lissabon-Vertrag wurde den Bevölkerungen von ihrer Vertretung in dem vielleicht undemokratischsten Prozess, der je in der EU stattgefunden hat, aufgezwungen. Jean Claude-Juncker meinte damals über den EU-Verfassungskonvent: »Ich habe noch keine dunklere Dunkelkammer gesehen als den Konvent.«[15] Aus meiner Sicht ist der Lissabon-Vertrag nichtig, weil a) über ihn nicht von den Souveränen abgestimmt wurde, b) drei Souveräne in drei Volksabstimmungen gegen den »in der Substanz zu 95 Prozent gewahrten«[16] Vorläufervertrag, den EU-Verfassungsvertrag, gestimmt hatten und c) die Regierungen die Serie der Volksabstimmungen bewusst abgebrochen hatten, weil sie – zu Recht – befürchteten, dass weitere Souveräne gegen den Vertrag stimmen würden. Nun ist er in Kraft, und mit ihm das Mandat der EZB. Dieses wurde aus dem Maastricht-Vertrag übernommen, schon dort hatten die Regierenden bestimmt, dass die Zentralbank dem Ziel der Geldwertstabilität Vorrang geben sollte vor Vollbeschäftigung. Dieser einseitige Auftrag geht auf einen historischen Kompromiss zwischen den Nationalstaaten zurück: Die deutsche Bundesbank war berühmt für ihre Politik der »harten D-Mark« und der damit einhergehenden geringen Inflation. Diese Position war Deutschland nur bereit aufzugeben, wenn der Erhalt der Geldwertstabilität in der zentralen EU-Bank Vorrang erhielt vor allen anderen Zielen. Man könnte sagen, Deutschland zwang den anderen Euro-Mitgliedstaaten seinen Willen auf. Das ist nicht nur demokratisch fragwürdig, es ist auch ökonomisch keine sinnvolle Grundlage für einen Währungsraum mit siebzehn Mitgliedstaaten, für die eine einheitliche Zentralbankpolitik quasi zum Schicksal wird.

Ergebnis der »Stabilitätsorientierung« der EZB war – neben der Binnendifferenzierung niedriger Realzinsen in den Hochinflationsländern wie Spanien oder Griechenland und hoher Realzinsen in den Niedriginflationsländern wie Deutschland oder Österreich – lange Zeit ein im Vergleich mit den USA hohes Realzinsniveau in der EU, dadurch ein langsameres Wirtschaftswachstum und eine höhere Arbeitslosigkeit. Kritische Analysen dazu hat unter anderem Stephan Schulmeister vorgelegt.[17] Dagegen könnte man einwenden, dass ein langsameres Wirtschaftswachstum ökologisch besser sei als ein höheres, und die EZB damit dem Klimaschutz mehr gedient hätte als die Fed. Doch erstens war der Klimaschutz nicht das Ziel der EZB-Politik (bestenfalls ein unbeabsichtigter Nebeneffekt), und zweitens war der primäre (vielleicht beabsichtigte) Nebeneffekt der Anstieg von Arbeitslosigkeit, Armutsgefährdung und Angst. Angesichts dieser vielfältigen Zielkonflikte und Handlungsalternativen einer Zentralbank ist eine genaue Klärung ihrer Ziele und Prioritäten bei der Auftragserteilung umso wichtiger.

3. Modell Alternative: Neben den klassischen Zielen von Fed und EZB gäbe es zumindest ein weiteres Ziel, das eine Zentralbank statutarisch verfolgen könnte: begrenzte Staatsfinanzierung. Staatsfinanzierung? Kaum ein Thema ist kontroverser als dieses. Staatsfinanzierung durch die Zentralbank ist das Ende jeder Währung, fürchten die einen. Die anderen entgegnen pragmatisch, dass dies doch schon alle Notenbanken praktizierten. Tatsächlich hält die Fed rund zwölf Prozent aller US-Staatsanleihen[18], die Bank of England 25 Prozent aller britischen Staatsanleihen, und selbst die EZB, die das vielleicht gar nicht darf, hält über 200 Milliarden Euro an griechischen und anderen Staatsanleihen, das sind immerhin rund zwei Prozent der Staatsschulden der Euro-Staaten.

Nicht wenige sind der Ansicht, dass die Anleihekäufe widerrechtlich seien. Die offizielle Ausrede: Die EZB interveniert erst auf dem sogenannten »Sekundärmarkt«, also nachdem die Anleihen bereits auf den »Primärmarkt« gelangt sind. Was ist der Primärmarkt, und wie gelangen die Anleihen dorthin? Im sogenannten »Tender-Verfahren« versteigert die Staatsschulden- oder Bundesfinanzierungsagentur neue Schuldscheine an ein Bieterkonsortium von vierzig Banken in Deutschland und 26 in Österreich.[19] Diese haben das exklusive Recht, neu ausgegebene Staatsanleihen auf dem »Primärmarkt« zu erwerben – oder diese zu verschmähen. Ist der Zinssatz oder das Ausfallsrisiko zu hoch, bleibt die Staatsagentur auf den Papieren sitzen – der Staat verliert den »Zugang zu den Märkten«. Einmalig wäre das kein Problem, doch wenn sich die Verweigerung wiederholt und der Staat seine alten Schulden nicht »refinanzieren«, sprich mit neu aufgenommenen Schulden zurückzahlen kann, ist er insolvent. Griechenland, Portugal, Irland und Zypern wurden von den diversen EU- und Euro-Rettungsschirmen vor der Staatsinsolvenz gerettet.

Könnten denn die Staaten nicht direkt von der Zentralbank finanziert werden? Dann wären die Staaten von den Märkten unabhängig, zudem könnte die Zentralbank, die das Geld aus dem Nichts schöpft, viel günstigere Konditionen bieten. Jesusmaria, alles nur das nicht, da entstünde ja sofort Megainflation!, rufen die Anhänger der Stabilität. Sie befürchten, dass die Geldmenge unkontrolliert anschwillt, die Kreditaufnahme des Staates in die Höhe schießt und als Folge davon die Preise. Historischer Brennpunkt ihrer Angst ist die Hyperinflation im Deutschland der 1920er Jahre. Diese war unter anderem durch lockere geldpolitische Zügel der Reichsbank ausgelöst worden. Das war wiederum der Grund für die rigide Inflationsbekämpfungspolitik (»Stabilitätsorientierung«) der Buba nach dem Zweiten Weltkrieg: die Angststrategie eines gebrannten Kindes. Oder besser eine Angstneurose: Wenn Geld, das man mit beiden Händen tragen muss, nichts mehr wert ist, und ein Leiterwagen und ganze Kutschen nicht ausreichen, um die Billionen für den täg-

lichen Einkauf heranzukarren, ist das ähnlich wie in zwangsneu-
rotischen Träumen, in denen Menschen in riesigen Räumen win-
zige Fliesen zählen müssen oder Steine an einem Flussufer ...
Die Hyperinflation der Zwischenkriegszeit brannte sich als tiefes
Trauma im kollektiven Gedächtnis der Deutschen ein, weshalb die
paranoide Politik der Buba nicht lachhaft ist, sondern verständlich.

Doch Angst allein ist ein schlechter Ratgeber. Ganz nüchtern
vorangetastet: Führt jede Staatsfinanzierung durch die Zentralbank
sofort zu Inflation? Wie sehr würde sich die Bilanzsumme der EZB
vergrößern, wenn die Euro-Mitgliedstaaten zwanzig, vierzig oder
sechzig Prozent ihrer Wirtschaftsleistung in Form von zinsfreien
Krediten der Zentralbank aufnehmen würden? Das BIP der Eurozone belief sich 2013 auf 9.6 Billionen Euro, die Bilanzsumme der
EZB erreichte ihren bisherigen Höchststand bei 3,1 Billionen Euro,
das sind 32 Prozent des Euro-BIP. Von daher würde sich die Bilanzsumme der EZB nicht wesentlich verändern, wenn die Mitgliedstaaten einen Teil der Schulden, die sie bei Geschäftsbanken haben,
durch zinsfreie Kredite bei der EZB ersetzen würden.

Das hätte auch andere Vorteile: Der Staat würde dieses Geld viel
verlässlicher in Umlauf bringen als die Geschäftsbanken. Denn die
Geschäftsbanken geben, wie inzwischen auch so manches Kind
weiß, nur einen (schrumpfenden) Teil der »Liquidität«, die sie bei
der Zentralbank erhalten, an die Unternehmen in Form von Krediten weiter. Ein (wachsender) Teil wandert direkt ins globale Finanzcasino, wo es Blasen bildet (lat. »inflare« = aufblasen). Das heißt,
wenn die Zentralbank den Geschäftsbanken Liquidität zur Verfügung stellt (und dabei die Geldmenge erhöht), kommt es gegenwärtig mit Sicherheit zu Inflation, wenn auch nicht dort, wo diese
im Regelfall befürchtet wird: bei Lebensmitteln, Energie, Wasser
und Gütern des täglichen Bedarfs, sondern bei Wertpapieren und
Finanzanlagen wie Aktien, Immobilien, Rohstoffen, Währungen
und Derivaten. Diese Inflation ist nicht ungefährlich, sie ist *anders*
gefährlich: Sie führt nicht unmittelbar dazu, dass die Dinge des täglichen Lebens teuer oder gar nicht mehr leistbar werden, sondern
zu systemischer Instabilität: zu Immobilienblasen, Aktienbubbles,
schwankenden Wechselkursen und spekulativen Attacken auf

Währungen. Die Zentralbank befeuert »Finanzinflation« und Finanzturbulenz, wenn sie den Geschäftsbanken via »Dicke Berta« Geld zur Verfügung stellt, und diese damit machen dürfen, was sie wollen. Ähnlich effektiv wäre es, Kindern ohne jede Begleitmaßnahme das Taschengeld zu erhöhen, in der Hoffnung, dass sie sich damit Gemüse und Obst kaufen ...

Wie sehr bei den Zentralbanken genau das passiert, was auch passieren würde, wenn sie Staaten (in begrenztem Ausmaß) direkt finanzierten, zeigen die Zahlen: Die Bilanzsumme von drei Dutzend Zentralbanken aus Industrie- und Schwellenländern hat sich zwischen 2007 und 2012 von zehn auf zwanzig Billionen US-Dollar verdoppelt. Die EZB erhöhte von 875 Milliarden auf 3,1 Billionen, reduzierte dann aber bis Ende 2013 durch die Rückzahlungen von Geschäftsbanken wieder auf 2,3 Billionen. Die Fed erhöhte von 0,8 auf vier Billionen US-Dollar.[20] Die Schweiz verfünffachte von knapp hundert Milliarden Schweizer Franken auf 550 Milliarden. Die japanische Notenbank will die Bilanzsumme auf sechzig Prozent des BIP ausweiten.[21] (Gemessen am BIP hatte die US-Fed unter den »Big Four« Mitte 2013 mit 24,5 Prozent die kleinste Bilanzsumme. EZB: 25 Prozent, Bank of England: 25,3 Prozent, Bank of Japan: 44,4 Prozent.)

Das ist bemerkenswert: Die günstige Finanzierung von Staaten wird mit dem Argument zurückgewiesen, dass die einhergehende Ausweitung der Geldmenge Inflation auslösen würde, doch gleichzeitig finanzieren die Zentralbanken supergünstig die Geschäftsbanken, bei denen sich dann die Staaten sündteuer verschulden müssen. Geht es noch (ein wenig ineffizienter und ungerechter)? Der Vorwurf, dass es hier gar nicht um »sound«-Geldpolitik, sondern um Vorteilsverschaffung zugunsten der Geschäftsbanken geht, weil deren Einfluss auf die Zentralbank (immer noch) groß genug ist, ist bei so haarsträubender Faktenlage schwer zu entkräften.

Der Kreisverkehr ist noch um zwei Stufen absurder: Die Geschäftsbanken verlangen von den Staaten saftige »Risikoprämien«. Gleichzeitig haften die Staaten für die Geschäftsbanken, wenn diese sich verspekulieren. Die Geschäftsbanken wiederum halten Versicherungen für den Ausfall von Staatsanleihen. Doch wenn sie sich damit verspekulieren, müssen sie von den Staaten, die sie eigentlich versichern sollten, gerettet werden.

Um aus dieser widersinnigen Wechselbeziehung, bei der die Allgemeinheit verliert und die Geschäftsbanken gewinnen, auszusteigen, folgt hier ein Alternativvorschlag, der im nächsten Kapitel im Detail ausgeführt wird. Zunächst geht es nur um die prinzipielle Beauftragung der Zentralbank mit der – begrenzten – Finanzierung von Staaten. Wenn die Euro-Staaten beispielsweise zwanzig, vierzig oder sechzig Prozent ihrer Wirtschaftsleistung als Kredit direkt bei der Zentralbank aufnähmen, wären das 2,2 Billionen Euro, 4,4 Billionen Euro oder 6,6 Billionen Euro – also tatsächlich eine Ausweitung der Bilanzsumme der EZB, aber keine allzu dramatische. Der Unterschied wäre:

a) die Staaten könnten sich nahezu kostenlos verschulden;
b) die Bilanzsummen der Banken würden schrumpfen;
c) die Geldmenge bliebe gleich.

Und was ist mit der Inflationsgefahr? Ich sehe sie nicht: Die Staatsausgaben würden ja nicht hochschnellen, die Staaten würden sich nur günstiger finanzieren. Dadurch ergäben sich Einsparungen beim Schuldendienst, die wiederum dafür verwendet werden könnten, die inhumanen Sparprogramme und Kürzungen zu stoppen. Damit wird nicht Inflation generiert, sondern die seit Krisenausbruch lauernde und derzeit gefährlichere Deflation gebannt.

4. *Monetative*: Um »reinen Tisch« bei den Beziehungen zwischen Geschäftsbanken, Staat und Zentralbank zu machen, schlagen die Mitglieder des Vereins »Monetäre Modernisierung« eine »Monetative« als vierte Staatsgewalt vor: eine unabhängige öffentliche Zentralbank mit einem klaren demokratischen Auftrag. Die Monetative steht »für einen eigenständigen Bereich öffentlich-rechtlicher Organe, denen es obliegt, die staatliche Geld- und Währungshoheit auszuüben, unabhängig von den anderen Staatsgewalten und verantwortlich für die Bereitstellung der gesetzlichen Zahlungsmittel, die Kontrolle ihres Mengenumlaufs, das nationale Devisenmanagement sowie gegebenenfalls auch Aspekte der Bankenaufsicht (...) Ein souveräner Staat sollte in Ergänzung seiner legislativen, admi-

nistrativen und judikativen Souveränität auch monetäre Souveränität genießen und nicht vom Wohl und Wehe kommerzieller Kredit- und Investmentbanken abhängig sein.«[22]

Der Sinn dahinter ist eine weitere Ausdifferenzierung der Gewaltentrennung:»Die Aufgabe der Parlamente [und des Souveräns, Anm. d. Autors] besteht darin, eine Rechtsordnung für das Geldsystem, die Banken und die Finanzmärkte vorzugeben, nicht jedoch, selbst Geldschöpfung oder Bankengeschäfte zu betreiben«, schreibt Joseph Huber. Und auch nicht, Erstere an private Banken zu übertragen, wie im Fall der USA, ergänze ich. Aus diesem Grund hält Huber eine »Monetative als eine in der Verfassung verankerte vierte Gewalt« für das »ordnungspolitisch Richtigere«.[23]

Die BefürworterInnen der Monetative bestätigen mit ihrem Vorschlag die Idee der Unabhängigkeit der Zentralbank und verstärken sie noch:»Wichtig ist, dass die Zentralbanker, einmal im Amt, niemandem weisungsgebunden sind. Ihre Unabhängigkeit ist ein funktionales Erfordernis.«[24] Das verhalte sich gleich wie mit der Unabhängigkeit der Justiz. Auch hier käme es – und kommt es – zu Interessenkonflikten: Es müsse »unbedingt gewährleistet sein, dass die Regierung nicht selbst bestimmt, wie viel Geld geschöpft wird«.[25]

4. LÖSUNG DES STAATSSCHULDENPROBLEMS

Aufgrund der Öffnung der Finanzmärkte stehen Staaten als
Schuldner mit anderen Staaten, aber auch mit privaten
Schuldnern im Wettbewerb um die weltweiten Ersparnisse.

Rolf-E. Breuer[1]

Durch die Vollgeld-Reform könnte also, wie schon gezeigt wurde, die Staatsschuldenlast in den USA um die Hälfte reduziert werden, in Deutschland und Österreich um gut drei Viertel, und in der Schweiz könnte sie zur Gänze getilgt werden. Außerdem wurde andiskutiert, dass die Zentralbanken einen Beitrag zur Staatsfinanzierung leisten könnten, indem sie den Staaten – in begrenztem Ausmaß – zinsfreie Kredite zur Verfügung stellen. Diese Ankündigung wird hier zu einem konkreten Vorschlag ausgebaut, wie das Staatsschuldenproblem ein für alle Mal aus der Welt geschafft werden kann, zumindest in der EU und der industrialisierten Welt.

Warum verschulden sich denn Staaten überhaupt? Manche Menschen sind der Ansicht, dass Staaten sich überhaupt nicht verschulden sollten, das steht auch im Grundgesetz: »Die Haushalte von Bund und Ländern sind grundsätzlich ohne Einnahmen aus Krediten auszugleichen.«[2] Der Gedanke dahinter: Jede Generation soll für die Leistungen bezahlen, die sie konsumiert. Genau das ist allerdings ein Argument *für* Staatsschulden. Denn ein Teil der Investitionen kommt mehreren Generationen zugute, zum Beispiel Krankenhäuser, Straßen oder Bahnhöfe. Nach dem Generationengerechtigkeitsprinzip müsste es Staaten erlaubt sein, sich in dem Maße zu verschulden, wie der Nutzen gegenwärtiger Investitionen künftigen Generationen anteilsmäßig zugutekommt. Das ließe sich mit einfachen Formeln berechnen.

Staatliche Leistungen an die gegenwärtige Generation, von Verwaltung und Infrastruktur über soziale und öffentliche Sicherheit bis zum Gesundheits- und Bildungssystem, sollten über Steuern finanziert – oder aufgeschoben werden. Werden die Kosten des Konsums der gegenwärtigen Generation künftigen Generationen aufgebürdet, ist der Verteilungskonflikt zwischen denjenigen, welche die Leistung in Anspruch nehmen, und denjenigen, welche sie bezahlen, nicht gelöst, sondern nur verschoben: Die GläubigerInnen des Staates werden von den SteuerzahlerInnen von morgen bedient anstatt von denjenigen SteuerzahlerInnen, welche diese Leistungen konsumieren. So wird die Lösung eines Problems einer Generation angelastet, die keinerlei Mitsprachemöglichkeit bei dessen Schaffung hatte. Das ist nicht gerecht. Die Schlüsselfrage ist, welchen Anteil eines laufenden Haushaltes »Zukunftsinvestitionen« ausmachen, und auf wie viele Jahre diese verteilt werden. Daraus ergibt sich die höchstzulässige Staatsschuldenquote.

Neben den Zukunftsinvestitionen gibt es noch einen zweiten guten Grund, weshalb sich ein Staat verschulden dürfen sollte: um

Konjunkturschwankungen auszugleichen und insbesondere Rezessionen abzufedern. Dann würde die berühmte »antizyklische Budgetpolitik« nach John Maynard Keynes zur Anwendung kommen: Der Staat nimmt in der Rezession Schulden auf, um den Abschwung abzufangen und die Wirtschaft ins Gleichgewicht zurückzubringen. In der Hausse hingegen spart er und zahlt die in der Flaute aufgenommenen Schulden zurück. Falls der »gesamte« Vorschlag von Keynes praktiziert wird, ist dessen mittelfristige, über den Konjunkturzyklus reichende Auswirkung auf die Staatsschuldenquote neutral, diese nimmt weder zu noch ab. Allerdings praktizieren Regierungen gerne nur den ersten Teil – Schuldenaufnahme in der Rezession –, aber nicht den zweiten: die Rückzahlung der Schulden bei wiederangesprungener Konjunktur. Zudem kann es sein, dass just dann eine Rezession eintritt, wenn ein Staat sein Schuldenmaximum erreicht hat – dann würde eine Schuldenaufnahme dazu führen, dass das Verschuldungslimit überschritten wird. Das spricht dafür, dass antizyklische Budgetpolitik zwar erlaubt sein soll, und damit die Finanzierung von aktuellen öffentlichen Leistungen in den Folgejahren, jedoch führt diese Handlungsoption von Regierung und Parlament nicht zu einer Erhöhung des Schuldenlimits (außer allenfalls eines kleinen Puffers), sie müssen daher eine mögliche Rezession stets einplanen – oder die im Folgenden vorgeschlagenen Konsequenzen ziehen.

Vorschlag für die Reform der Staatsschuldenfinanzierung

1. Staaten dürfen sich bis zu einer festgelegten Grenze ihrer Wirtschaftsleistung (BIP) zinsfrei bei der Zentralbank verschulden, z. B. 25 Prozent, fünfzig Prozent oder 75 Prozent.
2. Das Verschuldungsrecht des Parlaments ist mit diesem Limit begrenzt und zudem bedingt: Die Kredite dürfen nur aufgenommen werden, wenn a) damit öffentliche Leistungen finanziert werden, die zukünftigen Generationen zugutekommen; oder b) ein Konjunktureinbruch antizyklisch abgefedert wird.
3. Um zu entscheiden, ob und in welchem Maße der Verschuldungs-

mechanismus in Anspruch genommen werden darf, wird eigens ein »Zukunftskomitee« gewählt – zusammengesetzt aus VertreterInnen der Unternehmen, der Gewerkschaften, des Umweltsektors, der Sozialverbände und anderer Interessengruppen –, das die Anfragen des Budgetausschusses des Parlaments im Rahmen des verfassungsmäßigen Verschuldungslimits genehmigt, modifiziert oder ablehnt.

4. Auf diese Weise können die Staatsschulden durch die unmittelbare Budgetpolitik nicht aus dem Ruder laufen, weil das Schuldenkomitee zugleich dazu verpflichtet ist, auf die Einhaltung des Verschuldungsrahmens zu achten. Anfragen des Parlaments, welche die Verschuldungsgrenze übersteigen, werden abgelehnt – es sei denn, die Bevölkerung stimmt in einer Volksabstimmung einer Anhebung der verfassungsmäßigen Verschuldungsgrenze zu.

5. Wird aufgrund der Nichterfüllung des Budgetplans – geringere Staatseinnahmen, höhere Staatsausgaben, instabile Konjunktur, korrupte Regierung – die Verschuldungsobergrenze überschritten, treten automatische Stabilisatoren in Kraft: eine Schuldenbremse. Im Unterschied zu einer ausgabenseitigen Schuldenbremse (Kürzung der Staatsausgaben) plädiere ich jedoch für eine einnahmenseitige Schuldenbremse (Erhöhung der Staatseinnahmen), um den Fehler zu vermeiden, dass wertvolle öffentliche Leistungen gekürzt oder gestrichen werden, was sich speziell in Zeiten der Rezession kontraproduktiv auswirkt (siehe Griechenland, Portugal und Spanien). Eine ausgabenseitige Schuldenbremse vertieft die Rezession und führt zur Notwendigkeit einer noch härteren Schuldenbremse, welche die Rezession weiter vertieft … »In der Makroökonomie schrumpft man sich immer krank, nie gesund«, bringt es Stephan Schulmeister auf den Punkt.[3]

6. Die höheren Steuern sollen dabei »konjunkturneutral« sein, also solche, die weder den Konsum noch die Arbeitsbereitschaft dämpfen. Dafür kommen am ehesten Erbschafts- und Vermögenssteuern auf Großvermögen in Frage, weil sie weder den Konsum beeinträchtigen noch die Leistungsbereitschaft zügeln,

sondern vielmehr die Spekulation. Die Privatvermögen sind im Durchschnitt der Eurozone rund fünfmal so hoch wie die Staatsschulden, und rund zwei Drittel des Gesamtvermögens werden von zehn Prozent der Bevölkerung gehalten. Die »automatischen Stabilisatoren« würden auf diese Weise weder die Unter- noch die Mittelschicht treffen, sondern die Wohlhabendsten, die ein so großes Vermögen haben, dass sie es weder verkonsumieren noch real investieren (können), sondern auf den Finanzmärkten veranlagen (müssen) und von Kapitalrenten leben.

7. Die automatischen Stabilisatoren treten nur in einer außergewöhnlichen Situation in Kraft: wenn das geplante Budget, das sich innerhalb der verfassungsmäßigen Verschuldungsgrenze bewegen muss, aus dem Ruder läuft, was im Grunde nur bei einer plötzlichen Rezession passieren kann. Bei »normalem« Wetter müsste die Regierung äußerst inkompetent agieren und der Budgeterfolg deutlich hinter der Planung zurückbleiben. Dann war es aber schlussendlich die Entscheidung des Souveräns, diese inkompetente Regierung zu wählen und damit die Konsequenzen mit in Kauf zu nehmen. Als »Preis« für die schlechte Wahl werden – vorübergehend – die Steuern erhöht. Der größte Vorteil: Die Staatsschulden bleiben unabhängig von der Kompetenz der Regierung im (Verfassungs-)Rahmen – und die Kosten für die Staatsschulden bei null. Das wäre der entscheidende Gewinn gegenüber heute: Die WählerInnen müssen nicht mehr ohnmächtig zusehen, wie die Regierungen die Staatsschulden ungebremst in die Höhe treiben. Oder aber wie sie mit ausgabenseitigen »Schuldenbremsen« das Gegenteil bewirken: das weitere Ansteigen der Schulden, weil das Kürzen von Staatsausgaben in der Rezession diese verlängert und das Defizit erhöht.

8. Das häufigste Argument gegen die direkte – auch begrenzte – Finanzierung von Staaten durch die Zentralbank ist, dass dadurch die Geldmenge erhöht und Inflation ausgelöst würde. Doch wie bereits im vorigen Kapitel argumentiert, sehe ich bei diesem Vorschlag keine Inflationsgefahr, denn die einzige systemische Änderung besteht darin, dass sich Staaten direkt bei der Zentralbank verschulden anstatt bei den Geschäftsbanken,

die sich ihrerseits über die Zentralbank finanzieren (ein unnötiger und teurer Umweg) oder über Geldschöpfung (die Ausweitung der Geldmenge führt sicher zu Inflation!). Das Volumen der Staatsschulden würde nicht steigen, sondern im Gegenteil sogar sinken, und damit die Inflationsgefahr. Das, was die Bilanzsumme der Zentralbank zunähme, gäben die Bilanzsummen der Geschäftsbanken zum Teil oder zur Gänze ab – ein Nullsummenspiel. Die Bilanzsumme der Europäischen Zentralbank pendelt gegenwärtig zwischen drei und vier Billionen Euro. Fünfzig Prozent der Wirtschaftsleistung der Eurozone, das mögliche Schuldenmaximum, waren 2013 4,8 Billionen Euro: nicht einmal im Grenzfall eine gravierende Änderung. Wird die Euro-Krise hingegen weiterhin so gemanagt wie bisher, wird die Bilanzsumme der EZB mit Sicherheit auf weit über fünf Billionen Euro anwachsen, möglicherweise sogar in Richtung hundert Prozent des BIP, mit dem Unterschied, dass hier kaum ein Hahn kräht – vielleicht, weil die Geschäftsbanken davon profitieren.

9. Falls es kein Nullsummenspiel wäre – nicht alle Staatsanleihen werden von Geschäftsbanken gehalten, und nicht alle von Geschäftsbanken gehaltenen Staatsanleihen sind aus dem eigenen Währungsraum – und wider alle Erwartungen Inflation drohen sollte, bleiben der Zentralbank immer noch diverse Instrumente, um im Fall des Falles die Geldmenge und die Inflation zu zügeln: Sie kann zum Beispiel privates Finanzvermögen »absaugen«, indem sie eine eigene Einlagenfazilität dafür schafft. Damit ließen sich Geldmenge und Inflationsgefahr verringern.

10. Der wichtigste Punkt: Den Geschäftsbanken müsste das Recht genommen werden, selbst die Geldmenge zu erhöhen und damit Inflation zu verursachen, wenn auch unmittelbar »nur« auf den Finanzmärkten, was im gegenwärtigen Sinnlossystem der Fall ist. Die Frage der Inflationsbekämpfung ist aus meiner Sicht mehr eine Frage der Bankenregulierung – Stichwort Vollgeld-Reform plus Kreditregulierung – und weniger eine Frage der Bilanzsumme der Zentralbank, wenn deren moderate Ausweitung der begrenzten und bedingten Staatsfinanzierung dient.

Die Staatsschuldenfinanzierung über die eigene Zentralbank hätte erhebliche Vorteile für die Allgemeinheit:

– **Zinsersparnis/Gerechtigkeit:** Deutschland gab 2012 je nach Berechnung 65 oder 69 Milliarden Euro für den gesamtstaatlichen Schuldendienst aus: eine genauso unnötige wie ungerechte Staatsausgabe.[4] Das Steuergeld wäre besser in Schulen, Spitäler, soziale Sicherheit, kommunale Infrastruktur und in den ökologischen Umbau der Wirtschaft investiert. In Österreich werden es 2014 nach Budgetplan 8,1 Milliarden Euro oder 2,75 Prozent der Wirtschaftsleistung sein. In Spanien prognostiziert die Regierung für 2015 unfassbare 45 Milliarden Euro an Zinsen für die Staatsschuld. Und das bei über fünfzig Prozent Jugendarbeitslosigkeit.[5] 45 Milliarden sind beinahe das Doppelte des von der Troika oktroyierten Sparpakets. Spanien wird zu schmerzhaftem Sparen genötigt, nicht einmal um Schulden zu tilgen, sondern nur um die Zinsen zu zahlen! Bei Betrachtung der Alternativen wird klarer, in wessen Interessen die »Destroika« Politik macht – und warum kaum jemand auf die Idee kommt, Staaten könnten sich über zinsfreie Kredite bei der eigenen Hausbank refinanzieren.

– **Souveränität:** Eigentlich ist es absurd, dass sich freie Staaten selbst verbieten, sich ihrer eigenen – kostenlosen – Geldquelle zu bedienen, und sich lieber in die Abhängigkeit der »Märkte« begeben, obwohl diese über keinerlei ethische Mechanismen verfügen, im Gegenteil: Den MarktakteurInnen geht es an erster Stelle um Profit, egal, ob dieser durch Wucher, Austerizid, spekulative Attacken oder den Handel mit Versicherungen gegen den Staatsbankrott, über die man denselben mit herbeiführen kann, zustande kommt. Die Entscheidung, Staaten über die Märkte zu finanzieren, ist aus demokratischer Sicht eine beschämende Selbstaufgabe der Souveränität. Oder, aus anderer Perspektive, ein Putsch der Parlamente, die all diese Entscheidungen verantworten, gegen die Souveräne.

– **Stabilität:** Im globalen Finanzcasino würde einer der großen Spieltische geschlossen: der Spieltisch der Staatsanleihen – inklusive der Versicherungen gegen ihren Ausfall und mit dazu ein zweifelhaftes Arbeitsfeld der Rating-Agenturen: das der Beurteilung souveräner Staaten. Damit wären einige Instabilitätsfaktoren aus dem Gesamtgefüge entfernt. Da die Spieltische miteinander verbunden sind, würde auch auf dem benachbarten Spieltisch der Währungsspekulation Ruhe und mehr Stabilität einkehren, denn spekulative Attacken auf Währungen sind viel verlockender, wenn Staaten bankrottgehen können. Mit der Umsetzung des Vorschlags wäre dies extrem unwahrscheinlich: Noch eine Party im Finanzcasino wäre zu Ende. Der Vorschlag würde somit gleich mehrere Beiträge zu systemischer finanzieller Stabilität leisten. Nicht zuletzt wäre die Euro-Krise zu Ende.

5. REGELN FÜR KREDITVERGABE

Ideen, Kunst, Wissen, Gastfreundschaft und Reisen sollten international sein. Dagegen sollten Waren lokal erzeugt werden, wo immer dies vernünftig möglich ist; vor allem aber die Finanzen sollten weitgehend im nationalen Kontext verbleiben.

John Maynard Keynes

In einer demokratischen Geldordnung ist es nicht nur von grundlegender Bedeutung, a) wer das Geld schöpft, b) auf welchem Weg das Geld zu den Kreditinstituten kommt (ex nihilo von der Bank erschaffen, als Zentralbankkredit oder über Staatsausgaben als Spareinlage des Publikums), c) welche Ziele Kreditinstituten vorgegeben sind (nächstes Kapitel), sondern auch, damit ganz eng in Zusammenhang stehend, d) für welche Verwendungszwecke Kredite vergeben werden dürfen.

Die Frage, wohin Geld fließt oder hin(ein)gegossen (lat. »invertere« = hineingießen) wird, ist entscheidend für eine menschliche Gesellschaft. Es macht einen entscheidenden Unterschied, ob eine Biobäuerin einen Kredit erhält oder eine Agrarfabrik mit

100 000 Masttieren im Stall. Es macht einen entscheidenden Unterschied, ob ein Konsumkredit in ein Solarmobil, eine Bahncard 1. Klasse oder ein SUV fließt. Es macht einen entscheidenden Unterschied, ob ein aufgenommener Kredit zur Schaffung sinnvoller Arbeitsplätze führt oder ob riskante Finanzpapiere auf Pump gekauft werden. Es macht einen Unterschied, ob …

Mit Kredit kann zu viel Schaden angerichtet werden – und wurde bereits angerichtet, als dass dieser gänzlich dem (nur scheinbar wertfreien) Spiel der Märkte überlassen werden könnte. Präziser: Mit Kredit wird so viel Schaden angerichtet, *weil* Märkten die Bewertung überlassen wird, ob ein Kredit »gut« (ausreichende »Bonität«) oder »schlecht«, der Finanzierung »würdig« oder »unwürdig« ist. Märkte sind nicht wertfrei, sondern über alle Maßen »wertend«: Auf dem Markt wird der Wert aller Produkte und Leistungen in Geld ausgedrückt, in vielen Fällen ganz unabhängig von ihrem gesellschaftlichen Wert und Nutzen. In nicht wenigen Fällen steht der Preis (Tauschwert) in radikalem Widerspruch zum Wert (Nutzen). Oftmals haben die gesellschaftlich wertvollsten Leistungen, die am meisten zum Wohl der Allgemeinheit beitragen, und von daher die wirtschaftlich wertvollsten Leistungen mit dem höchsten Tauschwert sein müssten, gar keinen Tauschwert oder einen sehr geringen. Hingegen erzielen »Leistungen«, welche die Umwelt zerstören oder Beziehungen zerrütten, den höchsten Tauschwert (Marktpreis), weil das System der ökonomischen Bewertung und Erfolgsmessung derzeit nicht auf die Ziele des Wirtschaftens abgestimmt ist, sondern auf die Bedürfnisse des Kapitals (Kapitalismus). Tätigkeiten und Produkte, welche zur Vermehrung des Kapitals führen, erzielen einen hohen Marktpreis und erhalten am leichtesten Kredit, vollkommen losgelöst von ihrem ethischen Gehalt und ihrem Beitrag zum Ziel des Wirtschaftens. Was ist das Ziel des Wirtschaftens? »Die gesamte wirtschaftliche Tätigkeit dient dem Gemeinwohl«, steht in der bayerischen Verfassung.[1] Die italienische Verfassung verlangt, dass »die öffentliche und private Wirtschaftstätigkeit nach dem Allgemeinwohl ausgerichtet werden«.[2] Im Grundgesetz steht, dass »Eigentum verpflichtet« und sein Gebrauch »zugleich dem Wohle der Allgemeinheit dienen« soll.[3] Die spanische Verfassung sieht vor, dass »das gesamte Vermögen des Landes (...) dem Allgemeininteresse untergeordnet ist«.[4] Der Geist der Verfassungen ist klar und einstimmig. Wenn aber das Gemeinwohl das Ziel des Wirtschaftens ist, dann ist es doch mehr als merkwürdig, dass Kredite heute in keiner Weise auf ihren Beitrag zu diesem Verfassungsziel hin geprüft werden, oder nicht? Das ist widersprüchlich und ineffektiv. Alles, was der Kapitalmehrung dient, wird finanziert und kreditiert; doch ob es dem Leben, der Befriedigung von Bedürfnissen, den Beziehungen und dem Gemeinwohl dient, ist kein Thema. Wenn alle wirtschaftliche Tätigkeit dem Gemeinwohl zu dienen hat oder wenigstens *zugleich* (Grundgesetz), dann ist purer Kapitalismus, dann sind Geld-aus-Geld-Geschäfte verfassungswidrig: Wenn Eigentum zugleich der Allgemeinheit dienen muss, dann muss dieser Gemeinnutzen geprüft werden, bevor ein Kredit fließt. Wenn gilt, dass »Kapitalbildung kein Selbstzweck ist, sondern Mittel zur Entfaltung der Volkswirtschaft«, wie es in der bayerischen Verfassung steht (Art. 157), dann muss der Zweck überprüft werden, bevor das Mittel gewährt wird. »Geld und Kredit als öffentliches Gut« könnte bedeuten, dass a) Kredite dem verfassungsmäßigen Ziel des Wirtschaftens dienen müssen, b) bei der Kreditvergabe ihr Beitrag zum Ziel geprüft werden muss, und c) die Verfassung entsprechende Richtlinien vorgeben muss, wozu Kredite verwendet werden dürfen und wozu nicht.

Kredit ist etwas anderes als Geld, und während die Verwendung des Geldes im Besitz von Privatpersonen relativ frei sein kann, hat Kredit einen öffentlicheren Charakter, ist eine Stufe »weniger privat«. Man könnte sagen: Über unseren unmittelbaren Geldbesitz haben wir eine größere Verfügungsfreiheit (obwohl auch hier die Gemeinwohl-Pflicht gilt, siehe deutsches Grundgesetz) als bei der »zusätzlichen« Inanspruchnahme des öffentlichen Gutes »Kredit«. Für dessen Bereitstellung trägt der Staat Verantwortung, indem er private und öffentliche Banken beauftragt, das Kreditgeschäft wahrzunehmen – unter der Vorgabe verfassungsmäßiger Richtlinien, um das Gemeinwohl zu schützen. Dieser Geist ist bereits heute ansatzweise in der Schweizer Verfassung enthalten: »Der Bund kann im Kreditwesen nötigenfalls vom Grundsatz der Wirtschaftsfreiheit abweichen.«[5] Dass die vollkommene Zurückhaltung des Staates bei der Kreditsteuerung enormen und vermeidbaren individuellen (z. B. Zwangsdelogierung, Privatinsolvenz) und gesamtgesellschaftlichen (systemische Instabilität mit Massenarbeitslosigkeit, Hunger durch Lebensmittelspekulation ...) Schaden verursacht hat, sollte als Begründung ausreichen, um hier einen sanften Regulierungsansatz – öffentliche Aufgabe, private Ausführung, verfassungsmäßige Richtlinien – zu wählen. Auch Joseph Huber argumentiert in diese Richtung: »Sowohl das umlaufende Geld als auch die erteilten Kredite können (...) als öffentliches Gut verstanden werden, ähnlich wie die Gesundheit oder die Mobilität unserer Gesellschaft.«[6]

Der Kredit ist schon heute nicht »frei«. Die Basel-Regeln und die Umsetzung auf EU- und Mitgliedstaatenebene schreiben sogar recht genau vor, unter welchen Bedingungen ein Kredit vergeben werden darf und welche Sicherheiten hinterlegt werden müssen. Es geht also bloß darum, neben der finanziellen Bonitätsprüfung, die heute bereits rechtlich vorgegeben ist, auch eine ethische Kreditprüfung zu entwickeln und ebenso rechtsverbindlich zu machen.

Der vollkommene Regulierungsverzicht bei der *ethischen* Kreditprüfung steht in auffallendem Kontrast zur rigiden Regulierung bei der *finanziellen* Bonitätsprüfung jedes Investitionsvorhabens durch die Basler Regeln, unter denen Banken ächzen und bisweilen sogar anführen, dass mit diesen Regeln gar kein rentables Bankgeschäft mehr möglich ist. Der Gesetzgeber mischt bei der finanziellen Risikofeststellung bis in kleinste Details mit, eine ethische Kredit-Prüfung existiert dagegen erst gar nicht. Die Verfassungswerte – Menschenwürde, Solidarität, Nachhaltigkeit, Gerechtigkeit, Demokratie – sind aber wertlos und nichtig, wenn Kredite ausschließlich aufgrund finanzieller Performance-Kennzahlen vergeben werden. Heute ist beinahe *alles* erlaubt, was sich finanziell rentiert – völlig unabhängig davon, wie sinnvoll, nachhaltig, ethisch oder sozial ein Projekt ist. Hierbei handelt es sich um eine extreme Verstümmelung der Kreditbewertung. »Heilung« (= Ganzwerdung) ist der Auftrag für die kommenden Jahre. Für die BankerInnen wird es ein Gewinn sein, wenn sie neben betriebswirtschaftlichen und mathematischen Kompetenzen auch Ethikunterricht nehmen müssen. Einer von ihnen, GLS-Bank-Vorstand Thomas Jorberg, sieht das heute schon so: »Ich sehe das Hauptproblem in unserer Entscheidungsmatrix bei Investitionen und in der Geldanlage. Bei gleichem Risiko und gleicher Laufzeit entscheidet immer die Höhe des Zinssatzes, was mit dem Geld passiert. Völlig außer Acht lassen wir dabei, was mit dem Geld finanziert wird. Dies sehe ich als den Kern des Problems an.«[7]

Auch bei der finanziellen Bonitätsprüfung gibt es Schwachstellen im gegenwärtigen Kreditregime. Die finanzielle Bonitätsprüfung evaluiert heute ausschließlich das jeweilige Kreditprojekt selbst, um die Wahrscheinlichkeit des Ausfalls des Kredits (1. Gefahrenebene) und damit die Gefahr einer Insolvenz des Kreditinstituts (2. Gefahrenebene) zu minimieren. Ob die Verwendung des Kredits jedoch die systemische Stabilität des Finanzsystems gefährdet (3. Gefahrenebene), ist nicht Gegenstand der finanziellen Bonitätsprüfung. An Basel II wurde (zu Recht) kritisiert, dass es die systemische Instabilität doppelt verstärkt: zum einen, weil Banken in der Rezession aufgrund der starren Kreditvergabe-Regeln den Unternehmen die Kredite verweigern müssen – in der Rezession sinkt die Bonität der Unternehmen generell, und ein Teil ihrer Sicherheiten verliert an Wert, weshalb gleiche Unternehmen und gleiche Sicherheiten in der Rezession weniger Kredite erhalten; zum anderen, weil riskante und hochriskante (Hebel-)Kredite uneingeschränkt zulässig sind und auch mit Basel III weiterhin bleiben. Eine Prüfung der Gefährdung der Systemstabilität ist nicht vorgesehen. Beispielsweise werden Hedge-Fonds auch in Zukunft nicht reguliert, sondern nur ihre Manager registriert (siehe Kapitel 7). Eine Prüfung der Wirkung von Krediten auf die Verteilungsgerechtigkeit findet schon gar nicht statt, obwohl die Verteilung äußerst relevante systemische Auswirkungen hat: Je stärker sich der Reichtum in wenigen Händen konzentriert, desto mehr »Spielgeld« steht diesen zur Verfügung, das wiederum riskant eingesetzt, sprich hebelverstärkt werden kann. Basel III ist auch auf dem »Verteilungsauge« blind.

Geld fließt heute dorthin, wo der größte Return on Investment erwartet wird – vollkommen losgelöst von Sinn-, Ethik- und Zielfragen. Volkswirtschaftlich betrachtet wird der äußerst wirkungsvolle und sensible Steuerungshebel »Kredit« in Bezug auf die Verfassungsziele und -werte überhaupt nicht eingesetzt. Dadurch kann er auch nicht wirken. Im demokratischen Design der Geldordnung fehlt ein entscheidendes Element: das der Kreditsteuerung.

Wofür Kredite, wofür nicht?

Wir könnten uns an die Frage der Kreditsteuerung mit drei Grundsatzfragen annähern:

1. Soll der Beitrag eines Kredits zum Ziel des Wirtschaftens gemessen werden? Sollen Banken Kreditvorhaben neben einer finanziellen Bonitätsprüfung auch einer ethischen Bonitätsprüfung unterziehen müssen?
2. Sollen Kredite auch für »spekulative« Finanzinvestitionen oder ausschließlich für (produktive) Realinvestitionen vergeben werden dürfen?
3. Sollen Kredite vorrangig in der Region vergeben werden, in der die BankkundInnen ihre Finanzvermögen einlegen?

1. Ethische Bonitätsprüfung

Die erste Frage ist der Kern der Kreditregulierungs- oder -steuerungsfrage: In die Produktion welcher Werte soll Geld fließen? In welche Sinnrichtung? Ist die Generation von Finanzwerten ausreichend? Oder ist es nicht gleich wichtig – oder sogar noch wichtiger –, dass Nutzwerte geschaffen werden, um damit Bedürfnisse zu befriedigen, um das Gemeinwohl zu mehren; und dass dabei Verfassungswerte geachtet werden wie Menschenwürde, Gerechtigkeit, Solidarität, Nachhaltigkeit und Demokratie? Was ist das volkswirtschaftliche Ziel von Investitionen und Krediten? Wenn das Oberziel »der gesamten wirtschaftlichen Tätigkeit« das Gemeinwohl ist, dann müssen die Mittel des Wirtschaftens, wie beispielsweise die Kreditvergabe, diesem Ziel dienen. Streng logisch bräuchte es somit eine Gemeinwohl-Prüfung jedes einzelnen Kredits. In der bayerischen Verfassung steht über die Ziele des Geld- und Kreditwesens: »Das Geld- und Kreditwesen dient der Werteschaffung und der Befriedigung der Bedürfnisse aller Bewohner.«[8] Wenn die Kreditvergabe der »Bedarfsdeckung« der Bevölkerung dienen muss, heißt das im Umkehrschluss, dass Kredite, die nicht »der Befriedigung der Bedürfnisse der Bewohner« dienen, gemäß der bayerischen Verfassung verfassungswidrig sind? Und welche Werte sind mit »Werteschaffung« gemeint? Nutzwerte oder Tauschwerte? Wird der Bedarf der Bevölkerung, werden menschliche Bedürfnisse mit Tauschwerten (Geld) oder Nutzwerten (Essen) gedeckt? Streng logisch können nur Nutzwerte gemeint sein, weil sie allein »Bedarf decken« können. Heißt das wiederum, dass Kredite, die aufgenommen werden, um Geld zu vermehren, ohne Nutzwerte zu schaffen und ohne Bedarf zu decken, verfassungswidrig sind? Was bedeutet es konkret, dass der Bund im Kreditwesen von der Wirtschaftsfreiheit abweichen darf? Die demokratischen Geldkonvente müssen nicht bei null beginnen, sie können auf einem überraschend konkreten Fundament aufbauen. Es braucht aber im Verfassungstext mehr Präzision als bisher: Welche Werte sind gemeint? Welche Konsequenzen hat dies? Was ist mit Krediten, die zwar realen Bedarf decken, dabei aber menschliche und ökologische Werte zerstören, zum Beispiel mit Sweatshops oder dem Stall mit 100000 Mastschweinen? Was mit Krediten, welche die finanzielle Bonitätsprüfung bestehen, aber keinen Bedarf decken wie z. B. Kredithebel für feindliche Übernahmen oder Casino-Derivate?

Es gibt international bereits eine Reihe von Ethikbanken, die Kredite ausschließlich für Projekte vergeben, die einen hohen sozialen und ökologischen Mehrwert schaffen. Um das zu messen, haben sie ethische Kriterien entwickelt, nach denen sie entscheiden, ob ein Kredit gewährt wird oder nicht. In Österreich entsteht gerade die »Bank für Gemeinwohl«. Sie wird alle Kreditansuchen auch einer Gemeinwohl-Prüfung unterziehen. Bei der Entwicklung des Prüfinstruments kann sie nicht nur auf die entwickelten Instrumente der bestehenden Ethikbanken zurückgreifen, sondern auch auf die Gemeinwohl-Bilanz, welche in der Gemeinwohl-Ökonomie-Bewegung seit 2010 entwickelt und 2014 bereits im vierten Jahr angewandt wird. Die Gemeinwohl-Prüfung wird die Investitionsvorhaben ethisch prüfen: Befriedigt das Produkt oder die Dienstleistung, dem die Finanzierung gilt, menschliche Bedürfnisse? Ist es vereinbar mit der Menschenwürde? Wie sind die Arbeitsbedingungen? Welche ökologischen Auswirkungen sind zu erwarten und welche Verteilungswirkungen? Wie ist das Verhältnis zur Demokratie?

Die Kreditkonditionen werden sich *auch* am Prüfungsergebnis orientieren. So wie die Zinsen heute je nach dem Risiko des Investments »auseinanderspreizen«, wird – ganz analog – der Kredit je nach Gemeinwohl-Prüfungsergebnis teurer oder kostengünstiger. Das finanzielle Risiko wird deshalb nicht außer Acht gelassen – es ist nur nicht länger das allein ausschlaggebende Kriterium. Ein Kredit-Projekt muss *beide* Prüfungen bestehen. Fällt es bei nur einer durch, gibt es keinen Kredit. Das ist heute die leidvolle Erfahrung zahlloser UnternehmerInnen bei der finanziellen Bonitätsprüfung. In Zukunft wird das Unternehmen auch die »ethische Bonität« der Investition nachweisen müssen, um an den Kredit zu kommen. Gemeinwohlbilanzierende Unternehmen haben keinen Mehraufwand, sie »checken« ohnehin das gesamte Unternehmen auf die entsprechenden Ziele und Werte. Für die ethischsten Unternehmen wird es sogar leichter: Sie erhalten günstigere Kredite – genau umgekehrt zu heute: Heute erhält ein industrieller Agrarmastbetrieb mit 100 000 Schweinen den günstigsten Kredit, die Biobäuerin einen vergleichsweise teureren, wenn überhaupt. In einem ethischen Kreditregime würden Kredite nur bis zu einer Tierbestandsobergrenze verliehen werden, dort wären sie am teuersten, und je biologischer und artgerechter die Tiere gehalten werden, desto günstiger werden die Kredite, bis hin zu einem Zinssatz von null oder dem vollständigen Entfall der Kreditgebühr. Das wären dann »ethische Juwelen«, welche der Gesellschaft einen so großen Nutzen bringen, dass sie von den weniger Ethischen »querfinanziert« werden, indem diese relativ höhere Kreditkosten haben werden.

Um den Geist und Willen der Verfassungen auszuführen, bedarf es also einer Gemeinwohl-Prüfung aller Investitionen – um zu verhindern, dass Investitionen das Allgemeinwohl verletzen. Die Nichtvergabe von Krediten, wenn damit keine umfassenden Werte geschaffen werden, ist ganz im Einklang mit dem Geist der Verfassungen. Um einen Kredit zu erhalten, muss das Gemeinwohl zwar nicht gemehrt werden, es darf aber auch nicht verringert werden. Stellt sich aber bei der ethischen Prüfung ein negativer Beitrag zum Gemeinwohl heraus, ein »ethischer Minderwert«, dann werden ja in Summe Werte zerstört, und dafür soll auch kein Kredit fließen. Das Kreditwesen dient der Wertschaffung, nicht der Wertezerstörung.

2. Spekulative Finanzkredite?

Ein zweites großes Thema bei der volkswirtschaftlichen Kreditsteuerung ist die Spekulation und ihre Finanzierung auf Kredit (»Hebelverstärkung«). Dazu braucht es zunächst Definitionen: Was bedeutet Spekulation im Unterschied zu Investition? Was ist ein Finanzkredit im Unterschied zu einem Realkredit? In der Wortbedeutung ist jede »Investition« zugleich »Spekulation«: Ich »gieße Geld« in die ungewisse Zukunft in der Hoffnung, dass ich den Kreditbetrag plus dessen Kosten plus ein Einkommen erwirtschaften werde. Spekulation kommt vom lat. »speculare« = in die Zukunft schauen, spähen. Im Folgenden versuche ich eine Differenzierung zwischen abgestuften Formen nötiger/gemeinwohldienlicher und unnötiger/gemeinwohlschädlicher »Spekulation« = »Investition«.

a) **Realinvestition:** Eine TischlerIn, die einen Hobel anschafft; ein Gewerbe- oder Industriebetrieb, der eine neue Maschine kauft, rechnet damit (hofft darauf), dass er/sie damit so viele Möbel/Industrieprodukte wird erzeugen und verkaufen können, dass sie/er nicht nur ihre/seine Arbeitszeit damit entlohnen kann, sondern auch die Anschaffungskosten für das Werkzeug/die Maschine. Sie/Er hofft darauf, dass sich das »Hineingegossene« (Investition) »rentiert« (zurückkommt). Das ist die Stufe eins von »Spekulation«, die aber den »realen Boden« einer Geldwirtschaft darstellt. An diesem Vorgang gibt es kaum Kritik, das Gewissen blinkt nicht Alarm.

b) **Kreditfinanzierte Realinvestition:** Zur Finanzierung dieser realen Investition (in Produktionsmittel) nimmt die UnternehmerIn einen Bankkredit auf – so wird die Rückzahlung der Anschaffungskosten auf viele Jahre verteilt und gestreckt. Auch dagegen sind kaum Einwände bekannt. Zwar steigt das systemische Risiko, weil im Falle eines Fehlinvestments (eines »Verspekulierens«) nicht nur das kreditnehmende Unternehmen gefährdet ist, sondern auch die kreditgebende Bank. Doch wird die finanzielle Bonität der KreditnehmerIn genau geprüft, um die Wahrscheinlichkeit des Ausfalls des Kredits und damit der Insolvenz des Kreditinstituts zu minimieren: Das Risiko hält sich in Grenzen, es ist Teil der »Spielanordnung« einer freien Marktwirtschaft, in der niemand für den Erfolg eines privaten Unternehmens garantiert.

c) **Finanzinvestition:** In diesem Fall erwirbt jemand ein Wertpapier, zum Beispiel eine Staatsanleihe oder eine Unternehmensaktie, in der Hoffnung (Spekulation) darauf, dass das Investment eine finanzielle Rendite (Return on Investment) abwirft oder besser ein Vielfaches davon. Im Falle einer Staatsanleihe ist das der Zins, im Falle einer Aktie die Dividende. Aus der Sicht von Privatpersonen mag dies eine rationale Entscheidung sein. Wenn ein Unternehmen so handelt, könnte man dies bereits als Fehlallokation von Ressourcen werten. Stephan Schulmeister hat zum US-Aktien-Boom in den 1990er Jahren geforscht und kam zum Schluss, dass Unternehmen ihre Gewinne, anstatt in reale Investitionen und Arbeitsplätze zu investieren, lieber in Wertpapier-Akquisitionen, insbesondere Aktien, gelenkt haben. Dieser Trend war so massiv, dass der gesamte Unternehmenssektor, vor allem aber Groß-Unternehmen dadurch von Netto-Schuldnern zu Netto-Gläubigern wurden. Die Gewinne flossen von der Realwirtschaft in die Finanzwirtschaft und trugen so zu systemischer Überschuldung und Instabilität bei und infolge des gegengleichen Rückgangs der Realinvestitionen zum Anstieg der Arbeitslosigkeit.

d) **Kreditfinanzierte Finanzinvestition:** Am Höhepunkt des »Booms« wurden die Wertpapiere zusätzlich auf Kredit gekauft. Das machen »Finanzinvestoren« natürlich nur dann, wenn der erhoffte Ertrag aus den Wertpapieren (Dividende) höher ist als die Kosten des Kredits (Zinsen). Die Aufnahme von Krediten zur Steigerung der Eigenkapitalrendite gehört zu einer zentralen Strategie von Investmentbanken, institutionellen Investoren aller Art (Hedge-Fonds, Private-Equity-Fonds …), aber auch risikofreudigerer Family Offices oder der Investmentfirma von Warren Buffett. Selbst konservative Pensionsfonds pflegen ihre mauen Renditen mit der Beimischung »alternativer Investments« zumindest ein wenig aufzufetten. Hier stellt sich die Grundsatzfrage: Ist es volkswirtschaftlich sinnvoll und der Systemstabilität zuträglich, dass natürliche oder juristische Personen Kredite aufzunehmen, um mehr Wertpapiere zu kaufen, als sie sich aus ihrem »realen« Finanzvermögen leisten können?

e) **Finanzspekulation:** Hier erwirbt die InvestorIn die Aktie oder Anleihe oder Kreditausfallsversicherung nicht, um am Ertrag des Unternehmens beteiligt zu werden oder den Zins zu kassieren oder die Versicherungsprämie, sondern um das Wertpapier nach einem erhofften Kursanstieg mit Gewinn wiederzuverkaufen. Oder sie geht mit spezifischen Derivaten eine Wette auf einen Kursverfall ein, um bei dessen Eintritt den Wettgewinn einzustreichen. Hier sind wir bereits vollkommen von jeder realwirtschaftlichen Bindung gelöst, die InvestorIn hat keinerlei reales Interesse am Unternehmen und dessen Produkten oder Dienstleistungen. Ziel ist nur noch, aus Geld mehr Geld zu machen, egal mit welchen Mitteln (Produkten, Unternehmen, Finanzinstrumenten). Systemisch ist »Geld aus Geld machen« jedoch unmöglich: Ohne eigene Arbeit und Leistung kann Geld nicht mehr werden. »Aus nix wird nix.«[9] Geld kann immer nur durch die Arbeitsleistung anderer Menschen vermehrt werden. Die Summe der Finanzwerte kann nur in zwei Ausnahmefällen schneller wachsen als das BIP: 1. Wenn sich eine spekulative Blase bildet, die aber früher oder später platzt mit der einhergehenden Vernichtung von Finanzwerten; 2. Ausbeutung: Die einen bereichern sich auf Kosten anderer, die dabei relativ verarmen: eine Verletzung der Menschenwürde und des Gerechtigkeitsprinzips: Verfassungsbruch.

f) **Hebelverstärkte Finanzspekulation:** Finanzspekulation auf Kredit ist die »höchste« Stufe der Spekulation und der »finanziellen Alchemie«. Auch diese Strategie ergibt nur Sinn, wenn der erhoffte Spekulationsgewinn höher ausfällt als die Kosten der dafür aufgenommenen Kredite. Geht es schief, kann das gesamte

Kartenhaus zusammenbrechen: In Gefahr sind dann nicht nur die SpekulantIn und die ihr anvertrauten KundInnen-Gelder (z.B. Fonds geht pleite) oder die Bank, für die die SpekulantInnen »arbeiten« (z.B. Barings Bank), sondern überhaupt die Stabilität des Weltfinanzsystems. Das war bereits mehrfach der Fall. Der »berühmteste« Fall im doppelten Sinn war der Hedge-Fonds LTCM (Long-Term Capital Management). Zwei Professoren für Risikomathematik, die für ihre Forschungsergebnisse den Nobelpreis gewonnen hatten, setzten einen Hedge-Fonds auf und sammelten fünf Milliarden US-Dollar von Personen ein, die so vermögend waren, dass sie mit ihrem vielen Geld nichts Besseres zu tun wussten, als es den preisgekrönten Alchimisten anzuvertrauen, damit diese das systemisch mathematisch Unmögliche für sie erledigten: aus Geld mehr Geld zu machen, ohne einen Finger dafür zu rühren und ohne ein reales und sinnvolles Produkt herzustellen oder eine reale Leistung zu erbringen. Die Spitzenmathematiker »hebelten« das »Eigenkapital« ihres Zauberfonds zunächst mithilfe von Bankkrediten auf 125 Milliarden Dollar: ein Hebel-Faktor 25. Sodann gingen sie Derivate-Positionen im Wert von 1,25 Billionen US-Dollar ein. Dann versagte die Hexenkraft der Alchimisten, sie setzten das kolossale Investment in den Sand. Da nicht nur die Milliarden ihrer betuchten KundInnen in Gefahr waren, sondern auch die Banken, die bei dem Deal via Kredite kräftig mitschneiden wollten, und eine globale Kettenreaktion drohte, sprang unter der Regie der US-Zentralbank eine Reihe von privaten Banken ein, um einen Kollaps des Weltfinanzsystems zu verhindern. (Wäre die Wette aufgegangen, was wäre ihr volkswirtschaftlicher Nutzen gewesen, welcher der Kollateralgewinn für das Gemeinwohl?)

Der LTCM ist kein Einzelfall: Wir erinnern uns, dass das McKinsey Global Institute eine weit höhere volkswirtschaftliche Gesamtverschuldung errechnet hat als die »BIZ«, weil sie auch die Schulden des Finanzsektors ermittelt hat. In Irland machen allein diese 259 Prozent des BIP aus, in Großbritannien 219 Prozent und in Japan 130 Prozent des BIP.[10]

Während die ersten drei Formen von Investition/Spekulation – Realinvestition, kreditfinanzierte Realinvestition, Finanzinvestition – als sinnvoll eingestuft werden können, steht für mich die Verfassungskonformität, wichtiger aber noch: die gesamtwirtschaftliche und ethische Sinnhaftigkeit der letzten drei – kreditfinanzierte Finanzinvestition, Finanzspekulation, hebelverstärkte Finanzspekulation – mehr als in Frage. Sie könnten durch die neue Geldordnung untersagt werden.

Geld und Kredit als öffentliches Gut bedeuten, dass die Verwendung von Krediten in groben Richtlinien geregelt ist. Für ein öffentliches Gut gelten andere Regeln als für Privateigentum. Illiberal ist das mitnichten: Kredite und Finanzinvestitionen bleiben ja grundsätzlich erlaubt. Nur die gefährlichen Exzesse und Zielabweichungen werden weggefiltert. Auch andere denken in diese Richtung. Der Ökonom Richard Werner von der Universität Southampton schlägt vor, »man verbietet einfach Kredite für nicht zum BIP beitragende Transaktionen. Es gibt dann weiter Spekulation, aber ohne Kredithebel.«[11]

3. Vorrang für die Region
Eine Genossenschaftsbank in Österreich hat Einlagen von 320 Millionen Euro. Das Volumen der vergebenen Kredite beläuft sich auf 140 Millionen Euro. Logische Folge: 180 Millionen Euro regionales Spar- und Finanzvermögen fließen aus der Region hinaus – schlimmstenfalls ins globale Finanzcasino. Manchmal beträgt die Kreditverwertungsquote regionaler österreichischer Sparkassen und Genossenschaftsbanken (»Primärbanken«) nur noch fünfzig bis sechzig Prozent. Mit anderen Worten: Bis zur Hälfte des Finanzvermögens findet keine Verwendung mehr in der realen Wirtschaft. Sie wird an die größeren Geschäftsbanken, die eigenen Zentralbanken oder direkt an das internationale Finanzcasino weitergereicht.

Das Missverhältnis zwischen Finanzvermögen und Kreditnachfrage ergibt sich daraus, dass das private Finanzvermögen schneller wächst als die reale Wirtschaft (BIP): In Deutschland betrug das von der Bundesbank jährlich erhobene private Geldvermögen 1970 rund siebzig Prozent der *damaligen* Wirtschaftsleistung. 2013 waren es im ersten Halbjahr 189 Prozent des gegenwärtigen BIP oder knapp fünf Billionen Euro.[12] Die Krise konnte das Wachstum der Finanzvermögen nur ein einziges Jahr – 2008 – von der Überholspur ziehen. Schon 2009 ließen die Sparvermögen das BIP wieder deutlich hinter sich. Obwohl mit wachsenden Einkommen und BIP die Sparquote, der Anteil des Volkseinkommens/BIP, das zur Seite gelegt und angespart wird, logischerweise immer weiter steigen müsste – je höher das Einkommen, desto größer der Anteil, den die Menschen nicht für den Konsum benötigen –, ist ein dauerhaft höheres Wachstum des Finanzvermögens als das des BIP mathematisch unmöglich. Genauer: Die Veranlagung und Verzinsung eines immer größeren Finanzvermögens ist unmöglich, weil die reale Wirtschaft nicht ein Vielfaches des Volkseinkommens an Investitionen absorbieren kann, diese schlicht nicht benötigt.

Anders gesagt: Es gibt einen strukturellen Mangel an Anlagemöglichkeiten für das immer reichlicher vorhandene Finanzkapital. Wenn die Mehrung des Kapitals das Ziel des Wirtschaftens ist, ist das das größte vorstellbare Problem. Deshalb werden im Kapitalismus strategische Auswege gesucht, damit das Kapital, obwohl ein immer größerer Teil davon im wahrsten Sinne des Wortes »überflüssig« wird, weiterhin vollständig »verwertet«, das heißt veranlagt und mit einer Rendite vermehrt werden kann. Seit das Kapital in den 1970er Jahren, nach Abflauen des Nachkriegs-Wirtschaftswunders, in eine Verwertungskrise eingetreten ist, wurden drei »Auswege« gefunden: a) Privatisierung, b) Globalisierung, c) Spekulation. Alle drei Strategien sind jedoch nur vorübergehend gangbar und somit keine echten Auswege aus der Sicht des Kapitalbedürfnisses nach Vermehrung. Aus der Sicht der Gesellschaft sind sie brandgefährlich:

– *Privatisierung*. Eine repräsentative Untersuchung von Privatisierungen zeigt, dass diese nur im Ausnahmefall selektive Verbesserungen für einige gesellschaftliche Gruppen bringen, aber niemals für alle, und in der großen Mehrzahl der Fälle Verschlechterungen für die Allgemeinheit. Hingegen sind die neuen privaten Eigentümer im Regelfall die Gewinner.[13] Keinesfalls sollten Privatisierungen dadurch motiviert sein, dass privates

Finanzvermögen unter Anlageknappheit leidet und neue Renditeoptionen sucht.

– *Globalisierung*. Das Ausweichen in andere Länder birgt Chancen und Risiken, erwähnt seien die zahlreichen Finanzkrisen, die durch anlagesuchendes ausländisches Kapital ausgelöst wurden (Asien, Russland, Mexiko ...). Das Wichtigste aber: Selbst wenn diejenigen recht hätten, die nur Chancen erkennen und für Kapitalexport eintreten, weil dieser Entwicklung auslöst, könnte dieser gerade dann nur vorübergehend funktionieren – weil dann die Rechnung aufgeht und die armen Länder zu den reichen aufschließen und ihrerseits Kapital exportieren wollen – bloß wohin?

– *Spekulation* bringt keine Lösung, sondern schafft noch größere Probleme.

Tatsache bleibt, dass es in »reifen« Volkswirtschaften zu viel Kapital gibt, das nach Verwertung strebt. Die Kommerzbank hat 2,9 Milliarden Euro oder fünf Prozent ihrer Bilanzsumme an rund neunzig US-Kommunen als Kredit vergeben.[14] Ich frage mich: Gibt es in den USA keine Banken, bei denen die Menschen Spareinlagen haben und die dieses Geld an die Kommunen ausleihen können? Sind die USA ein Land mit zu geringen Finanzvermögen? Mitnichten. Aber die US-Finanzvermögen fließen offenbar in das globale Finanzcasino anstatt an die Kommunen, in denen die Menschen, welche dieses Finanzvermögen besitzen, leben. Die österreichische Raiffeisen-Zentralbank verlor einen Kredit in Island von 150 Millionen Euro. Erste Frage: Gibt es in Österreich keine Verwendung für das viele Geld? Gibt es zu viel Geld in Österreich? Offenbar ja. Zweite Frage: Gibt es in Island zu wenig Geld? Wie bekannt ist, hatten die isländischen Banken Bilanz-Summen vom Zehnfachen des BIP: Größenwahn-Rekord, der nur von Zypern und Luxemburg geteilt wird. Der Bilanz-Wahnsinn der isländischen Banken wurde mit österreichischen Finanzvermögen, die in Österreich keine reale Verwendung finden, finanziert: Der Raiffeisen-Kredit ging an die Straumur-Bank. Diese wurde verstaatlicht und am 27. März 2009 von der isländischen Finanzaufsichtsbehörde geschlossen.[15]

Folgende Regelungen für die Kreditvergabe könnten hier Abhilfe schaffen:

a) Banken sollten zum einen verpflichtet werden, die Sparvermögen aus der Region auch in der Region als Kredite zu vergeben. In den USA gibt es bereits den »Community Reinvestment Act«, der Banken zur regionalen Finanzierung anreizt.

b) Mit steigender Finanzvermögen-BIP-Relation sollten Banken einen wachsenden Teil der Einlagen »stilllegen«, sprich als »Einlagen« belassen und nicht in »Anlagen« umwandeln. Dieser Überschuss könnte auf die im zweiten Kapitel beschriebenen »Geldkonten«, die aus der Bankbilanz ausgelagerten Girokonten der SparkundInnen, deponiert werden und nicht »arbeiten«, sondern ruhen (Bank als »Deponie« oder Depositenbank). Das wäre von immensem Vorteil, weil damit der unerträgliche Anlagedruck eines immer größeren Finanzvermögens, das die Wirtschaft immer mehr erdrückt und schröpft, enden würde. Die Auswege Privatisierung, Globalisierung und Spekulation aus dem konservativen Banking wären nicht mehr systemnotwendig. Gleichzeitig wäre der – strukturell wachsende – Überschuss an Finanzvermögen im Falle einer Bankenpleite vollkommen sicher, weil sich die Geldkonten im Besitz der KundInnen befänden und nicht im Besitz der Bank.

6. GEMEINWOHLORIENTIERTE BANKEN

Ein streng regulierter, kleinteiliger Finanzsektor mit
festgelegten Zinssätzen könnte das jetzige System ersetzen
und an Westdeutschland in den 60er Jahren erinnern, als es
noch den Spareckzins gab und kein Börsen-Fernsehen.

Lucas Zeise[1]

Banken historisch gemeinwohlorientiert

Der Ruf der Banken ist im Moment nicht der beste. Das ist nicht ganz neu: »Was ist der Einbruch in eine Bank gegen die Gründung einer Bank?«, fragte bereits Bertolt Brecht in der »Dreigroschenoper«. Was ist das Ziel einer Bank? Aus Geld mehr Geld zu machen (Gewinnorientierung)? Oder sinnvolle Investitionen so kostengünstig und risikoarm wie möglich zu finanzieren und damit dem Gemeinwohl zu dienen? Es ist ein wenig in Vergessenheit geraten: Die meisten Bankentypen waren bei ihrer Gründung in der zweiten Hälfte des 19. Jahrhunderts nicht gewinn-, sondern gemeinwohlorientiert. Das trifft zum einen auf die Genossenschaftsbanken wie Raiffeisen-, Volks- und Sparda-Banken zu. Friedrich Wilhelm Raiffeisen bezeichnete sein Bankgründungsprojekt als ein Werk der Nächstenliebe: »Unser oberster Direktor heißt Jesus Christus.«[2] Die Grundwerte »christliche Solidarität, Subsidiarität und Regionalität« bilden heute noch das offizielle Werte-Fundament des Raiffeisenverbandes.[3] Zeitgenosse Hermann Schultze-Delitzsch, seines Zeichens Vater der »Volksbanken«, ging es ebenfalls nicht um Gewinne, sondern um das Aufblühen des Handwerks. Die im 20. Jahrhundert gegründeten Sparda-Banken verfolgten das Ziel, notleidenden Eisenbahnerfamilien Konsumkredite zu gewähren, damit diese ihren täglichen Bedarf decken konnten.[4] Und bei den Sparkassen, die zum Teil als Vereine begannen, steht die Gemeinwohl-Orientierung unverändert in zahlreichen Sparkassengesetzen.[5] Die Banken, über die wir täglich in den Zeitungen lesen (müssen), sind nicht repräsentativ für die gesamte Bankenlandschaft. Allein in

Deutschland gibt es mehr als 1900 Kreditinstitute. Die wenigsten haben den Bekanntheitsgrad der Branchenleader, die an der Frankfurter Börse notieren und beinahe täglich von den Medien (übermäßig) Aufmerksamkeit erhalten.

Zwar gibt es die gewinnstrebenden Geschäftsbanken schon sieben Jahrhunderte länger als Genossenschaften und Sparkassen, aber zahlenmäßig sind sie in der Minderheit. Das größte Problem waren stets die Flaggschiffe. Beispielsweise ging die zweite Etappe der Großen Depression von der Insolvenz der riesigen Wiener Creditanstalt aus, deren Bilanzsumme zwei Drittel der Bilanzsumme aller anderen österreichischen Kreditinstitute ausmachte. Der erste Rettungsbetrag entsprach fünfzig Prozent des Staatshaushaltes.[6] Die Bank war »by far too big to fail«.

Nach dem Zweiten Weltkrieg griffen einige Regulierungen so gut, dass für einige Jahrzehnte relative Stabilität einkehrte und sich kaum Finanz-, Währungs- und Bankenkrisen ereigneten. In den USA wurde nicht nur das berühmte Trennbankengesetz verabschiedet (das 1999 durch intensives Lobbying wieder ausgehebelt wurde), auf internationaler Ebene trat das Abkommen von Bretton Woods in Kraft, das rund drei Jahrzehnte weitgehend für Währungsstabilität sorgte (siehe Kapitel 12). Was sich viele Menschen in Deutschland heute kaum vorstellen können: Die Sparzinsen waren in Deutschland bis 1967 reguliert, mit dem sogenannten Spareckzins.[7] Dieses »planwirtschaftliche« Element konnte das Wirtschaftswunder nicht abwürgen, im Gegenteil: Die Wachstumsraten waren damals die höchsten, die es je in der Geschichte gab.[8]

Doch das Zeitalter der regulierten Finanzmärkte, der sozialen Marktwirtschaft und des »rheinischen Kapitalismus« ging mit dem Amtsantritt von Margaret Thatcher in Großbritannien 1979 und Ronald Reagan 1980 in den USA zu Ende. Kürzung öffentlicher Leistungen, Schwächung der Gewerkschaften, Privatisierung, Marktöffnung und Globalisierung kletterten an die Spitze der politischen Agenda – wo sie sich heute noch befinden, wie das dräuende Handels- und Deregulierungsabkommen zwischen den USA und der EU, das TTIP, beweist.[9] Die Uruguay-Runde des GATT, die 1986 eingeläutet wurde, mündete 1995 in die Welthandelsorganisation WTO, und der europäische Integrationsprozess schwenkte von einer vorwiegend politischen Annäherung (Friedensprojekt, Kooperation zwischen Nationalstaaten) auf die Errichtung einer Freihandelszone mit primär ökonomischen Zielen (internationale Wettbewerbsfähigkeit, monetäre Stabilität).

1999 wurden zwei ehrgeizige Vertiefungsprojekte des EU-Binnenmarktes in Angriff genommen: die gemeinsame Währung Euro und der Finanzbinnenmarkt. Das zweite Projekt versprach einen großen »freien« Markt, war jedoch in seiner Wirkung das genaue Gegenteil. Der Finanzbinnenmarkt war ein perfektes Treibhaus für systemrelevante Banken. Systemrelevante Banken sind aber das Ende eines freien Marktes. Den Architekten unter dem damaligen Binnenmarkt-Kommissar Mario Monti gelang ein historisches Manöver gegen die Logik, gegen die Marktwirtschaft und gegen die Demokratie. Sie eröffneten einen grenzenlosen Markt für Banken und Finanzdienstleistungen:

– Ohne Größengrenze für Banken. So konnten sich die Kolosse unbehelligt auswachsen. Die Banken wurden offen eingeladen, »international wettbewerbsfähig zu werden«, was gleichbedeutend ist mit: systemrelevant. Aus den Erfahrungen früherer Krisen, z.B. der hypertrophen Creditanstalt, hätte der Gesetzgeber einen Deckel für die Bilanzsumme von Kreditinstituten einziehen müssen, damit es nie wieder zur Rettung von Banken käme. Getan wurde das Gegenteil, die Geschichte wiederholt sich.

– Ohne Aufsicht über diesen Markt. Das gab und gibt es nicht einmal bei der Gemüseschranne in Salzburg. Wie sollen die Kolosse ohne gemeinsame Aufsicht das Gemeinwohl mehren?

– Ohne jede Produktregulierung. Dadurch kamen Finanzderivate, von Warren Buffett als »finanzielle Massenvernichtungswaffen« bezeichnet, vollkommen ungeprüft in Umlauf. Auch das gibt es sonst nirgendwo: Medikamente und Chemikalien werden vor der Zulassung geprüft, jedes Auto muss regelmäßig zum TÜV; die Polizei kontrolliert selbst am Sonntag unbescholtene GrenzgängerInnen zwischen Salzburg und Bayern. Nur systemrelevante Investmentbanken dürfen »finanzielle Massenvernichtungswaffen« frei in Umlauf bringen und den Zusammenbruch der Märkte damit herbeiführen. Logisch wäre, dass eine schlagkräftige EU-Finanzaufsicht neue Produkte auf ihr Gefährdungspotenzial für die Systemstabilität hin überprüft und nur bei bestandener Prüfung zulässt.

– Freier Kapitalverkehr in unregulierte Finanzmärkte. Erst seit 1994, durch eine Abänderung des Vertrages von Maastricht[10], die nirgendwo einer Volksabstimmung unterzogen wurde, ist der Kapitalverkehr zwischen der EU und Drittstaaten frei und die EU damit ungeschützt vor einer Ansteckung mit einer Finanzkrise von außen. So konnte der »finanzielle Giftmüll« aus der Immobilienblase völlig ungehindert in die EU importiert werden. Die EU-Selbstknebelung hatte klare Gewinner: die internationale Finanzindustrie, die frei handeln und spekulieren, die Profite maximieren, Krisen verursachen und die Kosten auf die Allgemeinheit abwälzen kann.

– Freier Kapitalverkehr auch in sämtliche Steueroasen der Welt. Damit ermunterte die EU Großkonzerne und die wohlhabenden EuropäerInnen, Gewinne und Privatvermögen in Länder zu transferieren, die keine oder keine nennenswerten Steuern einheben. Wer den Fluchtweg ebnet, darf sich nicht wundern, dass dieser auch genutzt wird.

Wie können solche Vorgänge erklärt werden? Der langen Analysen kurzer Schluss: »There is no such thing as democracy.« Die gegenwärtige Form der Demokratie ist nicht in der Lage, Märkte effektiv zu regulieren oder wirtschaftliche Macht zu dekonzentrieren. Es funktioniert umgekehrt: Die Regulierer werden reguliert – von den Global Players, den systemrelevanten Banken und ihren Verbänden. Nicht der Souverän bestimmt die Finanz- und Geldordnung, sondern mächtige Minderheiten machen Gesetze, die dann für die Allgemeinheit gelten, die auch die Kosten zu tragen hat. Für eine alternative Wirtschafts- und Geldordnung bedarf es eines neuen Demokratiemodells.

Kritik der Bankenrettung und EU-Bankenunion

Noch sind wir aber im Finanzdiktatur-Modus. Dieselben Fehler, die bei der Einrichtung des »Marktes« und der Züchtung der Riesenbanken gemacht wurden, wiederholen die EU-Eliten seit dem Ausbruch der Krise bis in die Gegenwart, mit makabren Konsequenzen:

– Die Banken wurden nicht verstaatlicht, zerkleinert oder abgewickelt, sondern mit dem Geld der SteuerzahlerInnen gerettet. Markwirtschaft wäre, dass die EigentümerInnen für den Schaden aufkommen. Die Politik zog es vor, die EigentümerInnen zu schützen – bei der Einrichtung des Finanzbinnenmarktes vor einer EU-Finanzaufsicht; und jetzt, nach dem großen Crash, vor der Übernahme der Verantwortung und der Verluste. Das ist Bankenrettungssozialismus oder staatlich subventionierter Oligopolkapitalismus – Marktwirtschaft ist es keine, und kurioserweise sind so gut wie alle, die uns den Finanzbinnenmarkt und die Globalisierung als »freien Markt« verkauft haben, auffallend still zum Thema. In der Rhetorik der Eliten handelt es sich vielmehr immer noch um Markt und Marktwirtschaft, nicht selten sogar um »soziale Marktwirtschaft«. Das ideologische Täuschungsmanöver wird fortgesetzt.

– Bis heute wurde keine einzige Großbank der EU abgewickelt[11], obwohl es breiten Konsens gibt, dass systemrelevante Banken das Kernproblem schlechthin sind: Systemrelevante Banken verschlingen Multimilliarden an Steuergeld, sie lösen eine Krise der Staatsfinanzen aus, sie befördern »moral hazard« (eine Mischung aus Fahrlässigkeit und Skrupellosigkeit), zumal sie auf die Rettung des Staates vertrauen (mit der Bankenunion nunmehr gesetzlich festgezurrt), sie genießen aufgrund dieser impliziten Staatsgarantie günstigere Refinanzierungskonditionen und einen unfairen Wettbewerbsvorteil gegenüber systemirrelevanten Kleinbanken, sie senken dadurch die Effizienz des Gesamtsystems und untergraben den Glauben an Marktwirtschaft und Demokratie. (Unfassbar, dass so etwas gegenüber Parlamenten und Regierungen überhaupt argumentiert werden muss.)

– Die geretteten System-Elefanten dürfen weiterhin Geschäfte mit und in Steueroasen machen und genießen uneingeschränkt freien Kapitalverkehr in alle Welt. Sie dürfen hemmungslos weiterspekulieren mit Rohstoffen, Aktien, Krediten, Währungen und Derivaten. Der Moment wäre günstig, von diesen Banken Gemeinwohl-Orientierung als Gegenleistung für die Stützung mit Steuergeld zu verlangen. Die einzigen winzigen Einschränkungen schaffte das EU-Parlament beim spekulativen Handel mit ungedeckten Ausfallsversicherungen für Staatsanleihen und bei ungedeckten Leerverkäufen. Ein mikroskopischer Regulierungserfolg im ansonsten weiterhin sperrangelweit geöffneten globalen Finanzcasino.

– Sechs Jahre (!) nach dem großen Crash 2008 nimmt die »EU-Bankenunion« langsam Kontur an: 124 Megainstitute mit einer Bilanzsumme über dreißig Milliarden Euro sollen von der EU beaufsichtigt werden. Das ist der nächste Systemfehler: Banken mit einer Bilanzsumme über dreißig Milliarden Euro sollten nicht beaufsichtigt, sondern zerkleinert werden. In Deutschland würde das beispielsweise von den 413 Sparkassen nur eine einzige betreffen: Die Hamburger Sparkasse hat eine Bilanzsumme von 39,5 Milliarden Euro. Die Bilanzsummen aller anderen Sparkassen liegen unter dreißig Milliarden Euro.[12]

– Eine Diskussion über Sinn und Ziel von Banken, Geld oder Kredit findet gar nicht statt. Die Regierenden sind so tief in der Ideologie der Profiteure der Krise gefangen, dass es nicht einmal zu einer Alternativen-Diskussion kommt. Im medialen Mainstream herrscht ein Tabu, die Spielregeln zu ändern. Inmitten der Krise!

Schlimmer noch als die ökonomische Systemrelevanz weniger Banken ist ihre *politische* Systemrelevanz (»too big to jail«). Die Finanzriesen sind nicht nur zu groß, um in die Insolvenz geschickt werden zu können, sie sind auch zu mächtig, als dass der Gesetzgeber sie demokratisch regulieren, zerteilen oder auch nur besteuern könnte. Alle bisherigen Strafen sind *Peanuts*. Desgleichen das Töpfchen, in das Banken einzahlen, um ihre Abwicklung zu finanzieren. Zwischen 2016 und 2025 sollen läppische 55 Milliarden eingezahlt werden und alle 124 systemrelevanten EU-Banken absichern. In der ersten Krisenphase sind 1,6 Billionen Euro Steuergeld in die Banken geflossen, angesichts solcher Witzzahlen bleibt selbst den Hühnern das Lachen im Hals stecken.

Ökonomische Systemrelevanz könnte »technisch« rasch behoben werden. Die politische Systemrelevanz blockiert jedoch jede Änderung und die Lösung der Probleme. Politisch systemrelevante Banken konstituieren eine Finanzdiktatur. Sie diktieren buchstäblich den politischen Kurs. Sie setzten den EU-Finanzbinnenmarkt durch, sie bestimmten den undemokratischen und antimarktwirtschaftlichen Rettungsmodus, sie verfassen ihr Testament selbst, und sie sind die Architekten der Bankenunion. »So schön das klingt, so bleibt es doch pervers. Denn die neue Solidarität zwischen den Euro-Ländern bezieht sich ausgerechnet auf die Banken. Es ist ein Bankenrettungsplan, der den Zweck hat, das Finanzvermögen auch in den ökonomisch schwächeren Ländern zu schützen«, schreibt Lucas Zeise.[13] Plötzlich, inmitten der Hochblüte der Wettbewerbsrhetorik, da die EU-Staaten sich gegenseitig die Steuerbasis abgraben, gemeinsame Schuldentitel verweigern (Eurobonds nach dem Modell der USA) und nichts mehr scheuen wie eine europäische Sozial- oder auch nur Arbeitslosenversicherung, entdecken sie die Solidarität der Allgemeinheit – für die teils hochkriminellen Systembanken. Die Menschen sollen einander bekriegen und sie dürfen durch die Maschen der sozialen Sicherungsnetze fallen, für die Banken halten alle zusammen.

Die Verhinderung der Zulassung zu großer Banken wäre eigentlich das erste Gebot einer funktionierenden Marktwirtschaft; doch geht es ganz offenbar denselben, die sich Marktwirtschaft stets plakativ auf die Fahnen geheftet haben, genauso wenig um Marktwirtschaft wie um Demokratie. Sonst würde ja die Bevölkerung zum Euro-Rettungsmodus, zur Bankenunion oder zu TTIP befragt. Dass die Banken zu groß sind, wird auch zum Teil von SpitzenbankerInnen öffentlich geäußert. So meinte der Präsident des deutschen Sparkassenverbandes, Georg Fahrenschon: »Die Deutsche Bank ist sicher wichtig, aber für die deutsche Volkswirtschaft zu groß.«[14] Der betroffene CEO der Deutschen Bank, Jürgen Fitschen, verteidigt sich mit Vergleichen zu Stärke und Speed: Man solle nicht dauernd über »too big to fail« reden, sondern auch über »too strong to fail« (…) »Wenn Sie ein Auto bauen, das zwanzig Kilometer in der Stunde fährt, haben Sie wahrscheinlich ein sicheres Auto – aber versuchen Sie mal, das zu verkaufen.«[15] Heißt das, dass alle nichtsystemrelevanten Banken wie Autos sind, die langsamer fahren als zwanzig Kilometer pro Stunde? Was will uns Fitschen damit sagen? Die Wissenschaft ist gespalten: Max Otte von der Fachhochschule Worms tritt für eine »Größengrenze für Finanzdienstleister« ein.[16] Der Züricher Bankenprofessor Urs Birchler bremst: »Wir müssten die Großbanken in mindestens je zwanzig kleinere Banken aufteilen. Ob diese dann das kleinere Systemrisiko darstellten, bezweifle ich.«[17] Die Zweifel sind berechtigt, doch sie treffen nicht den Punkt. Systemriesen müssten gleichzeitig zerkleinert *und* entgiftet werden. Das wäre das Gebot der Stunde gleich nach dem Crash von Lehman Brothers gewesen: Der »finanzielle Giftmüll« hätte in Bad Banks ausgelagert, die gesunden Teile in kleine Einheiten aufgespalten und die Bad Banks den EigentümerInnen mit ausschließlichem Genussrecht umgehängt werden müssen.

Staatliche Unterstützung nur für Gemeinwohl-Banken

Um die Bankenlandschaft marktwirtschaftlich »aufzuräumen« (und den Kapitalismus langsam aus dem Finanzsystem zu ziehen), könnte zunächst ein Zwischenschritt gesetzt werden, der den Vorteil hätte, allgemeinverständlich und vermutlich breit mehrheitsfähig zu sein. Der Vorschlag lautet: Alle Banken werden vor die Entscheidung gestellt: Entweder sie schwenken auf Gemeinwohl-Orientierung um und unterwerfen sich einer verbindlichen Gemeinwohl-Charta oder sie werden in den »freien Markt« entlassen. Freier Markt bedeutet, dass ihnen sämtliche staatlichen Unterstützungsleistungen entzogen werden, die gegenwärtig den systemrelevanten Spekulationstankern zugutekommen:

– Sie erhalten keinen Zugang zur Zentralbank. Derzeit erhalten Geschäftsbanken ihren »Rohstoff« Geld unterhalb der Marktpreise von der Staatsbank.

- Der Staat macht auf all seinen Ebenen – Kommunen, Regionen, Länder, Nationalstaat, EU, UNO – keinerlei Geschäfte mehr mit gewinnorientierten Banken. Dazu zählt selbstverständlich auch das Geschäft mit den Staatsschulden (siehe Kapitel 4).
- Die staatliche Einlagensicherung entfällt, und damit das Fundament des Vertrauens der PrivatkundInnen in Geschäftsbanken. Die Profitbanken müssen sich das Vertrauen ihrer KundInnen ohne Rückendeckung von Papa Staat erwerben. (Bei Umsetzung der Vollgeld-Reform wären die Geldkonto-Bestände sicher, nicht aber die Sparanlagen – diese benötigten weiterhin eine Einlagensicherung.)
- Der wichtigste Punkt: Wenn die Bank pleitegeht, gibt es keine Rettung durch die SteuerzahlerInnen. Die Freiheit, ein Unternehmen zu gründen, und die Verantwortung, für den Schaden aufzukommen, wenn es schiefgeht, müssen wieder miteinander vermählt werden.

Ich plädiere hier für eine echte *liberale und ethische* Marktwirtschaft anstelle der gegenwärtigen unethischen Machtwirtschaft. In dieser ist immer mehr Kapitalismus und immer weniger Marktwirtschaft drin. Umgekehrt müsste es sein: Marktwirtschaft ohne Kapitalismus, vollethisch und tatsächlich liberal statt rhetorisch. Liberal meint die *gleichen* Freiheiten und Rechte für alle, das impliziert die Begrenzung aller Freiheiten, um Machtkonzentration zu verhüten und die tatsächlich gleichen Freiheiten und Chancen für alle zu sichern. Der Finanzkapitalismus hat uns Marktwirtschaft und Demokratie gemeinsam genommen, und damit die Freiheit. Diese gilt es wiederherzustellen.

Gemeinwohl-Orientierung von Banken

Nun zum wichtigsten Teil: Welche Kriterien könnten eine Bank zu einem gemeinwohlorientierten Kreditinstitut machen (wodurch dieses in den Genuss staatlicher Unterstützungsleistungen kommt)? Hier werden sechs vorgeschlagen:

a) Zielsetzung Gemeinwohl und Gemeinwohl-Bilanz-Erstellung

Die Bank versteht sich prinzipiell als gemeinwohlorientiert und schreibt dieses oberste Geschäftsziel auch in ihrem Unternehmensstatut verbindlich fest. Es könnte eine eigene Rechtsform »Gemeinwohl-Bank« geschaffen werden, deren Mustersatzung verpflichtende Charakteristika vorsieht. Das Geschäftsmodell muss mit diesem Ziel kohärent sein, die Erreichung aller strategischen Ziele wird mittels einer (bankspezifischen) Gemeinwohl-Bilanz gemessen.

b) Konservatives Geschäftsmodell (Trennbankensystem)

Die Bank beteiligt sich nicht am globalen Finanzcasino, sie hält Abstand von Derivaten, Fonds und Wertpapierhandel. Sie beschränkt sich auf die »Bankenkernleistungen«: Giro- oder (nach der Vollgeld-Reform) Geldkonten mit Zahlungsverkehr, Geldanlagen (Sparkonten und -bücher) sowie die – möglichst regionale – Kreditvergabe. Dass Banken untersagt werden könnte, mit Derivaten zu handeln und zu spekulieren, überlegen auch andere: Joseph Stiglitz schreibt beispielsweise, dass Banken, die mit staatlichen Garantien gestützt werden, »die Finger von außerbörslichen Derivaten lassen sollten«.[18] Der Deutsche Gewerkschaftsbund fordert »endlich ein Zulassungsverfahren für alle Arten von Wertpapieren und Finanzgeschäften (…) Was nicht ausdrücklich zugelassen ist, bleibt verboten.«[19] Die NGO »Finance Watch« setzt sich für die vollständige Trennung des Wertpapier- und Derivate- vom Kredit- und Einlagengeschäft ein, weil sonst die Abwicklung gemischter Universalbanken nicht glaubwürdig sei.[20]

c) Gewinne werden nicht an die EigentümerInnen ausgeschüttet

Der Zweck einer Bank ist nicht, Gewinne zu generieren, um diese auszuschütten, so wusste es Raiffeisen, so steht es in Sparkassengesetzen, so wollen es die Verfassungen. Gewinnstreben als Ziel verleitet zu riskanter Spekulation, zu ungerechter Verteilung, insgesamt zu einem unethischen Geschäftsmodell. Warum sollte für eine Bank recht sein, was bei anderen Infrastrukturbetrieben billig ist: Bei einer Schule, einem Spital oder einem Theater wäre es absurd, einen Finanzgewinn anzustreben, um einen Teil davon an die EigentümerInnen auszuschütten. Banken gehören genauso zur Daseinsvorsorge einer Gesellschaft und zur Grundinfrastruktur der Wirtschaft wie die Bildungs-, Gesundheits-, Pflege-, Sozial- und kommunalen Versorgungseinrichtungen. Das Zusammenspiel von öffentlichen Gütern und Dienstleistungen mit privaten Unternehmen macht die Wirtschaft stabiler und demokratischer. An die Stelle einer finanziellen Dividende tritt in diesem unmittelbar gemeinnützigen Wirtschaftssektor der Nutzwert in Kombination mit Ethik und Mitbestimmung, falls der Souverän entscheidet, die Steuerung der Versorgungseinrichtungen selbst in die Hand zu nehmen. Der Energieversorger von San Diego SMUD wird beispielsweise von der Bevölkerung kontrolliert, Vorstand und Aufsichtsrat werden direkt gewählt. Das Unternehmen macht seine Sache sehr gut und genießt höchste Popularität.[21] Gleiches kann auch im Finanzsektor gelingen. Beim Projekt Bank für Gemeinwohl stehen Tausende GenossenschafterInnen Schlange, denen es nicht um Finanzrendite geht (es gibt keine), sondern um Sinn und Gemeinwohl.

d) Ausstieg aus dem Zinssystem

Das Zinssystem ist ein Musterbeispiel, wie sich angeblich aufgeklärte und gebildete »Wissensgesellschaften« dauerhaft kollektiv täuschen können. Neunzig Prozent aller Beteiligten verlieren am gegenwärtigen Zinssystem – und verteidigen es trotzdem. Systemisch üben Zinsen einen unnötigen Wachstumsdruck auf die Wirtschaft aus und sind langfristig eine mathematische Unmöglichkeit – dennoch beharren so gut wie alle wohlhabenden Gesellschaften auf diesem *system error*.

Was fehlt, sind die entscheidenden Informationen über die systemische Wirkung des Zinses und über mögliche Alternativen. Das vielleicht größte Problem am Zinssystem ist seine Verteilungswirkung. Neunzig Prozent der Bevölkerung alimentieren über Zinsen eine schmale Gewinnerschicht von vielleicht zehn Prozent. Das wissen sie allerdings nicht, weil nur die *Spar*zinsen, die wir empfangen, auf dem Papier ausgewiesen sind. Die Kreditzinsen, die alle KonsumentInnen bezahlen, über die Produkte und Dienstleistungen des täglichen Einkaufs, bleiben unsichtbar, sie werden nirgendwo ausgewiesen. Deshalb stellt kaum jemand die naheliegende Rechnung an, ob sie/er unterm Strich mehr Zinsen bezahlt oder kassiert. Nur wenn wir das täten, wüssten wir, ob wir zu den NettozinsempfängerInnen oder NettozinszahlerInnen zählen. Im Internet gibt es Währungsrechner, Steuerrechner, Nettolohnrechner, Sparzinsrechner, aber den »Nettozinsrechner« gibt es nicht – der müsste uns eigentlich von den Banken zum Weltspartag geschenkt werden. Wenn die Banken uns nicht aufklären, dann sollte es wenigstens die Nationalbank tun – als »Service Public« an die StaatsbürgerInnen. Und wenn es die Nationalbank auch nicht tut, dann könnten wenigstens die Universitäten und Wirtschaftsforschungsinstitute die Bevölkerung über so basale Systemzusammenhänge aufklären. Seit Jahren liegt aber praktisch nur die Berechnung von Helmut Creutz vor, die von der akademischen Wissenschaft ignoriert wird.[22]

Die Unternehmen, welche über die Kreditzinsen die Sparzinsen finanzieren, rechnen diese (Fremd-)Kapitalkosten vollständig in die Produkt- und Dienstleistungspreise ein (wie alle anderen Kosten auch), und die KonsumentInnen bezahlen diese Kosten vollständig. Wenn alle Menschen gleich viel konsumieren und gleich viel sparen würden, wäre das Zinssystem ein verteilungsneutraler Kreisverkehr. Doch – Überraschung! – dem ist nicht so. Denn ein Großteil der Bevölkerung verdient so wenig, dass die Menschen fast ihr gesamtes Einkommen ausgeben müssen (wir nehmen der Einfachheit halber an, sie haben eine Konsumquote von 95 Prozent und eine Sparquote von fünf Prozent ihres verfügbaren Einkommens), während ein anderer Teil so hohe Einkommen (Arbeits- und Kapitaleinkommen) genießt, dass er den Großteil davon ansparen kann (wir nehmen der Einfachheit halber eine Konsumquote von fünf Prozent und eine Sparquote von 95 Prozent an).

Derjenige Teil der Bevölkerung, der den Großteil des Einkommens ausgibt oder ausgeben muss, kann kein oder nur ein sehr geringes Vermögen bilden und damit keine (nennenswerten) Vermögenseinkommen lukrieren. Es kommt noch dicker: 95 Prozent des bereits hoch versteuerten Arbeitseinkommens werden, da sie verkonsumiert werden, gleich nochmal mit rund zwanzig Prozent

Mehrwertsteuer belastet: eine echte Doppelbesteuerung echter Leistungseinkommen.

Hingegen werden diejenigen, die so hohe Einkommen genießen, dass sie den Großteil ihres Geldes gar nicht ausgeben können, systemisch zweifach belohnt: Ihre Vermögen werden über Zinsen und andere Kapitalrenditen ohne weitere Leistung vermehrt. Obendrein bleiben sie von der Doppelbesteuerung verschont, denn die Mehrwertsteuer trifft nur fünf Prozent ihres Einkommens, 95 Prozent bleiben steuerfrei. Die Kapitalertragssteuer betrifft wiederum nicht das angesparte (nicht verkonsumierte) Einkommen – die 95 Prozent –, sondern nur das zusätzliche, auf das gebildete Vermögen obendrauf erzielte Kapitaleinkommen (keine Doppelbesteuerung). Die Reichen gewinnen immer.

Über diese doppelte Asymmetrie – höchst unterschiedliche Konsum- und Sparquoten – wird aus dem Zins, über den sich so viele Menschen auch in kleinsten Mengen freuen, ein äußerst effektiver Umverteilungsmechanismus von rund neunzig Prozent zu rund zehn Prozent der Bevölkerung, eine unausgewiesene »private Kapitalsteuer«, die nicht über den Staat an die Reichen umverteilt wird, sondern über den Markt.

Der Vorschlag hier: Der Sparzins soll gänzlich auslaufen – er stellt eine unnötige Umverteilung und einen finanziellen Nachteil für neunzig Prozent der Bevölkerung dar. An die Stelle des Kreditzinses könnte eine Kredit- oder Bankgebühr treten, über die Banken ihren Betrieb finanzieren inklusive der Kosten für Kreditausfälle und Investitionen in das Unternehmen. Beim Entfall von Sparzinsen, Ausschüttungen und Boni wären Kreditgebühren – im Durchschnitt – nur noch in dem Ausmaß nötig, dass die Bank ihre Betriebskosten und Kreditverluste decken kann. Bei mittlerer Größe könnte dies mit durchschnittlichen Kreditkosten von 2,5 Prozent erreicht werden. Das würde den Zins als Wachstumstreiber maßgeblich entschärfen oder sogar neutralisieren: Für jedes einzelne entliehene Geld muss weiterhin mehr Geld zurückgezahlt werden, doch wenn

- die Kreditsumme zum Beispiel 200 Prozent des BIP ausmacht[23]
- der durchschnittliche Kreditzins 2,5 Prozent ausmacht

- 1,5 Prozent der Kredite ausfallen
- zwei Prozent Inflation stattfindet

wäre das Kreditsystem wachstumsneutral; vom Zinssystem geht dann kein systemischer Wachstumszwang mehr aus.

e) Gemeinwohl-Prüfung aller Kreditvorhaben

Im vorangehenden Kapitel wurde argumentiert, warum in einer ethischen Marktwirtschaft alle Kreditansuchen nicht nur auf ihre finanzielle Bonität hin geprüft werden sollten, sondern gleichermaßen auf ihre ethische Bonität, ihren umfassenden Mehr-Wert und ihren Beitrag zu den Zielen des Wirtschaftens. Die heute einzige Bewährungsprobe von Kreditprojekten innerhalb der Tauschwertlogik des Systems soll ausgeweitet werden auf eine umfassende Nutzwertlogik, die alle Werte miteinschließt: Sinn, Würde, Gerechtigkeit, Nachhaltigkeit, Demokratie sowie das Generalziel des Wirtschaftens: Bedürfnisbefriedigung und Gemeinwohl. Eine entsprechende Gemeinwohl-Prüfung könnte Teil der obligatorischen Kreditprüfung werden. Einige Alternativ- und Ethikbanken haben bereits erste Ansätze einer solchen Gemeinwohl-Prüfung entwickelt, diese gilt es zu einer gesetzlichen Grundlage zu vervollständigen und zu verfeinern. Bei Betrachtung *beyond ideology* ist die finanzielle Bonitätsprüfung auch eine »ethische« Prüfung: Der »Wert«, der hier geprüft wird und über die Vergabe oder Verweigerung des Kredites entscheidet, ist die monetäre und betriebswirtschaftliche Rentabilität. Hinter diesem scheinbar »objektiven« oder »mathematischen« Kriterium verbirgt sich jedoch eine geballte Ladung von Werten, deren Umsetzung zum monetär-betriebswirtschaftlichen Ziel führt oder nicht – vom menschlichen und sozialen Umgang über den Respekt von Gesetzen und die Steuermoral bis zu kurz- und langfristigen ökologischen Auswirkungen. Von daher ist es unvollständig, intransparent und dysfunktional, die ethische Bewertung bei der Kreditvergabe hinter der finanziellen Bonitätsprüfung zu verstecken. Im Idealfall sind Kredite mit bester finanzieller Bonität ethisch makellos. Doch es gibt auch Fälle, wo die Investition gleichzeitig hochrentabel und ökologisch oder sozial destruktiv ist. Deshalb sollten alle Investitionsvorhaben zwei Prüfungen durchlaufen müssen, und nur wenn beide bestanden sind, fließt das Geld, wird der Kredit genehmigt. Dies hätte drei positive Effekte:

- Es werden keine Kredite vergeben, die ein zu hohes finanzielles Risiko darstellen.
- Es werden keine Investitionsvorhaben finanziert, die bei der Ethik-Prüfung durchfallen.
- Investitionen, die ethisch besonders wertvoll sind – eine Zukunftstechnologie, eine soziale Innovation, ein öffentliches oder Gemeinschaftsgut – und knapp unter der monetären Rentabilitätsgrenze liegen, können über verschiedene Förderinstrumente verwirklicht werden: ökosoziales Risikokapital, ethische Unternehmens- oder Start-up-Finanzierung, strukturpolitische Investitionsförderung, (zins-)vergünstigte Kredite aus dem Sondervermögen der Banken und andere.

f) Gemeinwohlorientierte Gewinnverwendung

Das Rad muss hier nicht neu erfunden werden: Die typische Sparkasse schüttet ihre Gewinne nicht an Privatpersonen aus, sondern an soziale und kulturelle Projekte in der Gemeinde, in der sie wirkt. Auch viele Genossenschaftsbanken zahlen aus Prinzip keine Dividende, weil andere Ziele wichtiger sind, zum Beispiel: 1. die Aufstockung des Eigenkapitals; 2. die Bezuschussung von Krediten für Investitionen mit vorbildlichem ethischen Mehrwert; 3. die Förderung des regionalen Gemeinwohls in Gestalt von Sozial-, Sport-, Kultur- und Bildungseinrichtungen; 4. ethische Start-up-Förderung in regionalen Gemeinwohl-Hubs; 5. die direkte Beteiligung an Unternehmen über regionale Gemeinwohl-Börsen. Es gibt so viele sinnvolle Verwendungen des Finanzgewinns, dass für die EigentümerInnen schlicht nichts übrig bleibt außer Sinn, Nutzen, Werte, Glück und Mitbestimmung ...

Diese sechs Kriterien und andere könnten von den Banken, die weiterhin in den Genuss öffentlicher Infrastrukturen, Refinanzierung, Garantien und Aufträge kommen wollen, als Gegenleistung gefordert werden. Wenn der Staat oder eine demokratische Gesellschaft die Banken umfassend »hält«, müssen diese auch zur Gesellschaft

halten. Im Rahmen des »Service Public« »Versorgung mit Finanzdienstleistungen« kann der Staat die Durchführung Privaten überlassen – allerdings gegen die Erfüllung eines ethischen Pflichten-
hefts oder Leistungskatalogs: einer »Gemeinwohl-Charta«.

Prototypen allerorts

Diese Gedanken sind nicht utopisch: Seit vierzig Jahren entstehen
weltweit Ethikbanken, die dem Gemeinwohl dienen, anstatt Gewinne zu maximieren. In Holland ist die Triodos-Bank entstanden, in Deutschland die GLS, die Ethik-Bank und die Umwelt-Bank,
in der Schweiz die Alternativbank Schweiz und die Schweizer Ge-
meinschaftsbank, in Italien die Banca Ética, in Spanien das Kreditprojekt Fiare. In Österreich rief die globalisierungskritische Bewegung Attac zur Gründung einer »Demokratischen Bank« auf.[24]
Die daraus hervorgehende und von Attac mittlerweile unabhängige »Bank für Gemeinwohl« wird voraussichtlich 2015 den Betrieb aufnehmen.[25] Viele alternative und Ethik-Banken sind zu-
sammengeschlossen in der Global Alliance for Banking on Values.[26]
Die Europäische Union könnte in Kooperation mit diesem Verband
den Kriterienkatalog für gemeinwohlorientierte Banken ausarbeiten, welche in den Genuss staatlicher Unterstützung kommen. Ein
Schritt weiter wäre die Gründung eines eigenen EU-weiten Bankenverbandes von gemeinwohlorientierten Banken, welche dann
nicht mehr auf die herkömmlichen Bankenverbände angewiesen
sind. (Derzeit müssen sich Neugründungsprojekte in bestehende
Revisions- und Einlagensicherungsverbände eingliedern.) Dieser
Verband könnte allen Banken offenstehen, welche die Gemeinwohl-Charta unterzeichnen und nachweislich erfüllen – mit den
damit verbundenen rechtlichen Vorteilen.

In Deutschland und Österreich haben zudem die ersten Banken – die Sparda München und die Raika Lech am Arlberg – damit
begonnen, eine Gemeinwohl-Bilanz zu erstellen, die seit 2010 von
der wachsenden Gemeinwohl-Ökonomie-Bewegung entwickelt
wird.[27] Ihnen geht es um einen neuen Kurs und eine neue Identi-

tät – oder auch um »back to the roots«, was die Gründungswerte des genossenschaftlichen Bankensektors betrifft. Die Gemeinwohl-Bilanz wäre ein wichtiger Teil der Gemeinwohl-Charta für Banken, vielleicht der erste Schritt dorthin.

Systemische Betrachtung: Von der Anlage- zur Einlagebank

Ein zentrales Problem der gegenwärtigen Geldordnung wurde bereits mehrfach angeschnitten, es wird nun an dieser Stelle genauer ausgeführt: Die privaten Finanzvermögen wachsen schneller als die Wirtschaftsleistung. Bis ungefähr 1980 waren die privaten Finanzvermögen kleiner als die jeweiligen BIP der wichtigen Industrieländer. Seither ziehen sie ihnen davon. Untersuchungen verschiedener Beratungs- und Finanzdienstleistungsunternehmen zufolge beträgt das globale Finanzvermögen privater Haushalte ein Vielfaches der Weltwirtschaftsleistung. Der Global Wealth Report 2013 der Boston Consulting Group kommt auf 135 Billionen US-Dollar oder 190 Prozent der Weltwirtschaftsleistung.[28] Laut der Datenbasis von McKinsey hat das globale Finanzvermögen 2012 sogar 225 Billionen US-Dollar oder 312 Prozent des Welt-BIP erreicht.[29] Die Credit Suisse errechnet für 2012 ein Bruttogesamtvermögen der Privathaushalte von 264 Billionen US-Dollar[30], das wäre das 3,7-Fache der Weltwirtschaftsleistung von 72 Billionen US-Dollar. Beim Finanzvermögen der Privathaushalte kommt die BCG auf dasselbe Ergebnis wie McKinsey: das 1,9-Fache des Welt-BIP. Das Problem am wachsenden Finanzvermögen: Eine Volkswirtschaft kann, wie bereits argumentiert, nicht ein immer größeres Vielfaches ihrer selbst an *realen* Krediten aufnehmen – dafür gibt es schlicht keine Nachfrage, keine Investitionsmöglichkeiten und schon gar keine Tilgungskapazitäten mit Zinszuschlag. Zudem wächst ab einem bestimmten Gesamtverschuldungsgrad die Insolvenzgefahr akut. Wie ebenfalls schon gezeigt, siedelt die Bank für Internationalen Zahlungsausgleich diese Schwelle bei 260 Prozent des BIP an und die Boston Consulting Group bei 180 Prozent der Wirtschaftsleistung: Kredite im Ausmaß von je sechzig Prozent des BIP an den Unternehmenssektor, an die Privathaushalte und an den Staat.[31] Würde nun eine dieser Zahlen, 180 oder 260 Prozent, zu einer politischen Zielgröße, wäre dies einigermaßen willkürlich und nur schwach argumentierbar mit historischen Insolvenzwellen bei Unternehmen und Haushalten oder Staatsinsolvenzen. Doch die Sechzig-Prozent-Obergrenze der Staatsverschuldung, die im Maastricht- und im EU-Lissabon-Vertrag zu Gesetz geworden und bei Übertretung mit Pönalen abgesichert ist, ist eine genauso willkürlich gezogene Grenze. Die Befürchtung dahinter ist, dass Staaten, die diese Schwelle überschreiten, in Rückzahlungsschwierigkeiten kommen und ihren Schuldendienst nicht mehr leisten könnten. Die Tatsache, dass die Eurozone 2014 auf eine durchschnittliche Staatsschuldenquote von hundert Prozent der Wirtschaftsleistung zusteuert, also vierzig Prozentpunkte über dem vertraglich zulässigen Maximum, verrät nicht nur, dass die Staaten stark überschuldet sind, sondern auch, dass viel zu viel Privatvermögen vorhanden ist, das einerseits nach Veranlagung sucht und andererseits politische Einflussnahme darauf nimmt, dass die Schulden weiter steigen! Würden die Schulden gestrichen oder auch nur gebremst, wären die Veranlagungsmöglichkeiten und die Kapitalrenditen dahin. In einer Volks- und Weltwirtschaft, in der die realen Veranlagungsmöglichkeiten in Relation zum Veranlagung und Rendite suchenden Vermögen immer geringer werden, ist das eine immer fatalere und verdrehtere Situation. Es braucht Schulden, damit Vermögen veranlagt werden können. Auch hier hat sich der Systemspieß förmlich umgedreht. Suchten in den Nachkriegsjahrzehnten die SchuldnerInnen bisweilen verzweifelt nach GläubigerInnen, so suchen heute die GläubigerInnen immer verzweifelter nach SchuldnerInnen (von daher die Strategien Privatisierung, Globalisierung und Spekulation). Die Euro-Staaten springen hier für die Vermögenden in die Bresche und stellen sich im System als brave SchuldnerInnen zur Verfügung. Das geht natürlich aus zwei mathematischen Gründen nicht lange gut:

1. Ab einer bestimmten Schwelle, vielleicht noch nicht bei 180 und auch nicht bei 260 Prozent, aber vermutlich spätestens bei 300 bis 450 Prozent (100 bis 150 Prozent je Sektor), sind Volkswirtschaften so überschuldet, dass es zur Insolvenz in einem oder

mehreren Sektoren, zum Schuldenschnitt und damit zum Vermögensverlust der GläubigerInnen kommt. Das Vermögen wird dann jedenfalls vernichtet. Daher wäre es – auch für die Vermögenden – besser, die Finanzvermögen werden gezielt durch Steuern gebremst und redimensioniert, bevor es zur krisenbedingten unkontrollierten Vernichtung kommt. Wer von einer »Schuldenbremse« spricht, sollte der Redlichkeit halber immer auch die Zwillingsschwester Vermögensbremse mitdiskutieren.

2. Wenn die Finanzvermögen gleich groß sind wie das BIP, bedeutet eine Vermögensrendite von zehn Prozent, dass ein Zehntel des Volkseinkommens als »private Kapitalsteuer« an die VermögensbesitzerInnen fließt. Machen die Finanzvermögen wie heute das 3,1-Fache des BIP aus, wäre es schon fast ein Drittel der jährlichen Wirtschaftsleistung. Wächst das Finanzvermögen auf das Zehnfache der Wirtschaftsleistung, dann müsste der gesamte volkswirtschaftliche Kuchen, der in einem Jahr gebacken wird, als private Kapitalsteuer an die FinanzvermögensbesitzerInnen zugeteilt werden. Alle anderen gingen leer aus.

Je größer das Finanzvermögen in Relation zur Volkswirtschaft, desto schwieriger wird es, eine hohe Verzinsung aufrechtzuerhalten und auch nur den Wertverlust infolge von Inflation auszugleichen. Beim Hundertfachen wäre nicht einmal eine einprozentige Verzinsung möglich, weil damit bereits das gesamte Volkseinkommen für den Kapitaldienst draufginge – alle arbeitenden Menschen blieben einkommenslos. Absurderweise wird in der Diskussion der letzten Jahre genau dieser Umstand, dass der Kapitalzins unterhalb der Inflationsrate liegt, häufig als »finanzielle Repression« bezeichnet.[32] Der Täter-Opfer-Spieß wird um 180 Grad gewendet: Nicht die Enteignung der Allgemeinheit durch den Renditehunger der EigentümerInnen von Finanzvermögen, legitimiert durch eine Rentiers-Ideologie, die Kapitalbesitz mit Leistung gleichsetzt, wird als »finanzielle Repression« bezeichnet, sondern die Tatsache, dass die Alimentierung der KapitalbesitzerInnen geringer ausfällt als die Geldentwertung. Bei der Lektüre der Tageszeitungen entsteht der Eindruck, dass die Verzinsung des Kapitals wenigstens im Ausmaß der Inflation als Grundrecht betrachtet wird, das von unbrauchbaren PolitikerInnen und NotenbankerInnen verletzt wird. Gleichzeitig erklärt niemand, wer denn dieses Grundrecht – ein bedingungsloses Grundeinkommen für die Wohlhabenden – erwirtschaften soll! Aus nichts entsteht nichts. Jedes Einkommen muss erarbeitet werden, wenn nicht von den EinkommensbezieherInnen selbst, dann von anderen, deren Leistung teilweise abgeschöpft wird und den KapitalbesitzerInnen zufließt. Wir erinnern uns: Schon bei einem Finanzvermögen, das fünfmal so groß ist wie die Wirtschaftsleistung, würde eine dreiprozentige Verzinsung ein »Grundeinkommen« für die VermögensbesitzerInnen im Ausmaß von fünfzehn Prozent der Wirtschaftsleistung ergeben. Wer ein Grundeinkommen im Ausmaß von fünfzehn Prozent der Wirtschaftsleistung für diejenigen, die es *wirklich* benötigen, vorschlägt, wird als UtopistIn, Pseudo-ÖkonomIn oder KommunistIn diffamiert. »Kapital-Kommunismus« ist faktisch das, was derzeit real existiert: Alle gemeinsam für das Kapital.

Adieu, Kapitalrendite

Ein Ausweg wäre, dass die Kapitalrenditen schrumpfen, in Richtung ein Prozent und später null. Bei kleinen oder kurzfristigen Sparguthaben ist dieser Trend bereits zu beobachten (wenn auch eher aufgrund der Politik des billigen Geldes der Zentralbanken als aufgrund der Kapitalschwemme der SparerInnen). Bei Großvermögen geht es jedoch immer noch in die Gegenrichtung: Von 1993 bis 2009 wuchsen die Vermögen der Forbes 400 im Schnitt pro Jahr um zehn Prozent.[33] Zehn Prozent! Wie kommt es zu diesen Wucherrenditen, die langfristig und volkswirtschaftlich unmöglich sind? Es gibt zwei Mechanismen: aggressive Umverteilung und professionelle Spekulation. Dank der professionellen Vermögensverwaltung und dem skrupellosen Auftreten von institutionellen Investoren gegenüber den Vorständen von Aktiengesellschaften fließen den AktionärInnen Wertschöpfungsgewinne zu, welche andere Menschen generiert haben. Gleichzeitig verstehen es die Profis im Vermögensverwaltungsgeschäft (Fonds, Kapitalanlagegesellschaften, Family Offices), Informationen so gut zu nützen, dass sie auf zweistellige Renditen kommen. Die »KleinanlegerInnen« werden von den Finanzhaien gerne als »Plankton« bezeichnet. Ergebnis beider Strategien: Die Ungleichheit wächst.

Eine Lösung für das immer ungünstigere Verhältnis von Finanzvermögen zu Realwirtschaft wäre die Stilllegung der »überflüssigen« Vermögen, sodass ihnen keine Schulden mehr gegenüberstehen und keine Finanzrenditen anfallen. Das könnte so aussehen: Finanzvermögen werden zur Bank getragen, wo sie auf den bereits beschriebenen Geldkonten »deponiert« werden, die im Besitz der SparerInnen verbleiben und keine Forderungen gegenüber der Bank darstellen. Es handelt sich wörtlich um *Einlagen*. Erst wenn die SparerIn ihre Einlage bewusst einem Kreditprojekt zur Verfügung stellt (durch direkten oder automatisierten Auftrag), wandelt sich die Geld-Einlage zur Sparanlage und geht in die Bankbilanz ein.[34]

In diesem Szenario wäre es nicht das geringste Problem, dass die Finanzvermögen fünfmal so groß sind wie die Wirtschaftsleistung: Dann könnten zum Beispiel Vermögen in der Höhe von 300 Prozent des BIP auf den Girokonten »arbeitslos« herumliegen, wo sie keinen Anlage- und Renditedruck ausüben und keine Schulden generieren, während zwei Fünftel des Vermögens in der Höhe von 200 Prozent des BIP in die Bankbilanzen eingehen und Investitions- oder Konsumkredite finanzieren.

Natürlich nagt dann die Inflation ungebremst an den Einlagen (»finanzielle Repression«) und etwas abgeschwächt auch an den Anlagen, die in der Übergangsphase gering verzinst würden. Doch die geringfügige Entwertung ihres Vermögens ist für die DurchschnittsbürgerIn ein vergleichsweise geringerer Verlust als der entstehende Gewinn in Form eines sichereren Arbeitsplatzes, Tendenz zu Vollbeschäftigung, hoher sozialer Sicherheit und eines für ein gutes Leben ausreichenden Arbeitseinkommens. Der *system error* besteht darin, dass sich ein großer Teil der Bevölkerung ideologisch mit den Kapitalrentiers identifiziert und deren Interessen teilt – gegen das eigene materielle Interesse. Das »gute Leben« für viele und für eine breite Mittelschicht wird erst dadurch möglich, dass eben nicht ein relevanter Teil des volkswirtschaftlichen Einkommens an eine Minderheit von VermögensbesitzerInnen als private Kapitalsteuer abgeführt wird wie heute. Wir haben vorhin gesehen, dass für neunzig Prozent der Bevölkerung jeder Zehntelprozentpunkt Zins ein Verlustgeschäft ist. Die große Mehrheit kommt besser weg, wenn es gar keine Sparzinsen gibt – ganz unabhängig davon, ob es Inflation gibt und wie hoch diese ist. Das ist für manche vielleicht schwer zu glauben, aber – wie wir gesehen haben – einfach nachzurechnen.

Neunzig Prozent der Bevölkerung würden gewinnen, wenn es kein umverteilendes Zinssystem gäbe. Dass zehn Prozent der Bevölkerung für das Zinssystem kämpfen und dieses mit verschiedenen Argumenten (Risikoprämie, Konsumverzicht, Leihgebühr) verteidigen, ist aus ihrer materiellen Interessenlage (»NettozinsgewinnerInnen«) erklärbar. Schwer erklärlich ist, dass ein viel größerer Teil der Bevölkerung Zinsen für gerechtfertigt und gerecht hält, obwohl sie ihnen schaden und sie ärmer machen. (Sie wissen nicht, dass sie »NettozinszahlerInnen« sind und damit zu den VerliererInnen des Zinssystems zählen.)

Wenn »nur« 200 Prozent der Wirtschaftsleistung als Kredite vergeben werden (an Unternehmen und Haushalte) und diese Sparanlagen nur gering verzinst wären, würde die Große Umverteilung zwar unverändert fortdauern, aber das Ausmaß würde sich in Grenzen halten. Zum Beispiel könnten die Sparzinsen mit einem halben oder höchstens einem Prozent gedeckelt werden, wie es in Westdeutschland bis 1967 in Form des Spareckzinses gesetzlich geregelt war. Dann gingen »nur« ein bis zwei Prozent des Volkseinkommens an die VermögensbesitzerInnen – immer noch eine Umverteilung von der Allgemeinheit zu einer Minderheit, aber eine geringere und weniger radikale als heute. Um zu verdeutlichen, dass das immer noch schreiend ungerecht wäre, eine kleine Beispielrechnung: Wenn jemand ein Finanzvermögen von 50 000 Euro besitzt, dann erhielte diese Person bei einem Sparzins von einem Prozent ein jährliches Zinseinkommen von 500 Euro. Wer hundert Millionen Euro besitzt, erhielte ein arbeitsloses Jahreseinkommen von einer Million Euro. Wer zehn Milliarden auf der Bank hat (die vermögendsten Personen und Familien in Europa besitzen dreißig bis fünfzig Milliarden Euro), dem fließen jährlich 200 Millionen Euro zu. Der Zins »leistet« auch bei niedrigsten Sätzen eine gigantische Umverteilung, weil die Vermögensungleichheit so enorm ist.

Von der Risikoprämie/Kapitalsteuer zur Sinnrendite

Andererseits ließe sich argumentieren: Wenn Sparanlagen wenigstens mit einem halben oder einem Prozent verzinst würden, wäre das ein Anreiz, Einlagen vom Geldkonto außerhalb der Bankbilanz in bilanzwirksame Sparanlagen umzuwandeln: das Geld zu investieren. Der Zins könnte als Risikoprämie argumentiert werden für den Teil des Finanzvermögens, der im Falle einer Insolvenz der Bank zur Insolvenzmasse wird und teilweise in Gefahr gerät – im Unterschied zu den Geldkonten, die wie beschrieben im Falle einer Insolvenz vollständig erhalten blieben, weil sie ja nie in den Besitz der Bank wechseln. Während EinlegerInnen Geld-BesitzerInnen bleiben, werden AnlegerInnen zu GläubigerInnen der Banken. Doch das Argument »Risikoprämie« geht, wie nun mehrfach begründet, für neunzig Prozent der »Prämierten« ins Leere, weil sie über den täglichen Einkauf nicht nur die eigene Risikoprämie selbst bezahlen, sondern zusätzlich noch die Risikoprämie jener, welche eine geringere Konsumquote und vor allem ein größeres Sparvermögen haben als sie. Die Argumentation pro Zinsen hält einer logischen Analyse nicht stand. Für neunzig Prozent der Bevölkerung ist die Risikoprämie alias Sparzins unterm Strich kein Einkommen, sondern eine Kapitalsteuer.

Was noch gegen einen Sparzins als Risikoprämie spricht: Das Risiko eines Verlustes der Sparanlage ist in einem gemeinwohlorientierten Bankensystem infolge a) der staatlichen Einlagensicherung, b) des konservativen Geschäftsmodells gemeinwohlorientierter Banken und c) erhöhter Eigenkapitalanforderungen (siehe nächstes Kapitel) nahe null. Für null Risiko braucht es auch keine Risikoprämie (in der »alten« Logik).

Der gegen null strebende Sparzins ist auch gerechtfertigt durch die immer schärfere »Konkurrenz« der Finanzvermögen um das »Angebot« an Sparanlagen. Wenn nur noch jeder zweite, dritte oder fünfte Euro zum Zug kommt, weil nur ein immer geringerer Bruchteil des Finanzvermögens für die Kreditfinanzierung benötigt wird, ist ein Totalverfall der Finanzrendite vollkommen marktkonform. Es gibt einen »Trost«: Die Sparanlage hat, auch wenn sie nicht verzinst wird, andere große Vorteile für die SparerIn, die heute vielleicht noch nicht von allen in ihrer Tiefe und Reichweite erfasst werden: Sie nützt anderen und ermöglicht Investitionen und die Schaffung von Arbeitsplätzen, was volkswirtschaftlich allen nützt. An die Stelle der Finanzrendite treten ein Systemnutzen und eine Sinnrendite. Diese Überlegungen klingen für einige vielleicht ein bisschen nach Zukunftsmusik, doch sind sie Bestandteil eines Paradigmenwechsels, der im folgenden Kapitel anhand der »Triple Skyline« genauer beschrieben und dadurch vielleicht plausibler wird als in diesen ersten Andeutungen.

Hortungsverbot für Barmillionen

Zum Abschluss: Manche könnten noch fragen, was denn der Anreiz wäre, Bargeld bei der Bank als Einlage zu deponieren gegenüber der Hortung im Kopfpolster oder im Schlafzimmer-Safe. Abgesehen von der physischen Unmöglichkeit, zehn Millionen Euro in den Kopfpolster zu stopfen oder eine Milliarde in den Kellersafe zu pressen: Volkswirtschaftlich wäre es zunächst egal, wo die privaten Bargeld-Deponien sind: in den Eigenheimen oder in den Banken. Der einzige Unterschied wäre, dass bei zunehmender Heim-Hortung die ausgegebene Bargeld-Menge erhöht werden müsste. Dem könnte mit einem Hortungsverbot für Bargeld begegnet werden – das war in der Geschichte zumeist der Fall (zumal es nur Bargeld gab und kein Buchgeld).[35] Teil des »öffentlichen Gutes« Geld ist, dass es ab einer bestimmten Menge entweder für den Konsum verwendet oder auf der Bank deponiert werden muss, damit das in Umlauf gebrachte Bargeld – ein »unreines« öffentliches Gut – effizient genutzt werden kann: von jenen, die es jetzt gerade tatsächlich benötigen. (Die Bargeld-Menge in der Eurozone beträgt, wie wir in Kapitel 2 gesehen haben, 950 Milliarden Euro oder nur rund zehn Prozent der Wirtschaftsleistung.) Die Parkbank steht auch nicht jenen zur Verfügung, die sie jetzt gerade *nicht* benützen. Nur das »Besitzen« der Bank ist privat möglich, nicht aber deren Eigentum. So könnte auch der private Besitz respektive die Nutzung des öffentlichen Eigentums »Banknote« und »bare Münze« geregelt werden.

7. EU- UND GLOBALE FINANZAUFSICHT

Es gibt keine Belege dafür, dass die starke Zunahme der Größe und der Komplexität des Finanzsystems, die in den letzten zwanzig Jahren in der reichen, entwickelten Welt stattgefunden hat, für verstärktes Wirtschaftswachstum oder für Stabilität gesorgt hat, und es ist sehr gut möglich, dass die Finanzwirtschaft Überschüsse aus der Realwirtschaft abschöpft, statt selbst Werte für die Wirtschaft zu erzeugen. Wir müssen einige der Annahmen der vergangenen dreißig Jahre radikal infrage stellen und auch radikale politische Maßnahmen ins Auge fassen.

Adair Turner[1]

In Kapitel 6 habe ich argumentiert, dass eine EU-Finanzaufsicht stimmiger Weise am Beginn des Finanzbinnenmarktes hätte stehen müssen und welche ihre Kernaufgaben gewesen wären. Dass die Regierungen dies vorsätzlich unterließen, ist ein klares Zeichen für das Nichtvorhandensein von Demokratie in der EU im Allgemeinen und im Geldsystem im Speziellen, welche das Motiv für dieses Buch ist. Nach dem großen Krach 2008 ist ein klein wenig Bewegung in das Thema gekommen – an der Oberfläche. 2009 wurden drei Aufsichtsbehörden gegründet, eine für Banken in London (EBA), eine für Versicherungen in Paris (ESMA) und eine für Börsen in Frankfurt (EIOPA). Zudem wurde der Ausschuss für Systemrisiken eingerichtet (ESRB). Dieser plötzliche institutionelle Gründungseifer ist ein klares Eingeständnis des vorangegangenen Versäumnisses, jedoch wird derselbe Fehler in abgeschwächter Form wiederholt: Die drei Behörden haben keinen Biss. Die Londoner Aufsichtsbehörde ging in die Hosen. Nicht sie wird die Banken beaufsichtigen, sondern die EZB, obwohl das einen Rollenkonflikt auslöst und eine »chinesische Mauer« zwischen der geldpolitischen Abteilung und jener für Bankenaufsicht erfordert. Der Ausschuss für Systemrisiken wurde hingegen trefflich überbesetzt: Mehr als sechzig Mitglieder werden sicher viel Spaß bei der Findung einer gemeinsamen Position haben. »Die neuen EU-Institutionen waren nichts weiter als Koordinationsgremien, die im Falle von Konflikten tätig werden sollten (...) Eine EU-weite Finanzaufsicht sind diese Gremien jedenfalls nicht«, schreibt Lucas Zeise.[2] Der Erfurter Finanzsoziologe Helge Peukert kommentiert: »Es gibt weder einheitliche globale noch europäische Aufsichtsorgane mit nationalem Durchgriffsrecht.«[3]

Die Vollendung des Regulierungsversagens der EU-Organe wird indes mit der bevorstehenden Bankenunion offenkundig. Das Versagen besteht darin, dass die systemrelevanten Banken, die mit dem EU-Finanzbinnenmarkt herangezüchtet wurden, nicht zerteilt werden, sondern »beaufsichtigt«. Und nach den letzten Entwürfen der Bankenunion bei Redaktionsschluss dieses Buches Ende 2013 sind nun Bankenrettungen und -rekapitalisierungen – im Unterschied zur »Ära vor 2008« – mit Steuergeld vorgesehen. Doppelt sogar: einmal mit Steuergeld aus den Herkunftsstaaten der insolventen Riesenbanken; und sollte das nicht ausreichen, zusätzlich mit Steuergeld aus allen anderen Euro-Staaten via ESM. Lehrreich: Nach der ersten Welle der Bankenrettung im Sog von Lehman Brothers hieß es mantrenhaft, dass nie wieder eine Bank mit Steuergeld gerettet werden dürfe. Fünf Jahre später sieht das EU-Recht die gesetzliche Haftung der SteuerzahlerInnen für insolvente systemrelevante Banken vor. Der »Chef der Euro-Gruppe« Jeroen Dijsselbloem erklärt das so: »Wenn eine Bank direkte Kapitalspritzen aus dem ESM will, dann muss sie eine ganze Reihe sehr strenger Bedingungen erfüllen. Eine der Bedingungen lautet: Die Bank muss vorher ihre Aktionäre sowie alle Gläubiger an den Verlusten beteiligt haben.«[4]

Diese Aussage ist an Groteske nicht zu überbieten: In einer (echten) liberalen Marktwirtschaft tragen die EigentümerInnen (AktionärInnen) und GläubigerInnen im Insolvenzfall die Verluste zur Gänze selbst. 2009 wurde hoch und heilig versprochen, dass nach dem Knock-out der Marktwirtschaft in Form staatlicher Bankenrettung diese rasch wiederhergestellt würde. Nun gilt es als »sehr strenge Bedingung« für zukünftige staatliche Bankenrettungen, wenn die EigentümerInnen und GläubigerInnen an Verlusten »beteiligt« werden. Die EU vollzieht damit eine bewusste Abkehr von der Marktwirtschaft und begründet einen autoritären Staatsoligopolkapitalismus als offizielles Wirtschaftsmodell. Analog könnte man es zukünftig als »sehr strenge Bedingung« für Verfassungsänderungen durch die Regierungen betrachten, dass diese die Bevölkerung davor anhören müssen – anstatt ihr die Entscheidung zu überlassen. Die Umdeutung aller Werte schreitet voran.

Das Bild wird »kohärenter«, wenn wir bei Lucas Zeise lesen, dass der Plan für die Bankenunion von derselben Person und Lobby stammt, die auch für den Finanzbinnenmarkt verantwortlich zeichnet: Josef Ackermann und der International Institution for Finance IIF.[5] Erneut erweist sich die EU nicht als Projekt ihrer BürgerInnen oder wenigstens zu deren Gunsten, sondern als politischer Hebel der Geldindustrie. So kommt Zeise zum resignierenden Schluss: »Die Interessenlage der entscheidenden Figuren in unserer Gesellschaft ist derart, dass eine effektive Regulierung des Finanzsektors derzeit politisch nicht möglich ist.«[6] Prädemokratie. Höchste Zeit also, dass der Souverän einen besseren Hebel in die Hand bekommt als die Wahl einer Partei alle vier oder fünf Jahre. Höchste Zeit für demokratische Geld- und Wirtschaftskonvente.

EU-Finanzaufsicht mit Biss

Wenn man eine schlagkräftige und funktionierende EU-Finanzaufsicht nicht aus der Perspektive Josef Ackermanns und des systemrelevanten Bankenverbandes, sondern aus der Perspektive der kritischen Vernunft und des gesunden Hausverstandes mit logischen

Kompetenzen ausstattet, dann drängen sich folgende Aufgaben förmlich auf:

a) Zerteilung systemrelevanter Banken
b) Schließung oder strenge Regulierung der Schattenbanken
c) Marktzulassungsprüfung für neue Finanzprodukte
d) Festlegung von Bilanzierungs- und Eigenkapitalstandards
e) Regeln für Fonds und Kapitalanlagegesellschaften

a) Zerteilung systemrelevanter Banken

Diese Frage wurde bereits behandelt (siehe Seite 115). Die EU-Finanzaufsicht könnte die passende Institution sein, welche die Banken zerteilt. Speziell die deutsche Bundesregierung wehrt sich gegen eine schlagkräftige Aufsicht bei der EZB, um die Deutsche Bank und auch die Commerzbank zu schützen. Besser als dass das Schäuble-Merkel-Tandem diese Frage entscheidet, wäre es, den Souverän zu befragen. Dieser hat vermutlich weniger Mitleid mit den nationalen Champions wie die eng verbandelte Regierungsspitze. Über die Schwelle lässt sich sicher noch diskutieren, doch die dreißig Milliarden kommen von der EU selbst: Größere Banken sind offenbar so »systemrelevant«, dass eine nationale Aufsicht für sie nicht mehr ausreicht.

Um zerkleinerten EU-Banken keinen Wettbewerbsnachteil gegenüber größeren ausländischen Banken zu bescheren, müsste der Binnenmarkt vor größeren Banken aus dem EU-Ausland geschützt werden. Das ist eine legitime nichtdiskriminierende Regulierung vergleichbar mit Umweltschutz-, Arbeits- oder Steuerregeln, die für alle im Binnenmarkt operierenden Unternehmen aus dem In- und Ausland gelten.

Gegen diesen Vorschlag wird oft eingewandt, dass die USA auf diese »protektionistische« Maßnahme mit Vergeltungsmaßnahmen und »Gegenprotektionismus« reagieren könnten. Zum einen ist das nicht gesichert. Es ist abzuwarten, ob die US-Regierung die EU-Souveräne dafür bestrafen wird, dass sie US-Banken in der EU nicht größere Freiheiten gewähren als heimischen Banken. Vielleicht tritt sogar der umgekehrte Effekt ein: Das Selbstvertrauen des EU-Souveräns bestärkt die US-Regierung oder – noch wünschenswerter – den US-Souverän, es der EU gleichzutun und die Banken zu zerkleinern. Die bisherige Abwicklungspraxis spricht dafür: Während in der EU bis Dezember 2013 kaum vierzig Banken geschlossen wurden, waren es in den USA 488.[7] Und es sind keine Umfragen bekannt, denen zufolge die US-BürgerInnen heiße Fans von J. P. Morgan, Bank of America oder Citigroup wären. Jedenfalls darf eine mögliche Empfindlichkeit eines Handelspartners kein Hinderungsgrund dafür sein, dass die EU ihren Binnenmarkt so reguliert, wie es den Werten und Prioritäten ihrer Souveräne entspricht. Demokratie geht vor Handelsinteressen.

Denken wir dennoch den »worst case« durch: Die USA überreagieren und sperren den US-Markt für EU-Banken. Wäre das der Weltuntergang? Wohl kaum: Genauso wenig, wie der Eintritt der US-Banken in den EU-Binnenmarkt für eine Verbesserung von Finanzdienstleistungen und des Bankengeschäfts gesorgt hat – wohl eher das glatte Gegenteil –, ist es für die Grundversorgung der US-Bevölkerung mit Bank- und Finanzdienstleistungen notwendig, dass dies von EU-Banken auf US-Boden erledigt wird. Und wenn doch, dann soll den USA niemand das Recht nehmen, sich diesen Genuss freiwillig zu verwehren.

Konsequenterweise müsste die EU das WTO-Dienstleistungsabkommen revidieren, welches den freien Finanzdienstleistungsverkehr regelt. Dieses wurde zwar von Parlamenten völkerrechtlich ratifiziert, doch Souveräne wären keine, wenn sie die Entscheidungen ihrer Vertretungen nicht korrigieren könnten. Etwas weiter gedacht, könnte die ungerechte Globalisierung der Regierungen und Parlamente zugunsten der Konzerne von den rechtmäßigen Souveränen Schritt für Schritt umgestaltet werden in eine Globalisierung der Menschen und ihrer Werte. Der erste Schritt dorthin, die Begrenzung der Größe und Macht der Konzerne, wäre eine Sternstunde der Demokratie.

Wenn es die EU als erster Wirtschaftsraum wagt, die Größe von Banken zu begrenzen, werden auch andere Demokratien Mut schöpfen, diesen Schritt zu tun. Die Freiheit des ersten Souveräns wird die Freiheit des nächsten evozieren.

b) Schließung oder Regulierung der Schattenbankenaktivitäten

Nach den Schätzungen des Finanzstabilitätsrats (FSB) wird weltweit ein Viertel aller Finanzgeschäfte an den Bankbilanzen vorbei »im Schatten« getätigt. Dabei handelt es sich um verschiedene Finanzunternehmen wie Geldmarkt-, Hedge- und Private-Equity-Fonds sowie um »Vehikel« wie »Conduits« oder »Special Purpose Vehicles« (SPV), deren »spezieller Zweck« zum Beispiel darin besteht, den Banken, denen sie gehören, unheimliche Kreditpakete abzunehmen. Der FSB definiert Schattenbanken als »ein System der Kreditvermittlung, an dem Unternehmen und Tätigkeiten außerhalb des regulären Bankensystems beteiligt sind«.[8] In den USA wird der Anteil der Bankgeschäfte, die im Schatten getätigt werden, gleich groß eingestuft wie derjenige im Licht. Im Durchschnitt der 24 untersuchten Industrieländer ist das Schattenbankengeschäft halb so groß wie die Summe aller Bankaktiva. Schattenbank-»Branchenleader« mit dem größten Dunkelgeschäft in Relation zu ihrer Wirtschaftsleistung sind Hongkong (520 Prozent), die Niederlande (490 Prozent), Großbritannien (370 Prozent), Singapur (260 Prozent) und die Schweiz (210 Prozent). Weltweit erreichte das Schattenbankengeschäft 2011 einen neuen Rekordwert von 67 Billionen Euro und war damit gleich groß wie die Weltwirtschaftsleistung. Zehn Jahre zuvor lag das Volumen noch bei 26 Billionen Euro.[9] In den ersten fünf Jahren nach der Krise griffen hier keinerlei Regulierungen. Ich frage mich, ob das Nichtvorhandenseins des Willens zur Beaufsichtigung und Regulierung von Banken anschaulicher gemacht werden kann als durch die Tatsache, dass die gültigen Bilanzierungsregeln für Kreditinstitute nicht einmal vorschreiben, dass diese alle ihre Aktivitäten in die Bilanz aufnehmen müssen?

Vom »Vergessen« der EU-Finanzaufsicht bei der Einrichtung des Finanzbinnenmarktes über die fehlende Größengrenze für Banken, die staatliche Rettung systemrelevanter Institute, die gesetzlich festgelegte Haftung der SteuerzahlerInnen für Superbanken bis hin zu superlaschen Eigenkapital- und Bilanzierungsregeln: Es *müssen* die – politisch – systemrelevanten Finanzinstitute sein, welche die Gesetze bestimmen. Sonst könnte so etwas nicht passieren. Kein vernünftiger Gesetzgeber mit Herz und Hirn könnte verantworten, dass das halbe Bankgeschäft nicht einmal in der Bilanz enthalten ist. Er muss mit massiven Mitteln daran gehindert werden, seinen Hausverstand, seine Intelligenz und sein Gewissen zu benutzen, das Sachgemäße und Richtige zu tun und stattdessen diesen riesigen Bankenschwarzmarkt in der Legalität zu halten. Der Waldviertler Schuhhersteller Heini Staudinger wird von der österreichischen Finanzmarktaufsicht verfolgt, weil er seine Photovoltaikanlagen mit KundInnenkrediten finanziert, dabei geht es um rund drei Millionen Euro.[10] 67 Billionen im Schatten werden gegenwärtig vom Finanzstabilitätsrat »erforscht«. Hedge-Fonds müssen sich in der EU nach der AIFM-Richtlinie von 2011 ab einem Volumen von hundert Millionen Euro registrieren lassen, Private-Equity-Fonds erst ab einem gesammelten Kapital von einer halben Milliarde Euro. Hier sind die Relationen völlig aus dem Lot geraten.

Eine schlagkräftige Aufsicht müsste nach Änderung der Bilanzierungsregeln alle Bankgeschäfte außerhalb der Bilanz schließen und Banken, welche Geschäfte tätigen, die sie nicht in der Bilanz ausweisen, mit saftigen Strafen versehen, oder ihnen die Lizenz entziehen.

Wir könnten ja auch sagen, dass besonders gefährliche Experimente der Chemie-Industrie nicht unter das Chemikaliengesetz fallen, weil ... tja, die Begründung fällt wirklich schwer! Oder dass Einnahmen aus bestimmten wirtschaftlichen Tätigkeiten nicht dem Finanzamt deklariert werden müssen ...

Ich will nicht ungerecht sein: Ein klein wenig Bewegung zum Thema ist zu beobachten. Die EU-Kommission publizierte im April 2012 ein »Grünbuch« zu Schattenbanken, immerhin fünf Jahre nach Lehman Brothers. Allerdings findet sich darin sehr viel Verständnis für Schattenbanken: »Schattenbanken haben im Finanzsystem wichtige Funktionen (...) Schattenbankgeschäfte können eine nützliche Rolle im Finanzsystem spielen.«[11] Das Finanzstabilitätsforum der G20 ist noch am Forschen und Datensammeln, ohne Eile und Neugierde: In dem Bereich, wo es keine Verletzung der Privatsphäre, sondern höchst notwendig gewesen wäre, schauten die Be-

hörden weg. Immerhin sieht es für 2015 erste Regulierungen vor ...
Wir platzen vor Spannung!

c) Zulassungspflicht für Finanzprodukte
Zur Begrenzung von Risiken für die Allgemeinheit darf die Wirtschaftsfreiheit eingeschränkt werden. Das ist überall so. Zum Beispiel dürfen Pharmafirmen neue Medikamente nicht einfach auf den Markt bringen und bewerben. Neue Chemikalien durchlaufen in der EU vor der In-Verkehr-Bringung ein Verfahren der Registrierung, Bewertung, Zulassung und Beschränkung (REACH).[12] Jedes Auto muss nicht nur vor dem Start in den öffentlichen Verkehrsraum zum TÜV, sondern sogar regelmäßig. Lebensgefährliche Risikoprodukte wie Waffen sind zudem einer persönlichen Eignungsprüfung unterworfen. Nur ausgerechnet »finanzielle Massenvernichtungswaffen« sind frei von *jeder* Regulierung. Neue Finanzprodukte müssen weder ethischen noch Kriterien der Systemstabilität noch sonst irgendwelchen Anforderungen entsprechen. Das ist genauso absurd, als würde der Gesetzgeber darauf vertrauen, dass nur »nützliche« Waffen erzeugt und diese »verantwortungsvoll« verwendet würden und er deshalb auf jede Regulierung verzichtete. Mit Finanzwaffen kommen Menschen meistens nicht direkt zu Schaden[13], indirekt dafür in umso größerer Zahl. Ein einfaches Beispiel ist die Spekulation auf steigende Lebensmittelpreise, die zum Anstieg des Hungers führen kann.[14] Ein anderes Beispiel sind Immobilienkreditderivate: Ergibt es Sinn, dass eine Hypothekenbank, die einen Immobilienkredit vergeben hat, diesen an eine Investmentbank verkauft, welche viele Kredite unterschiedlicher Bonität bündelt zu einer »CDO« (collateralized debt obligation), diese von einer Rating-Agentur »benoten« lässt, um sie anschließend an Investoren zu verkaufen, welche die Personen, die den Kredit aufgenommen haben, nie zu Gesicht bekommen und deren »Bonität« deshalb gar nicht einschätzen *können*; sie sind auf die Benotung von Rating-Agenturen angewiesen, deren Beschäftigte die KreditnehmerIn aber genauso wenig kennen und das Risiko infolgedessen auch gar nicht einschätzen *können*! Ergibt das Sinn? Wie wir gesehen haben, haben diese Derivate einen gigantischen

volkswirtschaftlichen und menschlichen Schaden angerichtet, weil jede ökonomische und kaufmännische Vernunft, jede professionelle Haftung und jedes menschliche Verantwortungs- und Mitgefühl verlorenging in diesem System der »strukturellen Verantwortungslosigkeit«.[15] Dieses setzt sich zusammen aus der Hypothekenbank (Risiko eingehen und verkaufen), der Investmentbank (Risiko potenzieren), der Rating-Agentur (Risiko falsch einstufen und damit Millionen in die Irre führen), VermittlerInnen (Publikumsfonds oder Banken, die Kommunen fehlberaten), InvestorInnen (gieriger Kauf von Produkten, deren Risiko sie gar nicht einschätzen können) und den SaniererInnen (SteuerzahlerInnen). Manchmal ist auch noch ein Hedge-Fonds mit in der Rendite-Kette, der bereits weiß, dass es schiefgehen wird, auf den Verfall der Kurse setzt und sich eine goldene Nase an den Dümmeren verdient.

Eine Finanzmarktaufsicht, die ein »System der Verantwortung« befördert, würde solche Derivate schlicht nicht zum Markt zulassen. Verantwortung könnte bedeuten, dass die Hypothekenbank den Immobilienkredit in den eigenen Büchern halten muss, weil a) sie es ist, die das Risiko generiert hat, und b) dieses am besten einschätzen kann. Damit verdient sie schließlich ihr Brot. Dann wird sie bei der Kreditvergabe entsprechend vorsichtig agieren, und die Wahrscheinlichkeit der Blasenbildung sinkt gegen null. Der EU-Gesetzgeber ist zum Thema nach 2008 tätig geworden, hat aber auch hier sein Versagen eindrucksvoll unter Beweis gestellt. Die EU-Richtlinie sah vor, dass 95 Prozent der Kredite weiterhin verkauft werden können.[16] Die Sammlung an Scheinregulierungen ist um eine Richtlinie reicher. Auch dieses Beispiel spricht für ein direktes Votum des Souveräns. Er könnte eine mit weitreichenden Befugnissen ausgestattete EU-Finanzaufsicht beauftragen, neue Finanzprodukte zu prüfen, zu bewerten und nur bei bestandener Systemrisiko-Prüfung zuzulassen. Das fordert eine Reihe von Organisationen und ExpertInnen von Attac bis Wilfried Stadler.[17]

Analog zur Aussperrung hypertropher Banken kann eine durchsetzungskräftige EU-Finanzaufsicht Finanzprodukte aus Drittstaaten, die in der EU nicht zugelassen sind, vom Zugang zum EU-Binnenmarkt ausnehmen. Der freie Kapitalverkehr ist kein Selbstzweck und schon gar nicht sakrosankt. Er ist ein Instrument der Wirtschaftspolitik, deren Zielen er dient, wie zum Beispiel der Finanzstabilität. Der Import von finanziellem Sondermüll stellt eine massive Gefahr für die Finanzstabilität dar, folglich muss der Kapitalverkehr hier gezielt beschränkt werden können. Im Bretton-Woods-System war dies Common Sense, auch innerhalb der EWG stand »die Zeit Ende der 1960er, Anfang der 1970er Jahre ganz im Zeichen verstärkter Kapitalverkehrskontrollen durch die Mitgliedsländer«, schreibt Jörg Huffschmid: »Kapitalverkehrskontrollen haben dazu beigetragen, den Nachkriegsaufbau in den einzelnen Ländern vor störenden Kapitalbewegungen zu schützen.«[18] Erst in den 1990er Jahren wurde die Doktrin des undifferenziert freien Kapitalverkehrs durchgesetzt. Doch die Logik der gezielten Differenzierung der Kooperation mit Drittstaaten funktioniert auch in anderen Politikbereichen. So kooperiert die EU zum Beispiel grundsätzlich mit den USA bei der Auslieferung von StraftäterInnen.[19] Doch wo die USA Grundwerte, die in der EU Gültigkeit haben, nicht achten und verletzen, etwa wenn den Auszuliefernden die Todesstrafe oder ein ungerechtes Verfahren, zum Beispiel vor einem Militärgericht, droht, wird nicht ausgeliefert. Das ist eine gezielte und differenzierte Einschränkung der Kooperation in polizeilichen Angelegenheiten. Analog müsste auch der freie Kapitalverkehr an Bedingungen geknüpft werden, deren Nichterfüllung Einschränkungen zur Folge hat. Derzeit bestimmt der EU-Lissabon-Vertrag apodiktisch, dass »alle Beschränkungen des Kapitalverkehrs zwischen den Mitgliedstaaten sowie zwischen den Mitgliedstaaten und dritten Ländern verboten« sind.[20] Ausnahmen sind nur erlaubt, wenn »Kapitalbewegungen nach oder aus dritten Ländern unter außergewöhnlichen Umständen das Funktionieren der Wirtschafts- und Währungsunion schwerwiegend stören oder zu stören drohen«, und selbst dann nur »mit einer Geltungsdauer von höchstens sechs Monaten«. Ein dauerhaftes Importverbot für »finanzielle Massenvernichtungswaffen« ist nach dem Lissabon-Vertrag illegal. Höchste Eisenbahn, dass die Souveräne der EU-Mitgliedstaaten hier eine vernünftigere Vertragsgrundlage beschließen, welche ihnen einen größeren Handlungsspielraum in der Geld-, Finanz-, Steuer- und

Handelspolitik bietet. Die demokratischen Geldkonvente sind gute Gelegenheiten, Schwachstellen und undemokratische Inhalte der aktuellen EU-Verträge offenzulegen und zu korrigieren.

d) Strengere Eigenkapitalanforderungen

Das Thema Eigenkapital ist eines der wenigen, das eine relativ breite mediale Beachtung erfährt, zumal die Bankenrettungen in erster Linie in »Rekapitalisierungen« von »unterkapitalisierten«, sprich mit zu geringem Eigenkapital ausgestatteten Geldhäusern bestanden haben. Inhaltlich geht es um die Frage, wie viel eigenes Finanzvermögen (Eigenkapital) eine Bank im Verhältnis zu seinem Aktivgeschäft vorhalten muss. Das Eigenkapital befindet sich auf der Passivseite der Bankbilanz, den Verbindlichkeiten, weil es sich sinngemäß um eine »Forderung« der EigentümerInnen an die Bank handelt. Verstörend an den aktuellen Regeln einschließlich ihrer Überarbeitung in den letzten Jahren sind drei Dinge.

1. Zum einen ist bei den Vermögenswerten unklar, was sie tatsächlich wert sind. Kurz gesagt gibt es zwei mögliche Bewertungsansätze: das konservative Niederstwertprinzip nach dem Handelsgesetzbuch[21] und das modernere »mark-to-market«-Verfahren, nach dem der aktuelle Marktwert eines Aktivpostens, zum Beispiel eines Wertpapiers, bei der Berechnung des Vermögens herangezogen wird. Wie unschwer zu erraten ist, führt dieses Prinzip zu starken Schwankungen beim Vermögen und damit Eigenkapital der Bank, weil in Zeiten turbulenter Finanzmärkte die Vermögenspreise (asset prices) heftigen Auf- und Abwertungen unterliegen und damit zu unterschiedlich hohem Eigenkapital führen. Wilfried Stadler beschreibt das Problem so: »Marktwertbedingte Wertsteigerungen von Veranlagungen lösten scheinbare Erhöhungen von Eigenkapitalpositionen aus. Dies ermöglichte entlang der üblichen Relationen von Eigenmitteln zur Bilanzsumme eine Erweiterung des Verschuldungsspielraums, ohne dass dem realisierte Wertsteigerungen gegenübergestanden wären. In einer langen, prozyklischen Marktbewegung kam es – gemessen am echten, haftenden Eigenkapital – zu exzessiven Erhöhungen des Fremdmittelhebels und zur Entste-

hung gefährlicher Schuldenblasen. Die Aufblähung der Bilanzsummen gegenüber einer immer dünneren Decke an echtem
Eigenkapital führte in der Krise zu einem umso heftigeren
Eigenmittelverzehr.«[22] Würde nach dem konservativen Niederstwertprinzip bilanziert, könnten die Banken im Boom nicht
mehr Kredite vergeben, nur weil die von ihnen gehaltenen Wertpapiere im Kurs gestiegen sind.

2. Die Regeln von Basel II und III, die in der EU mit der Richtlinie
über Eigenkapitalanforderungen (Capital Requirement Directive »CRD IV«) umgesetzt werden, schreiben vor, dass unterschiedliche Aktivpositionen je nach Risiko unterschiedlich hoch
mit Eigenkapital unterlegt werden müssen: Als weniger riskant eingestufte Aktiva, zum Beispiel mit AAA geratete Wertpapiere, müssen mit weniger Kapital unterlegt werden, Kredite
an klein- und mittelständische Unternehmen und schlechter geratete Wertpapiere mit entsprechend mehr Eigenkapital.
Das Problem daran ist, dass die Ratings alles andere als verlässlich sind, jedoch zu sehr unterschiedlichen Eigenkapitalanforderungen führen. So hatte beispielsweise die Deutsche Bank
2009 eine richtlinienkonforme Eigenkapitalquote von 10,9 Prozent, während das Eigenkapital gemessen am Aktivgeschäft gerade einmal 1,8 Prozent betrug.[23] Ende 2011 betrugen die Werte
14 Prozent und 2,5 Prozent. Letzterer Ende 2013 nur noch 2,1 Prozent.[24] Lehman Brothers schlitterte mit einer Basel-konformen
Eigenkapitalquote von elf Prozent in den Bankrott …[25] Angesichts dieser Diskrepanz zwischen »offizieller« (risikogewichte-
ter) und tatsächlicher (anteilsmäßiger) Eigenkapitalquote klingt
es wenig beruhigend, wenn die Bundesbank Ende 2013 analy-
siert: »Die Ergebnisse dieser neuen Anforderungen lassen sich
inzwischen recht deutlich in Zahlen messen: So ist seit dem Leh-
man-Zusammenbruch etwa die Kernkapitalquote der zwölf
größten, international tätigen deutschen Banken von 8,7 Prozent auf 15,3 Prozent gestiegen.«[26] Dagegen »lag und liegt die relevante nicht gewichtete bilanzielle Eigenkapitalquote wesent-
licher deutscher Institute Mitte 2011 nach wie vor größtenteils
unter zwei Prozent«, so Helge Peukert.[27] Risikogewichtungen

sind so gefährlich, weil Risiken a) sich ändern und b) gar nicht verlässlich eingeschätzt werden können, was durch das gegenwärtige Verfahren suggeriert wird. Eine berüchtigte Schwachstelle sind Staatsanleihen: Sie gelten als vollkommen ausfallsicher und müssen deshalb gar nicht mit Eigenkapital unterlegt werden, obwohl es in der Geschichte mit großer Häufigkeit zu Staatsbankrotten kam: in Deutschland und Frankreich je achtmal, in Österreich siebenmal, in Griechenland fünfmal und in Spanien dreizehnmal.[28] 2012 kam es innerhalb der Eurozone zum ersten Schuldenschnitt (und damit dem Ausfall von Staatsanleihen) bei Griechenland. Es war sicher nur der erste.[29]

3. Verschiedene Experten wie zum Beispiel Martin Hellwig, Anat Admati, Wilfried Stadler oder Helge Peukert fordern daher, dass ausschließlich die »bilanzielle« Eigenkapitalquote Gültigkeit haben sollte. Tatsächlich sieht Basel III erstmals zusätzlich zur risikogewichteten Eigenkapitalquote von mageren sieben Prozent ab 2018 erstmals eine tatsächliche Mindesteigenkapitalquote von drei Prozent vor, die am gesamten – nicht gewichteten – Aktivgeschäft bemessen wird (»Leverage Ratio«). Sie haben richtig gelesen: drei Prozent! Auch nach der vollständigen Umsetzung von Basel III im Jahr 2019, was bereits viel zu spät ist, um weitere Krisen zu verhindern, dürfen Banken bis zu 97 Prozent ihres Aktivgeschäftes über Schulden finanzieren. Bei einem Eigenkapital von drei Prozent des Bilanzvolumens genügt ein Wertverlust der Aktiva von drei Prozent, um das gesamte Eigenkapital aufzuzehren – wahrlich keine Feuermauer gegen die nächste Krise. »Dass Basel so schwach ausfiel, war das Ergebnis einer intensiven Lobby-Kampagne der Banken gegen jede nennenswerte Verschärfung der Regulierung. Diese Kampagne hält bis zur Stunde an«, schreiben Admati und Hellwig.[30] Im 19. Jahrhundert, als die EigentümerInnen noch vollständig für die Verluste der Banken hafteten, waren Eigenkapitalquoten bei vierzig bis fünfzig Prozent nicht unüblich. Um 1900 lagen sie in vielen Ländern noch bei zwanzig bis dreißig Prozent, bevor der langgezogene Abstieg einsetzte.[31] Nicht wenige AutorInnen plädieren deshalb für deutlich höhere Eigenkapitalquoten als in Basel III. Der

ehemalige Chefökonom des Internationalen Währungsfonds Simon Johnson schlägt fünfzehn bis 25, Finanzmarkt-Theoretiker Eugene Fama geradewegs 25 Prozent vor.[32] Martin Hellwig und Anat Admati empfehlen zwanzig bis dreißig Prozent und füllen ein ganzes Buch mit Argumenten dafür.[33] Helge Peukert von der Universität Erfurt plädiert im »Post-bail-out-Finanzsystem« für ein »bilanzielles nichtgewichtetes Kerneigenkapital« von dreißig Prozent.[34] Ex-Investkredit-CEO Wilfried Stadler hält »mehr als zehn Prozent Eigenkapital an der ungewichteten Bilanzsumme« für angemessen.[35] Während solche Höhen für die systemrelevanten Finanzofanten utopisch anmuten – Ende 2013 lagen US-Großbanken bei 4,3 Prozent und der Rest der Welt bei 3,9 Prozent[36] –, erfüllen lokale Genossenschaftsbanken diese Vorstellungen so gut wie immer schon. In Österreich sind Eigenkapitalquoten von fünfzehn bis dreißig Prozent im Primärsektor des Raiffeisen- und Volksbankenverbandes keine Seltenheit. Dass auch für die Großen mehr drin ist, beweist die Schweiz: Damit die SteuerzahlerInnen in Zukunft nicht erneut unfreiwillig EigentümerInnen-Pflichten übernehmen müssen, müssen die beiden Finanzriesen UBS und Credit Suisse zukünftig neunzehn Prozent vorhalten. Auch in Dänemark gelten ab 2015 für Großbanken Mindesteigenkapitalquoten von elf bis 13,5 Prozent, je nach Grad der Systemrelevanz.[37]

Eine EU-Finanzaufsicht könnte zur Stärkung der Systemstabilität und Minimierung der Gefahr einer Kettenreaktion a) die Rückkehr zum Niederstwertprinzip, b) die Aufgabe der Risikogewichtung bei der Eigenkapitalunterlegungspflicht sowie c) Eigenkapitalkernquoten zwischen zwanzig und dreißig Prozent vorschreiben. Das würde die Ausschüttungsorgien der Banken für längere Zeit unterbrechen; und wie oben argumentiert sind Banken nach Ansicht des Autors nicht zum Ausschütten von Profiten da. Nach so vielen Jahren der Instabilität, der Dauerkrise und Rekorddividenden ist jetzt das Thema Sicherheit und Systemstabilität an der Reihe. Das sehen auch Admati und Hellwig so: »Gewinnausschüttungen sind ein Mittel, mit dem Banken ihre Verschuldung steigern (…) Das Kernziel der Bankenregulierung und Bankenaufsicht muss es sein, im öffentlichen Interesse die Sicherheit und die Solidität des Finanzsystems zu wahren.«[38]

e) Zulassungsverfahren für Fonds

Einem volumenmäßig kleinen Teil des Schattenbanken-Systems gilt besondere Aufmerksamkeit: Private-Equity-Fonds und Hedge-Fonds. Beide Typen haben in den letzten Jahren für viel Aufregung und Diskussion gesorgt. Hedge-Fonds sind auf die Verwaltung des Vermögens von sehr reichen Personen spezialisiert, die sich einerseits ein höheres Risiko leisten können als Renten-SparerInnen, andererseits aber im langjährigen Schnitt weit überdurchschnittliche Renditen erzielen. 1994 bis 2007 waren es nach Gebühren pro Jahr 11,1 Prozent.[39] Von solchen Renditen können KleinanlegerInnen nur träumen. Hedge-Fonds erbringen die Leistung, das Vermögen derjenigen, die ohnehin schon zu den Reichsten zählen und mehr haben, als sie benötigen, schneller zu vermehren als das Vermögen aller anderen. Für diese »Leistung« erzielen Hedge-Fonds-Manager die höchsten Einkommen weltweit. 2009 kassierten die 25 erfolgreichsten Hedge-Fonds-Manager in Summe 25,3 Milliarden US-Dollar.[40] Das höchste je erzielte Einkommen bezog John Paulson 2010 mit sage und schreibe fünf Milliarden US-Dollar.[41]

Die Strategien von Hedge-Fonds sind teilweise sehr fragwürdig, sie können auf steigende Rohstoffpreise spekulieren, auf Unternehmens- und sogar auf Staatspleiten, auf Basis guter Informationen gegen den Markt oder mit komplexen und systemriskanten Derivaten. Kritik an den Praktiken und am Einfluss von Hedge-Fonds wird immer wieder gerne mit dem Verweis auf ihr relativ geringes Volumen von nur rund zwei Billionen US-Dollar abgewiegelt. Doch das ist nur das eingesammelte Kapital. Mit Krediten und Derivaten bewegen Hedge-Fonds weitaus größere Volumina. Das anschaulichste Beispiel dafür ist das bereits geschilderte Beispiel des Long-Term Capital Management, der mit knapp fünf Milliarden US-Dollar Eigenkapital Bankkredite im Wert von 125 Milliarden aufnahm und Derivate-Positionen im Wert von 1,25 Billionen US-Dollar einging.[42]

Auf Druck der Öffentlichkeit und nach mehrjährigem Betteln des EU-Parlaments bei der Kommission, regulierend tätig zu werden – das Initiativmonopol für Gesetze liegt bei der Kommission –, reagierte diese mit einem beschämenden Richtlinienvorschlag. Die AIFM-Richtlinie (Alternative Investment Fund Managers = AIFM) reguliert, wie ihr Name besagt, nicht »alternative Investmentfonds«, sondern deren Manager. Die Richtlinie ist ein weiteres Scheinregulierungsprodukt, um der EU-Bevölkerung zu suggerieren, dass »alle Märkte, Produkte und Akteure« reguliert würden, wie es die G20 bei ihrem ersten Treffen nach dem Krach 2008 verkündet hatte.[43] Doch ein Element der Richtlinie ist schwächer als das andere:

– Wenn ein Manager in einem EU-Land zugelassen ist, kann er auch in allen anderen EU-Mitgliedstaaten Fonds managen. Es zeichnet sich ab, dass Großbritannien großzügig zulassen wird, und die Zugelassenen in der gesamten EU arbeiten dürfen.
– Manager aus Nicht-EU-Staaten werden nicht erfasst. So dürfen auch vollkommen unregulierte Fonds auf den EU-Markt.
– Fonds mit einem Volumen bis hundert Millionen Euro sind von der Regulierung ausgenommen; wenn sie keine Kredite aufnehmen, werden sie bis 500 Millionen Euro nicht reguliert.
– Bis zu einem Fondsvolumen von 250 Millionen Euro sind Eigenmittel von 300 000 Euro vorgeschrieben oder ungefähr 0,1 Prozent: Die Regulierer haben sich selbst übertroffen!
– Begrenzungen der Managergehälter sind keine vorgesehen.[44]

Das ist bereits eine beachtliche Liste an Nichtregulierungsleistungen. Die größten Schwachstellen der Richtlinie liegen indes darin, dass die Fonds selbst kaum reguliert – und damit die großen Probleme nicht adressiert werden. Eine effektive Regulierung von Fonds könnte folgende Maßnahmen beinhalten:
– Kreditaufnahmeverbot: null »leverage« oder Investitionen und Geschäfte nur mit Eigenkapital; dann braucht es gar keine Eigenkapital-Mindestquote;
– vollständige Transparenz über ihre Eigentumsstruktur, Management und sämtliche Beteiligungen;
– Verbot der feindlichen Übernahme von Unternehmen;

- einheitliche Besteuerung aller Fonds; Kapitaleinkommen müssen höher besteuert werden als Arbeitseinkommen; bei Fonds, die nicht aus der EU sind: Meldepflicht über sämtliche steuerrelevanten Daten, wie in Kapitel 10 ausgeführt werden wird;
- Boni-Begrenzung: z. B. maximal fünfzig Prozent des Fixeinkommens; und das nicht für eine gute Finanzperformance, sondern für eine gute ethische Performance.

Mit diesen Regulierungen würden sich die Fonds immer noch innerhalb des alten Paradigmas einer kapitalistischen Marktwirtschaft bewegen. Im nächsten Kapitel wird das Ende aller Kapitaleinkommen vorgeschlagen, damit würde sich die Logik von Fonds radikal ändern: Sie würden nicht mehr monetären Renditedruck ausüben, sondern sinnvolles Wirtschaften unterstützen und eine ethische Rendite anstreben. Boni würden an ethische Kennzahlen geknüpft, und KundInnengelder würden nach den Kriterien Sinn, Nutzen und Ethik veranlagt.

Globale Finanzaufsicht

Streng logisch gibt es zwei sinnvolle Konstellationen, wie globale Finanzgeschäfte und ihre Aufsicht politisch geordnet werden könnten:
- *Option 1*: Es werden internationale Märkte geschaffen, wie gegenwärtig durch eine Reihe von völkerrechtlichen Abkommen: vom EU-Vertrag (freier Kapitalverkehr in alle Drittstaaten) über das WTO-Dienstleistungsabkommen GATS (Allgemeines Abkommen über den Handel mit Dienstleistungen) und zusätzlich das spezielle WTO-Finanzdienstleistungsabkommen bis hin zum aktuell in Verhandlung befindlichen TTIP. In diesem Fall A bedarf es logischerweise einer globalen Regulierung und Aufsicht dieser Geschäfte. Märkte ohne Regeln und Aufsicht funktionieren nicht und richten Schaden an.
- *Option 2*: Es werden keine internationalen Märkte geschaffen, es braucht folgerichtig auch keine globale Regulierung, Aufsicht

und Kontrolle; für nationale oder kontinentale Märkte reichen nationale und z. B. EU-weite Regeln und Institutionen aus.

Beide Varianten sind schlüssig und argumentierbar. Derzeit klafft jedoch ein offener Widerspruch zwischen globalisierten Märkten einerseits (Option 1) und dem völligen Fehlen globaler Regulierung und Aufsicht andererseits (Option 2). Den globalen Wirtschaftsfreiheiten und Märkten steht keinerlei globale Kontrolle gegenüber: ein inakzeptables Missverhältnis. Auch die Krise 2008 hat daran bisher nichts geändert. Das Mindeste, was jetzt geschehen müsste, ist die Ergänzung der EU-Aufsichtsorgane durch ähnlich befugte globale Institutionen. Wie wir gesehen haben, weigern sich jedoch die politischen Eliten, diese Mindestkohärenz umzusetzen. Es werden ja gerade erst die EU-Aufsichtsorgane nachgeholt, mit Widerwillen, Verwässerung und Milchzähnen.

In der gegenwärtigen Situation könnten deshalb *nur* die Souveräne ihre Regierungen verpflichten, eine globale Regulierungs- und Aufsichtsstruktur aufzubauen. Doch wenn wir den direktdemokratischen Weg beschreiten, müssten die Souveräne auch über beide grundlegenden Optionen befinden können: dass entweder der Weg der Globalisierung weiter beschritten wird und globale Regulierungsorgane eingerichtet werden (Variante 1) oder die Globalisierung der Finanzmärkte zurückgenommen und die TTIP-Verhandlungen abgebrochen werden (Variante 2). Diese Alternativen sind zumindest für den EU-Raum so einleuchtend, dass sie auch bei der Deutschen Bank Research zu Papier gebracht werden:»Wie beobachtet werden konnte, ›leben Finanzinstitute global, sterben aber national‹. Folglich stehen wir vor der Wahl, entweder einen integrierten Finanzbinnenmarkt in der EU beizubehalten und einen entsprechenden Aufsichtsrahmen auf EU-Ebene zu schaffen oder die Re-Fragmentierung der europäischen Finanzmärkte zu gewähren.«[45]

In einer demokratisch sauberen Vorgangsweise müssten die Souveräne daher befragt werden, ob sie sich für eine vollständige Globalisierungsvariante entscheiden oder gegen globale Finanzmärkte. Im zweiten Fall sind die WTO-Verträge, welche die Parlamente ohne Zustimmung der Souveräne beschlossen haben, zu kündigen. Falls sie sich für den Weg internationaler Finanzmärkte entscheiden, sind die Regierungen verpflichtet, globale Aufsichtsorgane einzurichten. Dafür gibt es schon ganz konkrete Vorschläge. Die bereits erwähnte siebzehnköpfige Arbeitsgruppe rund um Joseph Stiglitz[46] hat im Auftrag der Generalversammlung der Vereinten Nationen eine umfangreiche Liste von Regulierungen für das globale Finanzsystem ausgearbeitet, die allerdings von den meisten Regierungen nicht einmal ignoriert wurde. Unter den Vorschlägen befindet sich eine Reihe neuer internationaler Institutionen, auf Basis derselben Überlegungen, die hier angestellt wurden:

– Zur Koordinierung der Wirtschaftspolitik der UN-Mitglieder schlagen die AutorInnen einen UN-Wirtschaftsrat vor (Global Economic Coordination Council), der für Kohärenz der politischen Ziele und Maßnahmen der Staatengemeinschaft sorgen soll. Als erster Schritt könnte ein internationales ExpertInnenpanel nach dem Vorbild des UN-Klimaschutzbeirates IPCC eingerichtet werden und frühzeitig vor globalen systemischen Risiken ökonomischer, sozialer und ökologischer Natur warnen. (Eine Aufgabe, bei der der Internationale Währungsfonds spektakulär versagt hat.) Langfristig soll der GECC auf eine Stufe mit dem UN-Sicherheitsrat und der Generalversammlung gestellt werden und sowohl ein Mandat über den Internationalen Währungsfonds und die Weltbank erhalten, als auch die Welthandelsorganisation WTO, die außerhalb des UN-Systems gegründet wurde, formal in dieses integrieren. Diesen Vorschlag mache ich seit 2006[47] und finde damit nun prominente Unterstützung.

– Sodann schlägt der Bericht die Einrichtung einer Weltfinanzaufsichtsbehörde (Global Financial Authority) vor. Diese soll verschiedene Regulierungsbemühungen koordinieren und mit eigenen Kompetenzen ausgestattet werden, zum Beispiel zur Bekämpfung von Steuerflucht und Geldwäsche.[48] In dieser könnte sowohl der Basler Ausschuss (Eigenkapitalregeln) aufgehen, die IARS (Bilanzierungsregeln) als auch der Rat für Finanzstabilität (FSB), der bis heute keine überzeugenden Ergebnisse vorgelegt hat. So würden auch einige wirkungslose und schwach legitimierte Institutionen wieder abgeschafft.

– Drittens ist von einem »Internationalen Steuerpakt« (International Tax Compact) die Rede, der einerseits steuerschädliche Praktiken und Steuerwettbewerb bekämpfen und andererseits armen Ländern dabei helfen soll, ein effektives Steuersystem aufzubauen, um ihre Staatsfinanzen und öffentlichen Leistungen zu verbessern.[49] Dieser könnte auch die Umsetzung der »Unitary Taxation« für Konzerne vorantreiben, von der in Kapitel 10 die Rede sein wird.

– Schließlich wird in der Nachfolge des 1971 gescheiterten Bretton-Woods-Systems eine neue Weltwährungsordnung mit einer globalen Reservewährung (Global Reserve Currency), einer Weltreservebank (Global Reserve Bank) und einer rahmengebenden globalen Währungsunion (Global Reserve Union) vorgeschlagen. Auf dieses Thema gehe ich in Kapitel 12 ein.

Das ist keine geringe Anzahl neuer Aufsichts- und Regulierungsorgane. Die AutorInnen gestehen dies zu: »Während wir die Sorgen über die Zunahme internationaler Institutionen und das Zögern, neue Organe zu gründen, verstehen, ist die Notwendigkeit für so einen GECC zwingend«, argumentieren sie.[50] Ich stimme mit den ExpertInnen überein: Es ist ja gerade die Globalisierung der Märkte, welche die Einrichtung von internationalen Institutionen erforderlich macht. »Globalisierung« beinhaltet nicht nur Wirtschaftsfreiheiten mit neuen Märkten, sondern auch neue Institutionen zur Aufsicht und Regulierung dieser Märkte, das ist ja der Punkt. Zudem könnte im Gegenzug, wie vorgeschlagen, einigen ineffektiven und schwach legitimierten Foren das Mandat demokratisch entzogen werden. Es verlockt mich, nach all den Regulierungsversagen und zahlreichen Scheinregulierungen der letzten Jahre von institutioneller Ausmistung zu sprechen.

Aus strategischer Sicht wäre es bei der Umsetzung der Vorschläge der Stiglitz-Kommission, wie auch bei anderen völkerrechtlichen Abkommen, gar nicht nötig, auf das Mitmachen aller Staaten zu warten. Jeder Souverän bräuchte nur seine Vertretung mit einem klaren Verhandlungsmandat ausstatten. Wenn die EU den Beginn machen würde, würde sofort eine große Zahl weiterer Staaten mitziehen –

erfahrungsgemäß blockieren ja die EU und die USA gemeinsam die Weiterentwicklung des UN-Systems im Sinne der Menschheitsziele. Außerdem würde das Beispiel der direkten Mandatierung von Regierungen durch ihre Souveräne wahrscheinlich Schule machen: Wenn es den Souveränen in einigen Demokratien gelingt, ihre Vertretung mit der Co-Gründung einer Weltfinanzbehörde und dem Abschluss eines Steuergerechtigkeitspaktes zu beauftragen, dann wollen das die Souveräne anderer Staaten, die derzeit noch nicht über die dafür nötigen demokratischen Rechte verfügen oder sich bis dato noch nicht einmal die Freiheit erlaubten, einen solchen Schritt überhaupt zu denken, vielleicht plötzlich auch. Es wäre der Auftakt zu einer demokratischeren Globalisierung.

8. DERIVATE – DAS CASINO SCHLIESSEN

Wenn wir finanzielle Innovation fördern wollen, dürfen
wir keine Vorschriften erlassen, die sie behindern.
Alan Greenspan[1]

Die einzige nützliche Erfindung der Banken in den
letzten zwanzig Jahren ist der Bankomat.
Paul Volcker[2]

Derjenige Bereich der globalen Finanzmärkte, in dem die mit Abstand meisten Innovationen stattgefunden haben, ist zweifellos das Universum der Derivate. Derivate sind häufig Wetten auf die zukünftigen Preise der ihnen zugrunde liegenden Werte wie Aktien, Anleihen, Kredite, Immobilien, Rohstoffe oder Währungen. Diese Wetten kann man gewinnen oder verlieren. Nimmt man für solche Wetten zusätzlich Kredite auf, fallen die Gewinne und Verluste entsprechend höher aus. Die »Hebelverstärkung« von Derivat-Wetten mithilfe von Krediten erklärt die spektakulären Gewinne von Hedge-Fonds und die Milliardeneinkommen ihrer erfolgreichsten Manager. Derivate können sehr unterschiedliche Formen annehmen, zum Beispiel die Bündelung von Krediten zu einem Wertpapier (CDO) oder die Versicherung gegen den Ausfall eines Kredites (CDS). Das Derivate-Universum dehnt sich mit Lichtgeschwindigkeit aus und wird dabei genauso unübersichtlich wie voluminös: Während sich die globale Wirtschaftsleistung 2012 auf 72 Billionen US-Dollar belief, machte die Summe aller von der Bank für Internationalen Zahlungsausgleich in der besten verfügbaren Statistik registrierten Derivate-Kontrakte 633 Billionen US-Dollar aus.[3] OTC-Derivate, die von privat zu privat »über den Tresen« (over the counter, »OTC«) gespielt werden, machen Schätzungen zufolge vier Fünftel aller Derivat-Geschäfte aus, ein Fünftel wird an beaufsichtigten Börsen getätigt. Insgesamt ist das Derivate-Geschäftsvolumen somit mehr als zehnmal so groß wie die Weltwirtschaft. Die eingegangenen Positionen werden im Durchschnitt vier- bis fünfmal weiterverkauft, sodass das Handelsvolumen von Derivaten mehrere Billiarden ausmacht, eine für kaum noch jemanden fassbare Größe und bald das Hundertfache des Welt-BIP. Den größten Teil am Derivate-Kuchen nehmen in der BIZ-Statistik Zinsderivate ein (490 Billionen US-Dollar), gefolgt von Devisenderivaten (67 Billionen) und Kredit-Ausfallsversicherungen CDS (25 Billionen).

Die Zahlen machen schwindlig, sowohl das gigantische Ausmaß im Verhältnis zur »realen« Wirtschaftsleistung als auch ihre torpedohafte Entwicklung. Anfang der 1990er Jahre spielten Derivate noch keine bedeutende Rolle, seither aber dominieren sie das globale Finanzcasino wie kaum ein anderer Einflussfaktor. Die destabilisierende Wirkung, die von Derivaten ausgeht, kann an einer mittlerweile stattlichen Reihe von Beispielen dokumentiert werden: Die traditionsreiche Barings Bank aus Großbritannien wurde ebenso Opfer des Einsatzes von Finanzderivaten wie die französische Société Générale oder die Berliner Metallgesellschaft; der kalifornische Landkreis Orange County verspekulierte sich ebenso wie der Hedge-Fonds Amaranth, die Investmentbank Bear Sterns oder die österreichische Gewerkschaftsbank BAWAG. 1998 stand das globale Finanzsystem wie geschildert am Rande des Abgrunds, weil zwei Nobelpreisträger für Risikomathematik, Myron S. Scholes und Robert Carhart Merton, den legendären »Long-Term Capital Management Fund« LTCM gegen die Wand fuhren. Und wie heute Allgemeinwissen ist, waren der »Zunder« in der US-Subprime-Krise, die sich in einer Kettenreaktion von einer Häuserbubble über eine Bankenkrise zu einer Staatsschuldenkrise und nun auch zur Euro-Krise auswuchs, Derivate: Immobilienkreditderivate. Warren Buffett dürfte also nicht einen emotionalen Moment gehabt haben, als er seinen Investoren schrieb: »Derivate sind aus meiner Sicht finanzielle Massenvernichtungswaffen, die, jetzt latent, potenziell tödlich sind.«[4]

Alle Typen von Derivat-Geschäften eint ein gemeinsames Merkmal: Es findet keine realwirtschaftliche Produktion statt, es wird kein Gut hergestellt und keine persönliche Dienstleistung erbracht. Derivat-Geschäfte sind reine Geld-aus-Geld-Geschäfte. Die Grundlinie dieses Buches ist: Wenn die Vermehrung von Geld zum *Ziel* wird, ist es mit der Sinnhaftigkeit, Nützlichkeit und Ethik des Wirtschaftens vorbei. Geld wird vom Werkzeug zur Waffe, wenn es nicht mehr dem Leben und der Schaffung von *Nutzwerten* dient, sondern der eigenen Vermehrung. Finanzkapitalismus sollte grundsätzlich verboten, das globale Casino geschlossen werden.

Sehen wir uns die einzelnen Spieltische des globalen Finanzcasinos genauer an: Wo ist der sinnstiftende Ursprung der Aktivität und wo kippt das Geschäftemachen ins Selbstreferenzielle und Sinnlose? Wo löst es sich vom Ziel des Wirtschaftens, der Produktion von Gütern und Dienstleistungen zur Befriedigung von Bedürfnissen?

– Aktien: Die *Beteiligung* von Privaten an einem Unternehmen erscheint sinnvoll, da dieses dadurch zu benötigtem Eigenkapital kommt und lebensfähig wird, der *Handel* mit Unternehmensanteilen an einer (konventionellen) Börse hingegen nicht. Das Interesse wechselt vom sinnstiftenden Miteigentum (A) und Teilhabe an der Ertragskraft des Unternehmens (B) zum Finanzgewinn aus der Differenz zwischen Einkaufs- und Verkaufskurs (C). Mit Derivaten (z.B. Put-Option) oder Short-Selling (Verkauf von Aktien, die die SpekulantIn gar nicht besitzt) liegt das Interesse der »EigentümerIn« sogar an einem fallenden Kurs und damit an der möglichen Schädigung des Unternehmens (D). High-Frequency-Handel (E) nützt technische Vorteile im Handel und ist die Höchstform von monetärem Autismus – die Haltedauer einer Aktie hat sich seit 1980 von zehn Jahren auf drei Monate 2008 verkürzt. Während der Bestand an Aktien um das Elffache zunahm, legte das Handelsvolumen um 390 Prozent zu.[5] Dank HFH ist die Periode laut Insidern in jüngster Zeit auf 22 Sekunden gesunken: ein absurder Wert.[6]

– **Kredite:** Die Aufnahme eines Hausbaukredites, um ein Haus zu bauen, in dem ich selbst wohnen werde, erscheint vielen Menschen sinnvoll. Dass eine Bank, die Erfahrung in der Überprüfung der dafür nötigen Sicherheiten hat, diesen Kredit vergibt, ergibt Sinn. Wenn sie diesen Kredit in den eigenen Büchern hält, wird sie bei der Vergabe vorsichtig sein und keine fahrlässigen Risiken eingehen. Verkauft sie den Kredit hingegen z. B. an eine Investmentbank, welche diesen Kredit mit anderen – unterschiedlicher Bonität – bündelt, um das gemischte Bündel an »internationale Investoren« weiterzuverkaufen, geht der Sinn verloren. Am Ende steht jemand für den Kredit gerade, die/der die HäuselbauerIn nicht kennt und das Risiko des Ausfalls des Kredits gar nicht einschätzen *kann*. Daran ändert nichts, dass eine dritte Instanz, eine Rating-Agentur, eine Bewertung des Risikos vornimmt – weil auch damit kein direkter Kontakt zwischen RisikoerzeugerIn und RisikoträgerIn entsteht. Es wäre gleich sinnvoll, dass z. B. eine deutsche Landesbank einer US-BürgerIn einen Hypothekenkredit gewährt, ohne diese zu kennen und ohne irgendeine Risikoprüfung vorzunehmen – und sich allein auf eine dritte Instanz verlässt, welche die HäuselbauerIn ebenfalls nicht kennt! Das Halten von Krediten soll den Banken vorbehalten bleiben, die den Kredit vergeben und damit gemeinsam mit der KreditnehmerIn das Risiko erzeugen – sagt der Hausverstand. Der »freie Weltmarkt für Finanzdienstleistungen« macht den traditionellen Vorgang der Verleihung eines Hypothekenkredites nicht besser.

– **Staatsanleihen:** Solange ein Staat auf die Finanzierung durch

Private angewiesen ist, ist es sinnvoll, dass ich eine Staatsanleihe kaufe und vom Zins lebe. Der »Sinn« ist, dass ich dem Staat bewusst Geld leihe für die Finanzierung öffentlicher – idealerweise demokratisch legitimierter – Aufgaben zu einem vereinbarten Preis. Doch worin liegt der Sinn, dass ich dieses Papier verkaufe? Wenn ich die Anleihe zu einem höheren Kurs verkaufe, als ich sie gekauft habe (oder umgekehrt mithilfe von Derivaten), will ich nicht sinnvolle staatliche Leistungen finanzieren, sondern aus Geld mehr Geld machen – der Sinn geht verloren, das Spekulationskarussell beginnt sich zu drehen. Wenn ich mich, noch einen Schritt weiter, gegen den Ausfall der Staatsanleihe versichere (CDS), hat dieser für mich vielleicht positive Effekt den negativen zur Folge, dass spekulative Investoren beginnen, diese Versicherungen massiv aufzukaufen, um damit den Markt zu manipulieren, indem sie einen bevorstehenden Staatsbankrott vortäuschen oder darauf spekulieren, dass sie damit einen Trend auslösen und die Versicherungen zu einem späteren Zeitpunkt teurer verkaufen können. *Das* ist ihr – volkswirtschaftlich schädliches – Ziel. »Idealerweise« zeichnet sich tatsächlich ein Staatsbankrott ab (aus Sicht der CDS-SpekulantInnen), weil dann die CDS zu Höchstpreisen an die HalterInnen von Staatsanleihen versteigert werden können.

– Rohstoffe: Der Kauf von Rohstoffen für die produktive Verwendung ist natürlich sinnvoll. Auch ein Mechanismus zur Absicherung gegen Preisschwankungen ist für reale ErzeugerInnen und VerarbeiterInnen essenziell – sonst könnten sie nicht stabil planen. Der Handel mit Rohstoffen ohne eigenes Interesse ist bereits fraglich, noch fraglicher ist der Handel mit Rohstoff-Derivaten. Die Deutsche Bank hat eine Lizenz für Zuckerhandel. Weder ist sie ein Industriebetrieb noch steht sie in Verbindung mit diesen, das vorrangige Interesse kann nur der Gewinn aus Kursdifferenzen und Derivat-Geschäften sein. Goldman Sachs verdiente 2009 mit Rohstoffgeschäften fünf Milliarden US-Dollar, ohne selbst eine einzige Ackerpflanze anzubauen.[7] Im Juli 2010 kaufte der Londoner Hedge-Fonds Armajaro sieben Prozent der weltweiten Kakaoernte: Der Preis für die Tonne explodierte auf 2700 Pfund pro Tonne, den höchsten Preis seit 33 Jahren. Nach Bekanntwerden der Spekulation stürzte der Preis ab, am 8. Oktober kostete die Tonne 1833 Pfund.[8] Die Spekulanten dominieren zunehmend das Parkett: An der Chicagoer Rohstoffbörse CBOT hat sich der Anteil der Produzenten am gesamten Rohstoffhandel zwischen 1998 und 2011 von zwei Drittel auf ein Drittel halbiert.[9] Das in Rohstoff-Fonds investierte Kapital verdreißigfachte sich zwischen 2003 und 2013 von dreizehn auf 430 Milliarden US-Dollar. In den USA wurden 2012 sechzig Millionen Tonnen Weizen produziert und Futures im Ausmaß von 4,4 Milliarden Tonnen gehandelt.[10]

– Währungen: Wenn eine TouristIn lokale Währung im Zielland einkauft, um damit die Ausgaben zu bezahlen, ist das zweifellos sinnvoll. Wenn ein Exportunternehmen die Ware in der Währung des Ziellandes verkauft und damit Devisen erlöst, die es wiederum in die eigene Landeswährung rücktauscht, ergibt das Sinn. Aber ist es sinnvoll, dass ein Trader in der Devisenabteilung einer Investmentbank eine Fremdwährung kauft und nach zehn Minuten wiederverkauft, um von einer minimalen Kursdifferenz zu profitieren? Ist es sinnvoll, dass jemand in einer Fremdwährung einen Kredit aufnimmt in der Annahme, dass der Wechselkurs dieser Währung sinkt, damit der Kredit günstig und mit einem fetten Gewinn zurückgezahlt werden kann? Ist es sinnvoll, dass ein Hedge-Fonds oder eine Investmentbank mithilfe von Derivaten auf einen steigenden oder fallenden Euro- oder Dollarkurs setzt und im Falle des Aufgehens der Wette einen Milliardengewinn einstreichen kann? Der springende Punkt ist: Ist das Ziel hinter der Währungstransaktion ein realwirtschaftlicher Vorgang (Import, Export, Investition) oder das Ziel, aus Geld mehr Geld zu machen (Spekulation)?

Da Geld-aus-Geld-Geschäfte weder zum realen Ziel des Wirtschaftens beitragen noch »aus Nichts« ökonomisch etwas werden kann, ist die hier vorgeschlagene Grundlinie, dass Geld-aus-Geld-Geschäfte grundsätzlich nicht erlaubt sein sollen. Mit Lucas Zeise teile ich die Ansicht, dass »der dringlichste Aspekt der Regulierung des Finanzsektors seine Schrumpfung« ist. Für die einzelnen Spieltische folgen nun maßgeschneiderte Alternativvorschläge (oder folgten bereits), wie die Unternehmensfinanzierung, Rohstoffpreis- und Wechselkursstabilität oder die Finanzierung öffentlicher Schulden anders und besser erreicht werden kann.

1. Allgemeine Regulierungsvorschläge

Zuvor fasse ich noch die wichtigsten Vorschläge der Regulierungsdiskussion zusammen, die »quer« für alle Derivate-Kategorien gelten würden oder wichtige Einzelaspekte betreffen. Sie könnten unabhängig von den folgenden großen Alternativen einzeln umgesetzt werden:

– Zugelassene Derivat-Geschäfte müssen an beaufsichtigten Börsen stattfinden und mit hohem Eigenkapital unterlegt werden, das von der Finanzaufsicht zu bestimmen ist.[11]

– Derivat-Geschäfte außerhalb der beaufsichtigten Börsen (OTC) werden entweder verboten oder es wird ihnen der Rechtsschutz entzogen. Jakob von Uexküll schreibt: »Spielschulden sind Ehrenschulden, die nicht einklagbar sind. Sobald dies auch für Finanzwetten gilt, schrumpft der Markt schnell auf ein Minimum des heutigen Volumens. Da bedarf es dann keines Verbotes bestimmter Spekulationsgeschäfte mehr.«[12]

– Um die Macht der Rating-Agenturen zu schwächen, wäre es ein einfacher und einleuchtender Schritt, sie aus den Gesetzen und öffentlichen Institutionen zu verbannen, argumentiert Werner Rügemer: »Aus den nationalen und internationalen Regelwerken und Gesetzen, aus dem IWF und der Bank für Internationalen Zahlenausgleich, aus der Security and Exchange Commission (SEC), aus der Deutschen Bundesbank und der Finanzaufsicht (BAFin), aus der Europäischen Zentralbank usw.«[13]

– Die Stimmrechte für Aktien könnten an eine Mindesthaltedauer von fünf bis zehn Jahren gekoppelt sowie eine Mindesthaltedauer von einem Jahr vorgeschrieben werden. Den ersten Vorschlag unterstützt auch die Schweizer Management-Koryphäe Fredmund Malik: »Es ist ihr gutes Recht, nur an der kurzfristigen Rendite interessiert zu sein, aber sie können das Unternehmen dann nicht in die falsche Richtung lenken.«[14]

2. Aktien → Regionale Gemeinwohl-Börsen

Ich habe bereits dargelegt, dass das Finanzvermögen im Verhältnis zur realen Wirtschaftsleistung immer größer wird, das »Angebot« an Investitions- oder Finanzierungskapital steigt. Somit müsste sein Preis auf funktionierenden Märkten beständig fallen. Doch Preisverhältnisse sind Machtverhältnisse, und Angebot und Nachfrage sind Machtfaktoren. Wenn zum Beispiel eine relevante Zahl von EigentümerInnen einer Aktiengesellschaft eine bestimmte Rendite durchsetzt, ist gleichgültig, ob es die zwei- oder dreifache Menge an NachfragerInnen nach dieser Aktie gibt. Den Anteil der Gewinne, der an die EigentümerInnen ausgeschüttet wird, wird oft von einer Minderheit von starken EigentümerInnen bestimmt. Ein Angestellter von Siemens erzählte, dass im Konzern eine Rendite von sechzehn Prozent Mindeststandard für neue Produktentwicklungen sei. Er selbst habe eine Innovation im Bereich erneuerbarer Energien entwickelt, die eine Finanzrendite von fünfzehn Prozent gebracht hätte – sie wurde nicht genehmigt, weil die Finanzrendite zu gering war. Wären andere EigentümerInnen bereit gewesen, sich mit einer Rendite von fünf Prozent zu begnügen, wenn Siemens dafür gezielter auf erneuerbare Energiequellen umgestiegen wäre? Wir wissen es nicht, weil die gegenwärtigen und nicht die potenziellen EigentümerInnen das Sagen haben. Die großen Anteilhaber sind in der Regel »institutionelle Investoren« – Pensions-, Hedge-, Private-Equity- oder Staatsfonds –, die eine sehr homogene Renditevorstellung teilen. Wenn es dann heißt, »die Märkte« fordern siebzehn Prozent Rendite auf das investierte Kapital, dann ist es die kartellartige Meinung der Großinvestoren, welche den Auftrag haben, das Vermögen ihrer KundInnen mit einer möglichst hohen Finanzrendite zu vermehren. Es geht dabei nicht mehr um Sinn, Bedürfnisbefriedigung, Lebensqualität oder Gemeinwohl – um die eigentlichen Ziele des Wirtschaftens –, sondern um Geld-aus-Geld: Finanz-Kapitalismus. Wenn die Verfassungen demokratischer Staaten aussagen, dass die Wirtschaft dem Gemeinwohl dient, dann ist dieser real existierende Kapitalismus verfassungswidrig.

Eine Alternative zur kapitalistischen Börse ist die regionale Gemeinwohl-Börse: Sie würde – analog zum Bankensektor, der idealiter Finanzvermögen aus der Region als *Fremdkapital* zu den regionalen Unternehmen führt – *Eigenkapital* aus der Region zu den regionalen Unternehmen leiten. Mit zwei entscheidenden Unterschieden: 1. Die Unternehmensanteile können nicht gehandelt werden; es entsteht kein Börsenkurs, die Spekulation auf steigende oder fallende Kurse ist ebenso zu Ende wie Aktienoptionen alten Stils, welche Manager dafür belohnen, dass ein bestimmtes Kursziel erreicht wurde. Unternehmensanteile können nur zurückgegeben werden – nicht jederzeit, sondern zu festgelegten Bedingungen, wie z. B. ausreichend vorhandenes Eigenkapital des Unternehmens oder das Mitbringen einer NachfolgerIn. 2. Es gibt keine Finanzrendite. Das wäre eine bahnbrechende Änderung der Flussrichtung von Geld. Heute ist die Finanzrendite das allüberragende Investitionsmotiv, der entscheidende Allokationsfaktor. Geld ist aber nur das Mittel des Wirtschaftens, und Mittelrückfluss als Zweck des Investierens ist kein sinnvolles Motiv. Welche Motive könnten an die Stelle der Finanzrendite treten? An die Stelle der »bottom-line«, des Finanzrückflusses, könnte eine »Skyline« treten, eine »Triple Skyline«:

1. **Sinn.** Wenn ich keine Finanzrendite mehr erhalte, werde ich mein Geld nur in solche Unternehmen investieren, deren Existenz mir besonders wichtig ist: Trinkwasser, erneuerbare Energie, biologisches Saatgut, Sozial- und Bildungseinrichtungen, gemeinwohlorientierte Banken ... Ich ermögliche durch meine Kapitalbeteiligung die Existenz dieser Unternehmen.

2. **Nutzwerte/Bedürfnisbefriedigung.** Ich kann dann auch die Leistungen dieser Unternehmen in Anspruch nehmen. Ohne mein »großzügiges« Investment gäbt es eben kein Saatgut, kein Trinkwasser, keinen Solarstrom, keine SeniorInnenpflege, keine Software und kein Girokonto bei einer »Good Bank«.[15]

3. **Ethik.** Mit dem Abschmelzen der Finanzrendite gewinnt gegengleich die »ethische Rendite« an Bedeutung: Es fließen andere Werte zurück. Je humaner, kooperativer, ökologischer und demo-

kratischer ein Unternehmen sich verhält und organisiert, desto attraktiver wird es für gemeinwohlorientierte Finanzinvestoren werden. Zur Beurteilung der »ethischen Performance« des Unternehmens dient die Gemeinwohl-Bilanz, welche misst, wie sehr ein Unternehmen die häufigsten Verfassungswerte westlicher Demokratien lebt: Menschenwürde, Gerechtigkeit, Nachhaltigkeit, Solidarität und Demokratie. Je besser das Gemeinwohl-Bilanz-Ergebnis ausfällt, desto mehr Kapital wird das Unternehmen anziehen. Das ergibt Sinn: Die ethischsten Unternehmen kommen am leichtesten zu Geld – genau umgekehrt wie heute!

Diese »Triple Skyline« – Sinn, Nutzwerte, Ethik – sind wie Silber, Gold und Diamanten. Sie verkörpern die Ziele und Werte des Wirtschaftens, nicht die Mittel! Sie sind die Werte, zu deren Schaffung die bayerische Verfassung genauso verpflichtet wie das Grundgesetz, das die Gemeinwohl-Pflicht von Eigentum vorschreibt.

Zu dieser nichtfinanziellen Dreifach-Rendite kommt noch, gleich wie heute, ein vierter Vorteil dazu: **Mitsprache.** Als MiteigentümerIn kann ich das Unternehmen mitgestalten. Trotz dieser Vorteilsfülle mögen manche – aus purer Gewohnheit – denken: Wie naiv ist es denn zu glauben, dass Menschen ihr Finanzvermögen in ein Unternehmen investieren und dabei auf eine Finanzrendite verzichten? Einige Antworten:

1. Ein Unternehmen sollte grundsätzlich keine Geldanlage sein, sondern eine Einrichtung zur Bedürfnisbefriedigung (Ziel des Wirtschaftens), das der InvestorIn nicht das Produktionsmittel in größerer Menge zurückgibt, sondern qualitätsvolle Produkte und erfüllende Arbeit! Das ist sein Sinn und Zweck, gestützt durch die Verfassungen. Das sehen auch viele ÖkonomInnen wie zum Beispiel Stephan Schulmeister so: »Wirtschaften ist kein Selbstzweck, sondern sollte darauf abzielen, die Bedingungen für ein ›gutes Leben‹ zu verbessern.«[16]

2. Entgegen der Darstellung des kapitalistischen Menschenbildes, das auf den wirtschaftlichen Fakultäten der Universitäten dieser Welt verbreitet wird – ÖkonomiestudentInnen verhalten sich in Experimenten egoistischer als der Bevölkerungsdurchschnitt,

weil sie das ideologische Menschenbild des »homo oeconomicus« annehmen[17] –, agieren viele Menschen mehr sinnorientiert als renditeorientiert und sind bereit, auf eine Finanzrendite zu verzichten, wenn ihr Investment Sinn generiert und sie qualitätsvolle Produkte und ein Mitspracherecht im Unternehmen erwerben. Die in der »Global Alliance for Banking on Values« zusammengeschlossenen Banken haben bereits heute zusammen gut zehn Millionen KundInnen in 24 Ländern. Allein für Deutschland schätzen ExpertInnen das Potenzial auf acht bis zwölf Millionen Menschen, die bereit sind, ihr Geld alternativ und sinnvoll zu veranlagen.[18]

3. Es ist ausreichend, dass ein Bruchteil des Finanzvermögens den Unternehmen als renditefreies Eigenkapital zur Verfügung gestellt wird, da das Finanzvermögen ein immer größeres Vielfaches der Realwirtschaft und damit des maximal benötigten Eigenkapitals ausmacht. Dieser Bruchteil wird sogar immer geringer. In der Übergangsphase von den heutigen Extremrenditen bis zur renditefreien Gemeinwohl-Ökonomie können die Finanzrenditen langsam abschmelzen, dieser Prozess wird durch die Gemeinwohl-Bilanz unterstützend begleitet.

4. Dass Unternehmen auf Dauer und systemisch das Produktionsmittel Geld den Investoren in größerer Menge zurückgeben (»Rendite«), als diese hineingegossen (»investiert«) haben, ist gar nicht möglich, weil nicht alles Finanzvermögen vermehrt werden kann, wenn es ein immer größeres Vielfaches als die Wirtschaftsleistung ausmacht. *Das* zu glauben wäre naiv.

5. Wenn es keine Investment-Alternativen mit Finanzrendite gibt, nirgendwo, nimmt die »Eigentumsfreiheit« eine neue Bedeutung an: Zumal ich nirgendwo eine Finanzrendite erhalte, alloziere ich mein Finanzvermögen dort, wo es den größten Sinn stiftet und den größten ethischen Mehrwert generiert. Ich entscheide, dass dieses Unternehmen gefördert wird und nicht ein anderes. Die sinnvollsten und ethischsten Unternehmen erhalten auf diese Weise am einfachsten Geld, wodurch sie leichter rentabel werden oder bleiben, obwohl sie sich höhere Kosten aufbürden als weniger gemeinwohlorientierte Unternehmen. Im Kapita-

lismus läuft es anders: Das renditestärkste Unternehmen erhält am leichtesten Geld, egal, was es tut und wie.

Die regionalen Gemeinwohl-Börsen würden eine dreifache Funktion erfüllen und Dienstleistung erbringen:

1. Sie führen eine vollständige Liste, welche Unternehmen Eigenkapital aufnehmen möchten, und stellen diese auf standardisierte Weise (Kapitalmarkt-Prospekt) dar. InvestorInnen erhalten vollständige Informationen über alle Unternehmen der Region, die sich um Eigenkapital bewerben.

2. Sie helfen den Unternehmen bei der Prospekterstellung, um die Kosten zu minimieren. Heute stellt der vom Kapitalmarktgesetz geforderte Prospekt eine hohe und in manchen Fällen unüberwindbare Hürde dar, wie der Fall »Waldviertler« in Österreich exemplarisch zeigt. Das pumperlgsunde Unternehmen hatte von den Banken keinen Kredit erhalten und lieh sich bei den KundInnen für die Montage von PV-Panelen drei Millionen Euro. Da die Darlehen im »Sparverein« mit drei Prozent verzinst waren, fiel das Projekt unter das Kapitalmarktgesetz und hätte eines Prospekts bedurft, dessen Kosten derzeit teils prohibitiv hoch sind. Einen »Prospekt light« für KMU gibt es – derzeit – nicht.

3. Die Summe der dezentralen Regionalbörsen kann bei der Finanzierung von internationalen Großunternehmen zusammenwirken. Wer zum Beispiel ein globales Software-Unternehmen finanzieren möchte, das freie Software entwickelt, kann sich über die nächste regionale Gemeinwohl-Börse daran beteiligen. Das wäre eine Art »Crowd-Funding« für besonders wertvolle globale Projekte. Hingegen würden globale Unternehmen, die keinen erkennbaren Nutzen stiften, zu keiner Finanzierung kommen. Wer würde in Monsanto, die Deutsche Bank, Blackwater oder ExxonMobil investieren, wenn es keine Finanzrendite auf das Eigenkapital gäbe? Die tägliche kleine Bestechlichkeit und moralische Korruption durch Geld wäre um eine Facette ärmer.

Die Börsen könnten von den Gemeinden gemeinsam betrieben werden, von den Gemeinwohl-Banken einer Region oder als eigenständige Gesellschaft oder Genossenschaft entstehen.

3. Kreditmärkte → schließen

Kreditderivate sind ein extrem junges Phänomen der Wirtschafts-geschichte und eine Folge der Finanz- und Kapitalmarktliberalisierung der 1980er und 1990er Jahre. Es geht dabei um die Umwandlung von Krediten in Wertpapiere: Von Banken vergebene Kredite werden von Investmentbanken aufgekauft und gebündelt zu Wertpapieren »verbrieft« (»securitization«) und nach der Bewertung durch Rating-Agenturen an internationale Investoren verkauft, die damit auch das Kreditrisiko erben. In Boom-Zeiten, wenn kaum Kredite ausfallen, sind das rentable Investments. Doch wenn eine Flaute kommt oder eine Blase platzt oder beides zusammen, dann werden Verluste schlagend und es bricht ein weltweiter Katzenjammer aus. Investoren sitzen auf faulen Krediten, von deren Ausgangssituation sie nicht die geringste Ahnung haben. Damit es beim Ausfall eines Kreditderivates oder einer Staatsanleihe nicht zum Verlust des Investments kommt, wurden Kreditausfallsversicherungen, Credit Default Swaps (CDS), erfunden. Sie sind eine der jüngsten und am schnellsten wachsenden »Innovationen« im globalen Finanzcasino.

Der Markt für Kreditderivate ist in den USA in den 1980er und in Europa in den 1990er Jahren entstanden. 1998 lag das globale Handelsvolumen noch bei müden 350 Milliarden US-Dollar.[19] Bis 2007 rockte das Volumen auf 45 Billionen US-Dollar[20] – eine Ver-123-Fachung! Ein solches Wachstum kann nicht gesund sein. 2008 platzte die Blase. Erstmals.

Die erste Generation von Kreditderivaten war auf eine Handvoll Investmentbanken begrenzt, nach der zentralen Produktion wurde jedoch die halbe Welt mit dem »finanziellen Giftmüll« überschwemmt. Die Ausfallsversicherungen für Kredite (CDS) sind heute noch hochkonzentriert: Weltweit sind zehn Banken an mehr als siebzig Prozent aller Kontrakte beteiligt.[21] In den USA sind ganze vier Banken an 93 Prozent aller Derivate beteiligt![22] »Mit ›Markt‹ haben die angeblichen ›Finanzmärkte‹ rein gar nichts zu tun, denn der Wettbewerb ist komplett ausgeschaltet«, schreibt die Wirtschaftsjournalistin Ulrike Herrmann.[23]

Das Argument für die Entwicklung und In-Verkehr-Bringung

dieser Derivate ist, dass die Risiken, die von Banken eingegangen werden, »breiter gestreut« werden können. Doch wie die Welt eindrucksvoll erlebt hat, wurde das Risiko damit nicht minimiert, sondern potenziert – und ist in konzentrischen Kreisen – Immobilienkrise, Bankenkrise, Staatsschuldenkrise, Euro-Krise – zur aktuellen Finanzkrise angewachsen.

Sinnvoller als die weltweite Feinverteilung von »finanziellem Giftmüll« wäre es, das Halten eines Kredites derjenigen Bank vorzuschreiben, die den jeweiligen Kredit vergibt und gemeinsam mit der KreditnehmerIn das Risiko erzeugt. Das würde die Qualität des Kreditgeschäftes und der Kredite deutlich verbessern. Admati und Hellwig unterstützen diese These. Sie befinden, dass »die Qualität der Hypothekenkredite im neuen System [der Verbriefungen und des Handels] schlechter war als im alten (…) Betrugsfälle haben zugenommen, auch Zahlungsverzögerungen sowie Zahlungsausfälle. Bei Hypotheken, die nicht verbrieft wurden, gab es weitaus weniger Qualitätsprobleme.«[24]

Der »freie Weltmarkt für Finanzdienstleistungen« alias Finanzcasino bringt hier keine Verbesserung. Deshalb der Vorschlag: Dieser Spieltisch im globalen Finanzcasino, der Markt für Kreditderivate, sollte geschlossen werden. Wenn Kredite nicht gehandelt werden, braucht es auch keine Kreditausfallsversicherungen und keine Ratings für CDO: gleich noch ein Spieltisch eingespart und eine Finanzbürokratie abgespeckt.

Eine Ausnahme der Verlagerung des Kreditausfallsrisikos von der Bank auf Dritte sind Pfandbriefe. Diese werden jedoch von der Hypothekenbank selbst ausgegeben und sind in Deutschland so streng reguliert, dass laut Lucas Zeise »seit über hundert Jahren noch kein Pfandbrief notleidend wurde«.[25] Auch Bürgschaften sollten weiterhin erlaubt sein. Hier handelt es sich um Personen, die mit der KreditnehmerIn persönlich bekannt sind, oder solche, die ein großes Interesse daran haben, dass das Investment zustande kommt, und die dafür auch bereit sind, ein höchstpersönliches Risiko einzugehen. Im Gegensatz zur CDO kennt hier die BürgIn die KreditkundIn, das Motiv hinter der Transaktion ist kein Geld-aus-Geld-Geschäft, sondern ein solidarischer Freundschaftsdienst.

4. Staatsanleihen → Nutzung der Zentralbank

Für die Kreditfinanzierung des Staates wurde in Kapitel 4 ein stringenter Vorschlag gemacht. Der Markt für Staatsanleihen könnte damit ebenfalls geschlossen werden. Von vielen Seiten wird kritisiert, dass:

- es der EZB verboten ist, Staaten zu finanzieren, während sie Banken, die technisch insolvent sind, supergünstig refinanziert (und ohne Risikoprämie!);
- Staaten sich bei ebendiesen technisch k.o. spekulierten, aber bei von der staatlichen Zentralbank supergünstig refinanzierten Banken teuer verschulden müssen;
- Banken, die technisch k.o. sind, Versicherungen gegen den Bankrott derselben Staaten halten, die sie vor dem eigenen Bankrott bewahren mittels Rekapitalisierungen mit Steuergeld und öffentlichen Garantien.

So ein System ist eine Beleidigung von allem, was beleidigt werden kann. Offenbar ist sein einziges Ziel, den Interessen der Banken zu dienen. Ich plädiere deshalb für:

- die kostenlose Direktfinanzierung von Staaten durch die Zentralbank;
- dies aber begrenzt, um Ausgabenleichtsinn und Inflation zu verhüten (automatische Schuldenbremse);
- Abkoppelung aller nichtgemeinwohlorientierten Geschäftsbanken von der Zentralbank in Schritt eins; verpflichtende Gemeinwohlorientierung aller Banken in Schritt zwei;
- dadurch die fokussierte Erfüllung des Bankenkerngeschäfts durch die Geschäftsbanken: sichere Verwaltung der Geldein- und Sparanlagen; Vergabe realer Kredite.

Mit dem Verschwinden von Staatsanleihen aus dem globalen Finanzcasino fällt eine zweite Aufgabe für Rating-Agenturen weg. Und mit dem Ende des Ratings von Staatsschulden fällt eine Möglichkeit der spekulativen Attacke auf Staaten weg. Es ist eine spürbare systemische Entspannung zu erwarten.

Der einzige »Nachteil«, der oft ins Treffen geführt wird, ist die Sorge, wie denn für die Rente vorgesorgt werden kann, wenn es keine Staatsanleihen mehr gibt, in die man zur Rentenvorsorge investieren kann. Das Argument ist wahrlich kurios: Der Staat soll Schulden machen, damit das Grundrecht auf Kapitalverzinsung durchgesetzt werden kann. Ergebnis ist, dass in Deutschland jährlich fast siebzig Milliarden Euro Zinsen von den SteuerzahlerInnen an die GläubigerInnen des Staates umverteilt werden. Das kann nicht Aufgabe der Republik sein. Mehr dazu im nächsten Kapitel.

5. Devisen → Neues globales Währungsregime

Das Standard-Lehrbuch-Beispiel Nummer eins für die Legitimation von Finanzderivaten sind schwankende Wechselkurse. Die Begründung ist nachvollziehbar:»Realwirtschaftliche« AkteurInnen wie ExporteurInnen oder ImporteurInnen wollen sich gegen steigende oder sinkende Wechselkurse versichern, um verlässlich planen zu können. In einem Regime frei schwankender Wechselkurse, also»Preise für Währungen«, die sich auf Märkten nach Angebot und Nachfrage bilden, ist dieses Bedürfnis verständlich und berechtigt. Doch müssen die Währungen schwanken? Wie für fast alles gibt es auch hier Alternativen, nämlich stabile Wechselkurse im Rahmen einer globalen Währungskooperation, die in Kapitel 12 vorgestellt werden.

6. Rohstoffmärkte → Globales Rohstoffabkommen

Die Absicherung von LandwirtInnen gegen schwankende Rohstoffpreise ist das Standard-Lehrbuch-Beispiel Nummer zwei zur Legitimation von Derivaten. Wenn eine Getreidebäuerin mit einem bestimmten Abnahmepreis kalkuliert und eine besonders gute Ernte zu einem Verfall der Marktpreise führt, kann dies zum Ruin der Bäuerin führen. Deshalb versuchen viele Bäuerinnen, sich gegen das Risiko abzusichern – mit Rohstoffderivaten. Dagegen lässt sich nichts einwenden, außer, dass es zur Bildung der Gegenpositionen – jemand muss auf steigende Preise wetten – einer»SpekulantIn« bedarf. Alternativ könnte ein Versicherungssystem das Risiko unter den Bäuerinnen aufteilen und über die Jahre verteilen – dann fielen auch die Gewinne den Bäuerinnen zu anstatt den SpekulantInnen.

Beide Varianten – Absicherung mit Derivaten oder einer Versicherung – gehen jedoch davon aus, dass sich die agrarischen Rohstoffpreise auf Märkten bilden. Das muss nicht so sein. Eine grundlegende Alternative wären stabile Rohstoffpreise, die von einem demokratischen Gremium festgelegt werden. Gegen politisch festgelegte Preise gibt es derzeit heftigen Widerstand. Die BefürworterInnen des »freien Marktes« argumentieren, dass Angebot und Nachfrage die beste Form der Preisregulierung darstellen. So entstehe die »effizienteste Allokation von Ressourcen«. Doch es fragt sich, von welcher Effizienz hier gesprochen wird. Wenn Rohstoffpreise über Märkte gebildet werden, hat dies eine Reihe gravierender Nachteile:

- Die Preise sind oft extremen Schwankungen ausgesetzt, je nach Wetter, Ernte und Stabilität der Versorgungsinfrastruktur; sowohl die ErzeugerInnen als auch die EinkäuferInnen müssen sich permanent teuer – mit Derivaten – absichern.
- Die Verteilung läuft grundsätzlich schief: Die Rohstoffe fließen weder in die sinnvollsten Branchen noch zu den bedürftigsten Menschen, sondern zu den EinkäuferInnen mit der stärksten Kaufkraft – egal, was diese damit machen.
- Umgekehrt fallen bei einer Angebotsschwemme an agrarischen Rohstoffen die Marktpreise so tief, dass die ErzeugerInnen nicht oder nicht mehr würdig davon leben können oder zu extremer Rationalisierung gezwungen sind (z.B. Milchwirtschaft oder Baumwolle), was auf Kosten der Natur geht.
- Die Knappheit von Rohstoffen wird nicht kontinuierlich und vorausschauend, sondern viel zu spät und jäh eingepreist – wenn die Vorkommen nahe der Erschöpfung sind und eine Umstellung der Wirtschaft nicht mehr ohne große Brüche möglich ist.
- Die ökologischen Belastungen der Rohstoffentnahme oder der agrarischen Produktion werden – ohne politische Intervention – gar nicht eingepreist.

Märkte versagen bei der Preisbildung für Rohstoffe mehrfach. Deshalb sollte ein alternatives System zumindest diskutiert werden. Ich möchte hier ein neues Paradigma vorstellen, das auf den Werten Nachhaltigkeit, Menschenwürde und Gerechtigkeit beruht. Wirklich »freies« Wirtschaften kann sich erst entfalten, wenn diese Grundwerte gesichert sind. Die Überlegung lautet: Rohstoffe sind Geschenke der Natur. Der Mensch hat weder die Kaffee- oder Kakaobohne erfunden noch das Gold, Eisenerz, Aluminium oder Kupfer. Das »Naturwunder« des kostenlosen Vorhandenseins dieser Schätze sollte mit größtmöglicher Achtsamkeit, Wertschätzung und Ehrfurcht[26] wahrgenommen werden. Gegenwärtig eignet sich die Menschheit die Rohstoffe der Erde, die sie nicht geschaffen hat, mit einer Unachtsamkeit, Rücksichtslosigkeit und Undankbarkeit an, dass es ein grundlegend neues Paradigma im Umgang mit den – begrenzten und ökologisch sensiblen – Schätzen der Erde braucht.

Man könnte sagen: Natürliche mineralische und agrarische Rohstoffe sind – ähnlich dem Geld – ein globales öffentliches Gut, das nur nach ganz bestimmten Regeln gefördert, verarbeitet, verteilt, konsumiert und in die ökologischen Kreisläufe rückgeführt werden darf. Vier zentrale Aspekte dabei sind: die ökologische Begrenzung der Entnahme, die Preisfestlegung, die global gerechte Verteilung und die ökologisch verträgliche Rückführung. Märkte versagen in allen vier Zielsetzungen vollständig. Hier der Alternativvorschlag:

Mengensteuerung: Ein globales Rohstoffabkommen im Rahmen der Vereinten Nationen – ähnlich dem globalen Abkommen über den Klimaschutz oder die Artenvielfalt – steuert die Entnahmemenge bei kritischen Rohstoffen. Nationalstaaten geben ihre Souveränität teilweise auf, weil die Rohstoffe nicht ihr »Eigentum« sind, sondern gemeinsames Erbe der Menschheit. Allerdings unter der Bedingung, dass die globale Verteilung im Rahmen der UNO nach demokratisch vorgegebenen und von den Souveränen abgestimmten Prinzipien geregelt wird. Zum Beispiel:

a) Bei *nichterneuerbaren* Rohstoffen, welche keine relevanten Schädigungen der Ökosysteme verursachen, wird die globale Entnahme so begrenzt, dass die globalen Vorräte für mindestens weitere sieben Generationen der Menschheit ausreichen.

b) Bei *ökologisch problematischen* Rohstoffen, deren Verarbeitung oder Rückführung die Ökosysteme oder das Weltklima beeinträchtigen, wird die globale Entnahme auf ein Maß begrenzt, sodass es zu keiner nennenswerten Beeinträchtigung der Ökosysteme und des Ökosystems Erde kommt (z. B. Schwermetalle, Kohlendioxid).

c) Bei (regional) erneuerbaren und ökologisch unproblematischen Rohstoffen bedarf es keiner Mengensteuerung (z. B. Schotter, Sand, Holz).

d) Wenn *indigene Bevölkerungen* in der Nähe oder an den Fundorten der Rohstoffe leben, werden sie in die Entscheidung darüber, ob überhaupt gefördert wird, und wenn ja, unter welchen Bedingungen, eingebunden (Öl, Gold, Bauxit).

e) Um Überproduktion bei agrarischen Rohstoffen zu verhindern, werden Produktionsquoten festgelegt (z. B. Kaffee, Baumwolle, Milch).

Preisfestlegung: Die Preisfestlegung bei mineralischen Rohstoffen erfolgt so, dass die Rohstoffunternehmen ihre Kosten inklusive Investitionen und Forschungsausgaben decken können.

f) Bei agrarischen Rohstoffen, die dem Lebensunterhalt der Bäuerinnen dienen (Kaffee, Kakao, Baumwolle, Milch), werden die ErzeugerInnenpreise so festgelegt, dass die Bäuerinnen bei kleinteiliger (größenbegrenzter) und ökologisch nachhaltiger Produktion gut davon leben können. Nach einem Übergangszeitraum werden nur noch Erzeugnisse aus ökologischer Produktion zum Weltmarkt zugelassen, oder die Zollhöhe variiert je nach Gemeinwohl-Bilanz-Ergebnis des Agrarbetriebes.

g) Um das Menschenrecht auf Ernährung sicherzustellen, müssen Grundnahrungsmittel (z. B. Reis, Mais, Getreide) überall auf der Welt für alle Menschen zugänglich sein – durch Preisobergrenzen oder Nahrungsmittelsubventionen, aber auch durch die gerechtere Verteilung von fruchtbarem Ackerland.

h) Um Überproduktion bei agrarischen Rohstoffen zu verhindern, können Quoten für Staaten und Regionen sowie Größengrenzen für Betriebe festgelegt werden.

Keiner dieser bisherigen Gedanken ist vollkommen neu. Es gab und gibt zum Beispiel:

– **Globale Rohstoffabkommen:** Unter dem Dach der UNCTAD wurde 1980 der Gemeinsame Fonds für Rohstoffe gegründet, um die Preisvolatilität bei Rohstoffen zu senken und die Märkte zu stabilisieren. Dem Abkommen gehören 105 Staaten an. Deutschland ist Mitglied in den Abkommen für Kaffee, Olivenöl (seit 1963), Kakao, Zucker (seit 1973), Tropenholz und Getreide (seit 1995). Der Fonds wurde auf Initiative der armen UN-Mitglieder eingerichtet, wird aber von den Industriestaaten blockiert, weil diese durch Konkurrenz unter den Erzeugerländern auf billigere Rohstoffe hoffen.

– **Mengenregulierung:** In der EU gibt es bis 2015 Länderquoten für die Milcherzeugung (Produktions- oder Verarbeitungsquoten), damit es nicht zu extremer Überproduktion kommt. Infolge des Marktfundamentalismus laufen diese Quoten 2015 aus.

– **Preisregulierung:** Bis in die 1950er Jahre waren in Deutschland Nahrungsmittelpreise reguliert. In der Regierungserklärung 1949 sprach Kanzler Adenauer von »Preisen, die Produktionskosten gut arbeitender Durchschnittsbetriebe decken und gleichzeitig auch den Minderbemittelten den Kauf dieser Produkte gestatten«.

– **Agrarreformen:** Sind ein häufiges Phänomen in der Geschichte. Sie wären eine wichtige Antwort auf nicht nachhaltig genutzten oder brachliegenden Großgrundbesitz und »Landgrabbing«.

Ansätze der politischen Rohstoffregulierung sind also in allen Aspekten Realität. Manche LeserInnen werden sich dennoch denken, dass dieser Vorschlag vollkommen utopisch und »politisch nicht umsetzbar« ist, weil die Regierungen der Nationalstaaten nicht bereit sind, ihre »nationalen Interessen« zurückzustellen oder lieber Regeln im Interesse der Rohstoffkonzerne erlassen als im öffentlichen Interesse und es deshalb nie zu einer globalen Übereinkunft kommen wird, die zwar für alle von Vorteil wäre, aber an kurzfristigen Profitinteressen scheitert. Dazu einige Überlegungen:

– Das Bewusstsein der Regierungen ist nicht das Bewusstsein der Bevölkerungen. Gerade in Ökologie- und Verteilungsfragen zeigt sich, dass die Bevölkerung oft anders denkt und entscheidet als ihre Vertretung. In Österreich, Italien und Litauen sprach sich die souveräne Bevölkerung in Volksabstimmungen gegen die Nutzung von Kernkraft und somit für den Vorrang der Ökologie vor Profitinteressen aus (im Gegensatz zu ihren Regierungen). In Island schrieb die Bevölkerung fest, dass die Rohstoffe öffentliches Gut seien und nicht Privateigentum. In den jungen Verfassungen Boliviens und Ecuadors wird der Natur sogar ein Eigenwert zugestanden. Das kommt einer Revolution im Naturverständnis und -verhältnis gleich. Weltweit wachsen Strömungen wie Tiefenökologie, Ökophilosophie, Permakultur, Transition Town und ähnliche Ansätze. Kapitalismus und Marktwirtschaft haben zum Thema Ökologie und knappe Ressourcen außer der Standardformel »Angebot(smacht) und Nachfrage(macht) regeln das« nichts anzubieten.

– Das »nationale« oder »ethnische« Bewusstsein ist zweifellos immer noch weit verbreitet. Doch gleichzeitig entsteht weltweit ein globales Bewusstsein. Immer mehr Menschen erkennen die Weltprobleme und suchen nach globalen Lösungen. Sie wechseln von der Politik der nationalen Interessen zu einer ökologisch nachhaltigen und verteilungsgerechten »Weltinnenpolitik«. Der Anteil dieser Menschen wächst weltweit ähnlich, wie einst der Anteil der Menschen, die Demokratie statt Monarchie wollten, langsam wuchs bis zur Mehrheitsfähigkeit.

– Für den Fall, dass der erwähnte Vorschlag noch nicht mehrheitsfähig sein sollte, schließen sich diese Staaten vorerst nicht dem globalen Abkommen an – das wäre keine Verschlechterung zum gegenwärtigen Zustand. Beim Klimaschutzabkommen, das von vielen Staaten ratifiziert ist, aber noch lange nicht von allen, findet gegenwärtig genau diese Entwicklung statt. Wäre es besser, es gäbe gar keine internationale Klimaschutzpolitik?

– Die internationale Politik würde sich mit Sicherheit grundlegend ändern, wenn die Regierungen nicht die ihnen nächsten Interessen oder Minderheiten bedienen, sondern mit einem bindenden Mandat der Bevölkerung (Volksabstimmung, demokratische Geldordnung) handeln und verhandeln müssten. Dann würden vermutlich mehr globale Umweltschutzabkommen abgeschlossen werden und die Menschheit die Idee, dass Naturgüter ein öffentliches Gut sind, ebenso umsetzen wie die Idee, dass Geld ein öffentliches Gut ist.

Dass das Bewusstsein anderswo schon weiter entwickelt ist als in Europa und Nordamerika, zeigt ein abschließender Blick in die Verfassung Ecuadors. Artikel 408 lautet: »Die nichterneuerbaren natürlichen Rohstoffe im Allgemeinen und die Bodenschätze, mineralische und fossile Lagerstätten, Substanzen, die andere Eigenschaften besitzen als die Erde, einschließlich jener, die sich unter dem Meer befinden oder in Küstenzonen; sowie die Biodiversität und ihr genetischer Reichtum und das radioelektrische Spektrum sind unveräußerliches, unverjährbares und unverpfändbares Eigentum des Staates. Diese Güter können nur unter strikter Einhaltung der in der Verfassung festgelegten Prinzipien gefördert werden.« Wenn man hier den Staat Ecuador ersetzt durch die internationale Staatengemeinschaft, ist der erste Baustein für ein globales nachhaltiges Rohstoffabkommen schon geschrieben.

Auch der von der isländischen Bevölkerung mit Zwei-Drittel-Mehrheit angenommene Verfassungsentwurf eines direkt gewählten Volkskonvents wurde in einem ähnlichen Geist verfasst: »Die Naturressourcen Islands, die sich nicht im Privateigentum befinden, sind gemeinsames und dauerhaftes Eigentum der Nation. Niemand kann die Naturressourcen oder mit ihnen verbundene Rechte als Eigentum oder für unbegrenzte Nutzung erwerben, und sie können nicht verkauft oder verpfändet werden. Naturressourcen im öffentlichen Eigentum umfassen Meereslebewesen, andere Schätze des Ozeans und den Meeresboden innerhalb der Wirtschaftszone Islands sowie die Wasserressourcen und Wassernutzungsrechte, die Rechte der Geothermie und des Bergbaus (…) Bei der Nutzung natürlicher Ressourcen sollen nachhaltige Entwicklung und das öffentliche Interesse als Leitlinien dienen.«[27]

9. SICHERE RENTEN

Und wir müssen anerkennen und aussprechen, dass die Alters-
entwicklung unserer Gesellschaft, wenn wir jetzt nichts ändern, schon
zu unseren Lebzeiten dazu führen würde, dass unsere vorbildlichen
Systeme der Gesundheitsversorgung und der Alterssicherung nicht
mehr bezahlbar wären. Was wir heute beweisen müssen, ist der
Mut, Neues zu wagen. Dabei werden wir uns von manchem, was uns
lieb – und leider auch· teuer – geworden ist, verabschieden müssen.

Gerhard Schröder[1]

Allein dass man sagt, die Pensionen sind
gesichert, ist lächerlich. Jeder weiß, dass sie nicht
gesichert sind, auch die Bevölkerung weiß das.

Georg Kapsch[2]

Die »bewusstlose« Rolle, die Geld heute zukommt, kann am Beispiel der Rentendiskussion anschaulich dargestellt werden. Das
in diesem Buch (wie auch schon zuvor in der »Gemeinwohl-Ökonomie«) vorgeschlagene »Ende aller Kapitaleinkommen« wird von
sehr vielen Menschen gar nicht für sich geprüft, abgewogen und
bewertet, sondern führt zu einem Angst-Reflex: »Und womit soll
ich dann meine Rente bestreiten?« Obwohl Kapitaleinkommen nur
zehn Prozent der Bevölkerung nützen, glaubt – seit dem Beginn der
Rentenprivatisierung – ein viel größerer Teil, dass er ohne Zinsen,
Dividenden und Kursgewinne der Altersarmut preisgegeben wäre.
Dieses Meinungsbild ist ein absoluter Erfolg der kapitalistischen
Ideologie (im Allgemeinen und der Versicherungsindustrie im Speziellen): Ohne Finanzrenditen sind wir verloren. Eigentlich müssten alle lachen, doch die Angst hat uns fest im Griff. In diesem Kapitel möchte ich zeigen, dass

– die umlagefinanzierte Rente und der Generationenvertrag auch
  in Zukunft problemlos finanzierbar sind;
– die demografische Bombe nicht das Problem ist – zumindest
  nicht für die umlagefinanzierte Rente;

- die Rentenvorsorge über die Kapitalmärkte die in allen Aspekten schlechtere Alternative ist;
- die politische Förderung der Privatvorsorge ein tiefer Schnitt ins eigene Fleisch ist;
- es eine ganze Reihe von Möglichkeiten gibt, die »Rentenlücke« zu schließen – ohne Kapitalren(di)te.

Die umlagefinanzierte Rente ist problemlos finanzierbar

Die Rentenfalle ist vergleichbar mit der Binnenmarkt-Großbanken-Falle. Das Ausmaß der Täuschung und Manipulation der Öffentlichkeit, das den Regierungen – in Deutschland der rot-grünen, in Österreich der rot-schwarzen und der schwarz-blauen – gelungen ist, ist vergleichbar mit dem Täuschungsmanöver, einen effizienten EU-Finanzmarkt anzukündigen und stattdessen systemrelevante Banken zu erschaffen. Auch mit der Rentenreform wurden nicht sichere Renten geschaffen wie verheißen, sondern ein Eldorado mit hohen Umsätzen und Gewinnen für Banken und Versicherungskonzerne.

Der Streich gegen die umlagefinanzierten Rentensysteme begann mit einem pseudowissenschaftlichen Alarm: Die Bevölkerung altere, bald müsse jeder Erwerbstätige eine PensionistIn finanzieren – unmöglich, untragbar! Also müsse eine Alternative gefunden werden: Privatisierung und Umstellung auf das sogenannte »Kapitaldeckungsverfahren«. Mit der Überlegenheit einer finanzmarktbasierten Rente kämen die Vorsorgenden in den Genuss der hohen Renditen (hahaha!) liberalisierter Finanzmärkte und würden dadurch der demografischen Falle entkommen (prust!). Die Lemminge wurden mit Angstparolen in die Spekulationsfalle gelotst. Mit Bevölkerungsprognosen, die bis zu fünfzig Jahre (!) in die Zukunft reichen, was ungefähr so seriös ist wie die Vorschau auf das Wetter in vier Monaten, wurde das Narrativ der »demografischen Bombe« eingepflanzt. Wiederholung ist die Mutter der Manipulation, und was zu lernen war, wurde brav verinnerlicht: Die umlagefinanzierte Rente sei unfinanzierbar und müsse durch die Privatvorsorge »ergänzt« werden, die »Rentenlücke« mit Finanzrenditen »gefüllt« werden.

Ist die umlagefinanzierte Rente tatsächlich unfinanzierbar? Das Umlageverfahren in der öffentlichen Rentenversicherung beruht auf dem Vertrag zwischen den Generationen: Die Generation der gegenwärtig Erwerbstätigen bezahlt mit Versicherungsbeiträgen und Steuern die Renten der im Ruhestand befindlichen Generation – und erwirbt mit dieser Leistung den Anspruch, dass die nachfolgende Generation, wenn sie selbst eines Tages in den Ruhestand tritt, für ihre Rente aufkommt. Ob dieser Generationenvertrag »hält« und finanzierbar ist, hängt zwar auch von der Demografie ab, also vom Verhältnis Jung zu Alt, aber beileibe nicht ausschließlich. In Summe sind es zehn (!) Faktoren, die über die bessere oder schlechtere Finanzierbarkeit der Umlagerente entscheiden: Einkommensniveau, Produktivitätsentwicklung, Erwerbsbeteiligung (Erwerbsquote), Arbeitslosigkeit, Lohnquote, Rentenbeitragssatz, Steuerzuschuss, Gesundheitszustand, Rentenantrittsalter und Lebenserwartung! Einer davon sagt nicht besonders viel aus. Das wäre so, als würde man einer ZehnkämpferIn das Ende der Karriere attestieren, weil sie in einer Disziplin nachlässt. Damit will gesagt sein: Die Alterung der Bevölkerung ist kein Märchen, sie findet statt. Aber erstens, seit über hundert Jahren. Ohne dass die Rente immer mickriger geworden wäre, sondern ganz im Gegenteil immer höher. Weil zweitens die Betrachtung eines von zehn Faktoren einfach zu wenig ist. In Bangladesch kommen auf eine RentnerIn 29 Erwerbstätige: Wollen Sie Ihre deutsche Rente oder österreichische Pension gegen die aus Bangladesch tauschen? Eben. Am Verhältnis zwischen Jung und Alt allein kann es also nicht liegen. Wenn diese – zugegebenermaßen komplexen – Sachverhalte von den Medien allerdings nicht transportiert werden, sondern allein die Alarmrufe ausgewählter ExpertInnen, entsteht in der Bevölkerung, unterfüttert mit der Artillerie der Werbepropaganda der Versicherungsindustrie, Rentenangst. In Österreich begann die Rentenunsicherheit mit einer Studie des deutschen Wirtschaftsweisen Bernd Rürup, der später Chefökonom von AWD wurde. Rürup errechnete 1997, dass 2030 in Österreich jeder Erwerbstätige eine RentnerIn

(PensionisIn) erhalten müsse. Alternativ zu entsprechenden Leistungskürzungen hätte der Beitragssatz von 22,3 auf 31 Prozent des Bruttoeinkommens steigen müssen (im Schnitt der drei Pensionsversicherungen). Zwei ausgewiesene RentenexpertInnen aus Österreich, beide vom Wirtschaftsforschungsinstitut, machten sich die Mühe, die Rürup'sche Langzeitprognose unter die Lupe zu nehmen.[3] Sie fanden heraus, dass Rürup einige höchst unwahrscheinliche Annahmen getroffen hatte, die zum Horrorszenario führten: zum Beispiel die, dass die in Österreich extrem niedrige Erwerbsbeteiligung auch die nächsten 33 Jahre auf für europäische Verhältnisse atypisch niedrigem Niveau verharren würde. Obwohl gerade die – unbestrittene – Alterung der Bevölkerung dazu führt, dass ein größerer Teil der – schrumpfenden – Aktivbevölkerung für die Erzeugung des Wirtschaftsprodukts benötigt würde. Konkret hätte es ausgereicht, dass die Erwerbsquote in Österreich das in Dänemark oder Norwegen bereits 1997 erreichte Niveau egalisierte, damit der Beitragssatz nicht auf 31, sondern nur auf 25 Prozent ansteigen müsste, um die Pensionsleistungen auf unverändert hohem Niveau zu halten. Die Steigerung von 22,3 auf 25 Prozent Beitragssatz zwischen 2000 und 2030 wäre ein geringerer Anstieg gewesen als dessen Steigerung zwischen 1970 und 2000, nämlich von siebzehn auf 22,3 Prozent.

Doch die beiden ExpertInnen des Wirtschaftsforschungsinstituts wurden so gut wie nicht beachtet. Stattdessen führte der Kombinationsjournalismus aus Werbeeinschaltungen (Baby zu Eltern: »Ich bin keine Pensionsvorsorge!«) und redaktionellen Berichten dazu, dass die Pensionsangst der Bevölkerung langsam, aber sicher aufgeschaukelt wurde. »Schon fünfzig Prozent der Jugendlichen glauben, dass ihre Pension nicht mehr sicher ist.« Es klang wie eine Erfolgsmeldung. Das absurdeste an den Horrorprognosen war, dass damals alle Berechnungen von einem langfristigen Produktivitäts- und Wirtschaftswachstum von eineinhalb bis zwei Prozent ausgingen. Das hätte beinahe eine Verdoppelung von Wirtschaftsleistung und Realeinkommen zwischen 2000 und 2030 bedeutet. Diese Annahmen wurden von allen geteilt, inklusive Rürup und anderen ExpertInnen der Versicherungsindustrie. Das hätte aber bedeutet, dass, selbst wenn der Beitragssatz auf 31 Prozent angestiegen wäre, dieser von einem real um achtzig Prozent höheren Einkommen abgeliefert worden wäre. Im Jahr 2000 bedeuteten 22 Prozent Beitragssatz von einem realen Einkommen von hundert Euro ein verbleibendes verfügbares Einkommen von 78 Euro. Im Jahr 2030 hätte ein reales Einkommen von 180 Euro bei einem Beitragssatz von 22 Prozent ein verbleibendes Einkommen von 140 Euro, bei einem Beitragssatz von 31 Prozent von 124 Euro bedeutet. Das gesamte Spektrum der Prognosen – vom günstigsten Minimum bis zum Rürup'schen Horrorszenario hätte sich zwischen 124 und 140 Euro 2030 statt 78 Euro 2000 bewegt – bei gleicher Kaufkraft! Wo ist das Megaproblem, wo die Bombe?

Zugestanden: Diese Rechnung impliziert, dass die Realeinkommen tatsächlich ansteigen, was nicht garantiert ist und in den letzten Jahren auch nicht der Fall war. Aber kein an der Rentendebatte Beteiligter hat diese Annahme je in Frage gestellt – und trotzdem der Terror! Bei einer sehr viel ungünstigeren Annahme von einem jährlichen Zuwachs der Realeinkommen von beispielsweise 0,5 Prozent zwischen 1997 und 2030 würde das Nettoeinkommen von hundert auf 118 steigen, und die gesamte Pensionsfrage wäre, ob 2030 statt 78 Euro 92 Euro (22 Prozent Beitragssatz) oder 82 Euro (31 Prozent) auf der Hand liegen bleiben. Der Beitragssatz darf aber um keinen Preis steigen, nicht einmal auf 25 Prozent: Der deutsche Arbeitgeberpräsident Ingo Kramer forderte im Herbst 2013, dass alles getan werden müsse, damit der Beitragssatz nicht über 22 Prozent steige.[4] Ja warum denn nicht, wenn es doch so wenig Unterschied beim verfügbaren Realeinkommen macht? »Es dürfen keine neuen Belastungen geschaffen werden, die zukünftige Beitragszahler nicht schultern können.« Angesichts der gebrachten Zahlen kein überzeugendes Argument. Die größte aller Belastungen der breiten Bevölkerungsmehrheit ist die notorische Lohnzurückhaltung zugunsten einer fetischisierten (und bereits zu hohen) Wettbewerbsfähigkeit; dieser Zusammenhang wird in Kapitel 12 erklärt.

Obwohl ein Hinaufschrauben des Beitragssatzes langfristig keine Katastrophe wäre, gibt es eine Reihe von Alternativen. Das

Beitragssatz-Schräubchen ist ja nur eines von zehn. An allen ließe sich ein wenig drehen:

- Das faktische **Rentenantrittsalter** kann in Richtung 65 Jahre angehoben werden. In Österreich lag es 1970 bereits bei 62 Jahren. Gegenwärtig liegt es bei 58 bis 59 Jahren. Das ist widersinnig, das Rentenantrittsalter sollte proportional zur Lebenserwartung steigen.
- Die **gesundheitsbedingte** Frühverrentung kann durch humanere Arbeitsbedingungen und einen gesünderen Lebensstil verringert werden. Stichwort: betriebliche Gemeinwohl-Bilanz.
- Die **Erwerbsbeteiligung** kann auf Schweizer oder isländisches Niveau gehoben werden. Dies ist bereits in Gang, weshalb die Pensionsbelastungsquote (das Verhältnis der PensionsbezieherInnen zu BeitragszahlerInnen) in Österreich im Jahr 2012 niedriger war als 1996 – trotz Alterung der Bevölkerung.[5]
- **Migration.** Sie ist genauso wenig vorhersagbar wie das Bevölkerungswachstum. Je nach Politikziel können mehr oder weniger Menschen zuwandern und die Einzahlungen in die Sozialversicherung verstärken.
- Die **Arbeitslosigkeit** müsste entschieden angegangen und zum Beispiel über allgemeine Arbeitszeitverkürzung um zehn bis zwanzig Prozent reduziert werden.
- Die **Nettoeinkommen** der Erwerbstätigen müssten steigen, im Gleichschritt mit der Produktivität und dem realen Wirtschaftswachstum: die größte Schwäche Deutschlands in den letzten 25 Jahren.
- Damit zusammenhängend müsste die **Lohnquote** am Volkseinkommen zumindest konstant bleiben und nicht sinken.
- Noch effektiver kann die **Beitragspflicht** auf das gesamte Volkseinkommen, also alle Einkommensarten, speziell auf **Kapitaleinkommen**, ausgeweitet werden.
- Der **Staat** kann aus dem allgemeinen Steuertopf den Rentenfluss verbreitern – in Österreich ist ein gesetzliches Drittel vorgesehen: ArbeitnehmerInnen-Beitrag, ArbeitgeberInnen-Beitrag, Steuerzuschuss. 2012 lag der »Bundesbeitrag« mit 23,3 Prozent (7,3 Milliarden Euro von 35,7 Milliarden Euro gesamter

Pensionsaufwand) deutlich unter dem gesetzlichen Maximum von 33 Prozent.[6]

In Summe sind das neun weitere Maßnahmen, die das Schräubchen »Beitragssatz« unterstützen und die Finanzierung des Umlageverfahrens sichern können. Eine weitere Rahmenbedingung, welche die Finanzierungssituation entdramatisiert, die ebenso chronisch außer Acht gelassen wie die »Bombe« beschworen wird: Die Alten werden zwar mehr, aber die Jungen werden weniger – und beide müssen von den Aktiven erhalten werden. Entscheidend für die Finanzierungslast der Aktiven ist nicht der Altenquotient allein, sondern die Summe aus Altenquotient und Jugendquotient: der Gesamtquotient. Und siehe da: 2001 mussten hundert Menschen im erwerbsfähigen Alter 43,9 SeniorInnen und 38,1 Jugendliche mittragen, ein Gesamtquotient von 82. Im Jahr 2020 werden es 55 SeniorInnen und 33 Jugendliche sein, in Summe 88 Personen. In einem Zeitraum von zwanzig Jahren ergibt das keine nennenswerte Veränderung des Gesamtquotienten![7] Allein aufgrund dieses größeren Bildes kann von »Bombe« keine Rede mehr sein.

Aufgrund all dieser Möglichkeiten, mit deren Ausschöpfung die Finanzierungssituation des Umlageverfahrens deutlich verbessert werden kann, ist noch viel mehr drin als die bloße Aufrechterhaltung des Leistungsniveaus bis 2030. Und das ist auch nötig, denn die gesetzliche Rente hat noch eine ganze Reihe von Lücken:

- Es gibt noch keine Mindestrente, die für ein würdiges Leben ausreicht.
- Kinderbetreuungszeiten werden zu schwach angerechnet.
- Frauenrenten sind auch aufgrund der geringeren Löhne und Gehälter niedriger, hier müsste die Geschlechterlücke progressiv geschlossen werden.
- Um mehr Gerechtigkeit zwischen den Berufsgruppen herzustellen, sollten alle in eine einheitliche Renten- oder Pensionskasse einzahlen.

Um die gesetzliche Rente armutsfest zu machen, braucht es einen Beitrag von allen »Schräubchen«. Ziel sind nicht nur die Beibehaltung des Leistungsniveaus und eine Nettoersatzrate von achtzig Prozent des Letzteinkommens für 45 Arbeitsjahre, sondern der

Lückenschluss im Leistungsspektrum der Umlagerente und die Stärkung des Vertrauens in den Generationenvertrag.

Was macht die private Vorsorge besser?

Damit eine Ergänzung der gesetzlichen Rente durch eine staatlich geförderte private Vorsorge Sinn ergibt, müsste es die private Rente besser machen. »Besser« heißt in der Rentenversicherung Folgendes:

a) Die private Rente müsste weniger anfällig für den demografischen Wandel sein als die Umlagerente.

b) Die Beiträge, die in die private Vorsorge fließen (»Prämien«), müssten höher verzinst werden als die Beiträge in die Umlagerente.

c) Die Kosten der privaten Vorsorge müssten geringer sein als die der gesetzlichen Rente.

d) Die Verteilung müsste gerechter sein, um das Risiko der Altersarmut zu senken.

e) Die Rahmenbedingungen, die zur Förderung der privaten Rente nötig sind, dürfen die Rahmenbedingungen für die gesetzliche Rente nicht verschlechtern.

Das wollen wir uns Punkt für Punkt ansehen. Zunächst aber: Wie funktioniert die private Vorsorge, das ominöse »Kapitaldeckungsverfahren«, überhaupt? In der privaten Vorsorge gehen nicht Beiträge in die Umlagekasse, sondern »Prämien« an private Versicherungen, die sie in Aktien, Anleihen, Immobilien, Rohstoffen und Derivaten anlegen – in der Hoffnung, dass die Finanzrenditen so hoch ausfallen, dass das angesparte Vermögen wächst und beim »Entsparen«, dem Verkauf der Wertpapiere zwischen Rentenantritt und Tod, eine fette Rente ermöglicht, eine fettere als im Umlageverfahren. Doch woher kommen die Kapitalrenditen und wer kauft den RentnerInnen ihre »Rentenpapiere« ab? Es ist die jüngere, aktive Generation! Technisch handelt es sich – Überraschung! – um das exakt gleiche Verfahren wie im Umlagesystem: Das Geld fließt von der jeweils jüngeren zur älteren Generation. Im einen Fall direkt, im zweiten Fall indirekt über die Finanzmärkte und die privaten Intermediäre: die Versicherungs- und Vermögensverwaltungsindustrie. Dass zwischen den beiden Renten-Methoden kein grundlegender Unterschied besteht, hat der Ökonom Gerhard Mackenroth als Erster 1952 erkannt und im berühmt gewordenen »Mackenroth-Theorem« festgehalten: »Nun gilt der einfache und klare Satz, dass aller Sozialaufwand immer aus dem Volkseinkommen der laufenden Periode gedeckt werden muss. Es gibt keine andere Quelle und hat nie eine andere Quelle gegeben, aus der Sozialaufwand fließen könnte, es gibt keine Ansammlung von Fonds, keine Übertragung von Einkommensteilen von Periode zu Periode, kein ›Sparen‹ im privatwirtschaftlichen Sinne – es gibt gar nichts anderes als das laufende Volkseinkommen als Quelle für den Sozialaufwand.«[8] Auf den Punkt gebracht finanzieren die Jungen die Alten im Umlageverfahren *direkt* über ihre Arbeitseinkommen (A) und im Kapitaldeckungsverfahren *indirekt* über Kapitalrenditen oder die bereits andiskutierten »privaten Kapitalsteuern« (B). Auch im Rentensystem gilt, dass Geld nicht arbeitet und aus nix nix wird. Die Jungen müssen in jedem Fall für die Renten der Alten arbeiten. Warum aber sollte Weg B grundsätzlich besser funktionieren als Weg A?

a) Ist die private Rente weniger anfällig für die Demografie?
Wie schon ausgeführt, explodiert die demografische Bombe seit über hundert Jahren. Kamen 1900 in Deutschland auf eine über 65-jährige Person noch 12,4 Personen im erwerbsfähigen Alter (15 bis 65 Jahre), so waren es 1950 nur noch 6,9. 1980 sank diese Zahl auf 4,3 und für 2020 werden 3,0 und für 2050 nur mehr 2,0 vorhergesagt.[9] Da nicht alle 15- bis 65-Jährigen einer Erwerbsarbeit nachgehen (Ausbildung, Kinderbetreuung, Arbeitslosigkeit, Familien mit einer ErnährerIn), könnte es im Extremfall zum Verhältnis 1:1 kommen: Auf eine RentnerIn käme nur noch eine BeitragszahlerIn. Wie ist das demografische Verhältnis in der Privatvorsorge? Da hier jede und jeder für sich selbst (vor)sorgt, gibt es nur ein einziges mögliches Verhältnis: 1:1. Das allein ist schon mehr als kurios: Mit der in Aussicht gestellten, aber nicht einmal sicheren Entwicklung, dass das Verhältnis von EinzahlerInnen zu BezieherInnen im Um-

lageverfahren bis 2030 auf 1 : 1 absinkt, wird die Notwendigkeit eines Systemwechsels begründet. Doch im »neuen« System, das die Lösung bringen soll, ist das »Horrorszenario« 1 : 1 das einzig mögliche Verhältnis zwischen EinzahlerInnen und BezieherInnen! Wieso soll es hier plötzlich funktionieren?

Möglicherweise trifft der demografische Wandel das Kapitaldeckungsverfahren sogar mit größerer Wucht als das Umlageverfahren: Das Kapitaldeckungsverfahren lebt davon, dass die Jungen den Alten ihre angesparten Wertpapiere abkaufen. Doch wenn die Jungen immer weniger werden, wer soll den Älteren dann ihre ganzen Papiere abkaufen? Je dramatischer die Demografie sich entwickelt, desto schlimmer die Wertpapierklemme, in die die Älteren geraten. An wen wollen sie ihre Aktien, Anleihen und Zertifikate verkaufen, wenn niemand mehr da ist? Hier detoniert die demografische Bombe ohne Dämpfer.

b) Werden Prämien in die private Rente
höher verzinst als Sozialversicherungsbeiträge?
Das Standard-Horrorszenario im Kapitaldeckungsverfahren soll deshalb funktionieren, weil die Renditen auf den Finanzmärkten so hoch seien, höher als die »implizite« Rendite des Umlageverfahrens: die Lohn- und Gehaltssteigerungen. Bei der Einführung der Riester-Rente in Deutschland und bei der – analogen – »Zukunftsvorsorge« (sowie der »Abfertigung neu«) in Österreich wurden vollkommen unrealistische Traumrenditen für alle in Aussicht gestellt. Sechs Prozent Kapitalrendite seien langfristig für alle drin, hieß es in der Diskussion. Ein Private-Vorsorge-Prospekt der Bank Austria stellte verschiedene Zins-Szenarien dar, das Best-Case-Szenario waren zwölf Prozent Rechnungszins, das Worst-Case-Szenario sechs Prozent. Die Geld-aus-Geld-Alchimie wurde unters Volk gejubelt. Der Katzenjammer war vorprogrammiert. Die Geschichte der Kapitalmärkte ist von manisch-depressiven Schwankungen, extremer Instabilität und regelmäßigen Zusammenbrüchen privater Rentenversicherer gekennzeichnet. Historische Fakten konnten aber den politischen Willen, die Allgemeinheit ins Risiko zu stürzen, nicht schwächen. Die Risiko- alias Rentenprivatisierung ist ein

kommerzieller Feldzug, für den die Regierungen die PR-Abteilung spielen. Als wir seitens Attac oder frei denkender WissenschaftlerInnen vor dem garantierten Einsturz der leeren Versprechungen des Kapitaldeckungsverfahrens warnten, wurden wir von den Medien kaum beachtet. Ich durfte zwar mehrfach dazu Gastkommentare im österreichischen *Standard* verfassen, doch das hatte – mit Ausnahme eines Expertenhearings im Parlament – keinen Effekt. Ich zählte auf, dass es von Japan über Großbritannien bis in die Schweiz zum seriellen Zusammenbruch privater Versicherer kam, die vom Staat aufgefangen und gerettet wurden.[10] Ich verwies auf Großbritannien, wo nach einer Studie der Universität Bristol bald fünfzig Prozent der Menschen die Altersarmut droht – aufgrund der von Margaret Thatcher durchgedrückten Privatisierung. Die Menschen kehrten millionenfach freiwillig in das staatliche System zurück, aus dem sie die »Eiserne Lady« hinausgejagt hatte. Und ich berichtete über Chile, wo das Duo aus Diktator Augusto Pinochet und US-Ökonom Milton Friedman alle Renten vollprivatisierte bis auf die von Militärs und Polizei. Von den zahlreichen Fonds waren 2000 nur noch neun übrig, die vier größten davon in überwiegend ausländischer Hand. Nur noch 45 Prozent der Mitglieder waren in der Lage, regelmäßig Beiträge zu zahlen. Im langjährigen Durchschnitt schafften die Fonds nur eine Rendite von einem Prozent. Auf einem normalen Sparkonto hätten die Versicherten mehr erhalten. Die Fonds erzielten hingegen eine Eigenkapitalrendite von 27 Prozent.[11] Auf eine lebensstandardsichernde Rente darf heute in Chile kaum jemand hoffen. Ich erzählte, dass private Versicherer die Sterbetafeln verändern, die Rentenleistung kürzen oder die Prämien einfach anheben, ohne irgendjemanden zu fragen und ohne den leisesten öffentlichen Aufschrei.

Jetzt beginnen ähnliche Erfahrungen mit der Riester-Rente, den Betriebspensionen und der Zukunftsvorsorge in Österreich. Fast jedes Jahr setzt es Kürzungen, der Garantiezins wird heruntergesetzt, oft sind die Renditen negativ. Das alles hätten wir uns wirklich ersparen können!

c) Ist die private Vorsorge kostengünstiger?

Ein zweiter Grund neben instabilen Finanzmärkten, warum die Privaten nicht besser performen als die öffentliche Umlagekasse, liegt darin, dass sie im Vergleich sauteuer sind. Von den Beiträgen in die Rentenkasse werden in Deutschland und Österreich zwei Prozent oder sogar ein bisschen weniger für die Verwaltung verwendet. Private Versicherer verschlingen in Lateinamerika 13 bis 26 Prozent[12], in Australien 11 bis 35,5 Prozent[13], in Großbritannien 20 Prozent[14] und im internationalen Schnitt fünfzehn bis 25 Prozent[15]. Sie sind um den Faktor zehn ineffizienter. Wie ist das zu erklären? Erstens, weil sie aufwendig veranlagen; zweitens, weil sie ihre exzellente Performance mit hohem Aufwand bewerben – bis zu vierzig Prozent der Gesamtkosten fließen in das Marketing. Jeder Rentenfonds muss das Publikum davon überzeugen, dass er eine höhere Rendite erwirtschaftet als die gesamte Konkurrenz. Drittens, weil die FondsverwalterInnen für ihre glanzvollen »Leistungen« um einiges mehr verdienen wollen als Sozialversicherungsbeschäftigte. Viertens, weil private Versicherer gewinnorientiert sind. Die Rentenkasse muss keinen Profit an die Sozialversicherungsträger oder den Staat ausschütten, die privaten Versicherer notieren hingegen zum Teil an der Börse. So erklärt sich der »Faktor 10« zwischen »Staat« und »privat«.

Entsprechend dieser Rahmenbedingungen – instabile Finanzmärkte und sauteure Fondsverwaltung – bleiben die verheißenen Traumrenditen aus. Ein Öko-Test von 144 Riester-Rente-Produkten hat ergeben, dass die Rendite bis zum 86. Lebensjahr 0,6 Prozent beträgt; bei fondsgebundenen Produkten war die Rendite sogar durchgehend negativ.[16] Der Verein für Konsumenteninformation in Österreich rechnet die tatsächliche Rendite einer fondsgebundenen Lebensversicherung vor. Nach zwanzig Jahren Einzahlung von insgesamt 24 000 Euro kommen am Ende nur 27 698 Euro heraus – eine Rendite von 1,4 Prozent. Grund: hohe Versicherungs- (6520) und Fondskosten (6870 Euro).[17] Wer die genauen Kosten erfahren möchte, hat es nicht leicht: Bei 33 untersuchten Riester-Produkten wies kein einziges die gesamten Kosten transparent aus. Ist auch nicht so einfach: Ausgabeaufschlag, Managementgebühr, Depotspesen, Transaktionskosten, Verwaltungsaufwand, Provisionen, Zusatzleistungen, Kapitalgarantiekosten, Verrentungskosten ... So summiert sich der Faktor 10.

d) Ist die private Rente verteilungsgerechter?

Die private Rente ist nicht nur riskant und teuer, sie ist auch ungerecht. Denn eine private Rente erhalten nur diejenigen, die einzahlen. Wer nicht einzahlt, weil gerade arbeitslos, schwanger, stillend oder krank, erhält nichts. So einfach ist das in der Versicherungsmathematik. Und wer nur einen Hunderter im Monat einzahlt, dessen Rente wird nicht fett genug. Fett wird die Rente, wenn ArbeitgeberIn und ArbeitnehmerIn je zehn (in Summe zwanzig) bis fünfzehn (in Summe dreißig) Prozent des Lohns oder Gehalts einzahlen, das reicht heute aus, und es würde bis 2030 reichen. Wer kein Einkommen hat, würde in der Privatrente total abstürzen, weil sie oder er keinerlei Ansprüche erwerben könnte. In der solidarischen Rentenversicherung werden alle schwierigen Lebenslagen abgefedert – und könnten bei vorhandenem politischen Willen noch besser kompensiert werden. Unter anderem müsste eine Mindestrente festgelegt werden – so etwas machen private Versicherungen aus Prinzip nicht. So etwas gibt es nur in einer echten Solidargemeinschaft, in einem Generationenvertrag, der niemanden ausschließt und die Prinzipien Solidarität und Menschenwürde lebt. Jedes Prozent Privatisierung und jeder Schritt aus dem Umlageverfahren ist ein Schritt in die Altersarmut.

Methusalem-Komplott

In Deutschland wie in Österreich wurde die Rentenprivatisierung mit dem Hauptargument, dass der Beitragssatz bis 2030 nicht über 22 Prozent steigen dürfe, durchgedrückt. Konkret zu verhindern war ein Beitragssatz von 26 Prozent bis 2030 in Deutschland. Jetzt kommt der Trick: Die – unmöglichen – 26 Prozent wären zu je dreizehn Prozent von ArbeitgeberInnen und ArbeitnehmerInnen finanziert worden. Durch die 22 Prozent-Obergrenze werden ArbeitgeberInnen und ArbeitnehmerInnen maximal je elf Prozent in die (gekürzte) gesetzliche Rente einzahlen. Hinzu kommen allerdings vier Prozent für die Privatrente – ausschließlich auf ArbeitnehmerInnenseite. Macht hier einen Beitragssatz von fünfzehn Prozent und bei den Arbeitgebern von elf Prozent. Zusammen sind es: 26 Prozent! Genau das, was angeblich nicht möglich war und weshalb der Einstieg in die Privatrente begann, ist das Ergebnis der Übung. An diesem Trick ist ersichtlich: Es geht nicht um die Verhinderung von zu hohen Beitragssätzen, sondern um Umverteilung zugunsten der ArbeitgeberInnen und zulasten der ArbeitnehmerInnen – und zugunsten der Versicherungsindustrie, denn die vier Prozent Riester-Rente fließen nun auf ihre Mühlen. Wir sehen, das »Methusalem-Komplott«[18] existiert wirklich: Es wird von Arbeitgeberverbänden, Banken und Versicherungen geschmiedet. Und die rot-grün-schwarz-gelben Regierungen und Parlamente machen loyal mit. Am Tag der Einführung der Riester-Rente war die Schlagzeile im *Handelsblatt* nicht etwa »Renten gesichert«, sondern »Millionengeschäft für die Versicherungen«. In Österreich titelte der *Standard* mit »Riesengeschäft für die Wiener Börse«.

e) Wirken sich günstige Rahmenbedingungen für die private Rente auch günstig auf die Umlagerente aus?
Obwohl das Kapitaldeckungsverfahren in allen drei Hauptanforderungen an ein Rentensystem – Sicherheit, Gerechtigkeit, Effizienz – dem Generationenvertrag eindeutig unterlegen ist, argumentieren dennoch viele mit der »Drei-Säulen-Taktik« oder der »Eier-in-mehrere-Nester«-Hypnose. Geraten wird, nicht alles auf eine Karte zu setzen (Generationenvertrag), sondern die zweite Säule (Betriebsrente) und die dritte Säule (private Vorsorge) wenigstens »ergänzend« aufzubauen. Das Bild wirkt vernünftig, allein es ist falsch: Denn wenn ein bestehendes Modell, das in allen Aspekten besser ist als ein neues, durch dieses auch nur teilweise ersetzt wird, ergibt sich unterm Strich eine Verschlechterung.

Die Ergänzung im Sinne der »Schließung der Rentenlücke« ist nicht nur eine Illusion, weil die Privatisierung vielmehr eine Lücke aufreißt, anstatt sie zu schließen, sondern sie ist auch volkswirtschaftlich betrachtet ein Widersinn ersten Ranges. Denn die günstigen Rahmenbedingungen für das Umlageverfahren sind: Vollbeschäftigung, hohe Lohn- und Gehaltszuwächse sowie niedrige Finanzrenditen, was Realinvestitionen und die Schaffung weiterer Arbeitsplätze attraktiv macht. Günstige Rahmenbedingungen für das Kapitaldeckungsverfahren sind hingegen: hohe Zinsen, hohe Aktienkurssteigerungen und hohe Immobilienpreise und Mieten: drei tiefe Schnitte ins eigene Fleisch der RentenanwärterInnen:

– Je höher die Zinsen, desto massiver die Umverteilung von den vielen zu den wenigen – das haben wir bereits in Kapitel 5 gesehen. Außerdem werden durch hohe Realzinsen immer mehr Unternehmen von SchuldnerInnen zu GläubigerInnen. Anstatt zu investieren, beginnen sie zu spekulieren, wodurch die Arbeitslosigkeit steigt, auch das haben wir bereits gesehen.[19]

– Je stärker die Hoffnung auf Kursgewinne oder auch Dividenden, desto gnadenloser werden Großunternehmen ausgepresst und abgeschöpft. Im Extremfall verliert die RentenanwärterIn zugunsten einer höheren Dividende für den Rentenfonds ihren Arbeitsplatz in derselben Aktiengesellschaft.

– Je höher die Immobilienpreise und Mieten, desto höher die Lebenshaltungskosten zu Lebzeiten, auch das ist ein Zielkonflikt für die Mehrheit der deutschen und österreichischen Bevölkerung, die keine Immobilien besitzt.

Gute Gedeihensbedingungen für das Kapitaldeckungsverfahren sind eine großangelegte Umverteilung von den kleinen Riester-Rente-AnsparerInnen und denen, die sich Riester gar nicht leisten können, zu den Kapitalbesitzenden. Die Privatisierung der Rente war ein großangelegtes Täuschungsmanöver, bei dem viele Menschen auf das Märchen hereingefallen sind, dass sie dieselben Interessen hätten wie die Vermögensrentiers. Das Märchen, das wir bereits beim Zins in Kapitel 6 kennengelernt haben, gilt für die gesamte Rente. Je mehr Menschen auf private Vorsorge und Kapitaleinkommen setzen, desto unsicherer werden die Renten und desto größer die Ungleichheit. Attac versucht, über diese Zusammenhänge aufzuklären, auch die Bank für Gemeinwohl wird mit einer Art »Volkshochschule für Geld« über diese Hintergründe informieren. Eigentlich sollte diese Form der monetären Aufklärung ein Bestandteil der Gemeinwohl-Charta der Banken sein. Wenn Banken gewinnorientiert sind, haben sie ein Interesse an Verschleierung und Täuschung, weil das ihre Profite erhöht. Schwenken sie auf Gemeinwohl-Orientierung um, was ein Element von »Geld und Kredit als öffentliches Gut« wäre, würde eine sichere Rente für alle zu ihren Zielen zählen – und entsprechend würden sie über Aufklärung ihren Beitrag dazu leisten.

Alternativen

Die Konsequenzen aus den angeführten Argumenten liegen auf der Hand:

– Der Staat soll sich vollständig aus der Förderung der privaten Vorsorge und des Kapitaldeckungsverfahrens zurückziehen. Den Menschen bleibt es unbelassen, privat vorzusorgen, ein Finanzvermögen anzusparen; es geht darum, dass dies nicht durch die SteuerzahlerInnen finanziert wird und die negativen Effekte des Kapitaldeckungsverfahrens von der Allgemeinheit bezahlt werden. Früher gab es in der österreichischen gesetzlichen Pensionsversicherung die Möglichkeit, sich freiwillig höher zu versichern, die aus meiner Sicht immer noch beste Zusatz-Vorsorge.

– Die solidarische Rentenversicherung und der Generationenvertrag sind zu stärken, um sie gegen die seit über hundert Jahren andauernde und weiter fortschreitende Alterung der Bevölkerung lukendicht zu machen und die noch bestehenden Leistungslücken (menschenwürdige Mindestrente, großzügigere Anrechnung erwerbseinkommensloser Lebensphasen, Aufbesserung der Frauenrenten) zu schließen. Mit zehn Schräubchen lassen sich die öffentlichen Renten auf ein menschenwürdiges Niveau anheben.

10. GLOBALE STEUERKOOPERATION

*Die drei ersten Jahrzehnte nach dem Zweiten Weltkrieg waren
die Jahrzehnte der dichtesten Kapitalverkehrsbeschränkungen
in der bisherigen Geschichte des internationalen Kapitalismus. Sie waren zugleich die Zeiten besonders starken
Wachstums, hoher Beschäftigung, erheblicher Steigerung der
Realeinkommen und des gesellschaftlichen Fortschritts.*
Jörg Huffschmid[1]

Beim Thema Steuern zeigt sich, dass wir uns ungefähr auf halbem
Weg zwischen Feudalismus und Demokratie oder umgekehrt befinden. Während das Privateigentum speziell der Vermögenden mit
vereinten Anstrengungen der öffentlichen und privaten Sicher-
heitskräfte geschützt wird – der Staat zeigt hier ein ausgeprägtes
Engagement –, arbeiten die Finanzminister und private Steuerbe-
rater ähnlich effektiv zusammen, um die Steuerleistung derselben
Vermögenden, deren Eigentum der Staat streng schützt, möglichst
niedrig zu halten. Die Spitze des Eisbergs ist prominent: Klaus
Zumwinkel, Uli Hoeneß, Boris Becker, Karl-Heinz Grasser, Julius
Meinl, Herbert Stepic. Ein Teil der vermögendsten Privatpersonen
schafft Multimillionen und Milliarden in Steuerparadiese – mithilfe
von RechtsanwältInnen, WirtschaftstreuhänderInnen und NotarIn-
nen: Ganze Heerscharen von FluchthelferInnen leisten Beihilfe zur
Steuervermeidung. Zum anderen verschieben transnationale Unternehmen ihre Gewinne in Niedrigsteuerländer und Steueroasen,
wodurch sie dort, wo sie realwirtschaftlich tätig sind und staatliche
Leistungen in Anspruch nehmen, geringe oder gar keine Steuern
bezahlen. Dank des von ihren FreundInnen in den Parlamenten frei
gemachten Kapitalverkehrs in Steueroasen, ineffektiven Doppelbesteuerungsabkommen und der Privatisierung des »Clearings«,
des grenzüberschreitenden Kapitalverkehrs. Starbucks, Amazon,
Apple, Google, Ikea, Accenture. Sie alle sind spektakuläre Fälle von
Steuervermeidung oder -betrug. 386 Großunternehmen aus der
OECD drücken ihre Steuerleistung jährlich um 106 Milliarden US-

Dollar, so eine Studie der Credit Suisse.[2] Google ersparte sich mithilfe der Steueroase Irland sogar 44 Milliarden Pfund an Steuern (52 Milliarden Euro; das EU-Rettungspaket für Irland belief sich auf 85 Milliarden Euro), Apple entrichtete einen Steuersatz von zwei Prozent.[3] Die deutsche Bank unterhält laut Geschäftsbericht mehr als 440 Tochterfirmen in der Supersteueroase Delaware; und auf den Cayman Islands mehr als am Frankfurter Konzernsitz.[4] Starbucks wies in der Schweiz 2008, 2009 und 2010 einen Gewinn von null aus. Gleich hoch lag die Steuerleistung.[5] Die Gewinne von US-Unternehmen auf Bermuda belaufen sich auf 646 Prozent der Wirtschaftsleistung des kleinen Landes, auf den Cayman Islands auf 547 Prozent und auf den British Virgin Islands auf 355 Prozent des BIP.[6] In den Steueroasen dieser Welt werden unermessliche Reichtümer gebunkert. Vorsichtige Schätzungen des Tax Justice Network gehen von einem privaten Geldvermögen von 21 bis 32 Billionen US-Dollar aus, die »offshore« Steuern schwänzen.[7]

Nicht wenige vermögende Privatpersonen und multinationale Unternehmen haben ein Problem mit Fairness. Beim Nehmen sind sie vorn dabei (staatliche Infrastruktur von Bildung und Gesundheit über Straßen und Flughäfen bis Recht und Sicherheit), beim Geben kneifen sie (Steuerleistung). Sie sind nicht bereit, die demokratischen Spielregeln einzuhalten. Sie verhöhnen rechtsstaatliche und liberale Grundprinzipien. Sie gleichen mehr einer »Räuberbande« als ehrbaren Kaufmännern und verantwortlichen StaatsbürgerInnen. Die Armen haben diese Wahl nicht: Sie haben kein Vermögen, das sie verschieben könnten; sie erzielen keine Unternehmensgewinne, die sie an einem alternativen Ort deklarieren könnten; sie haben keine nennenswerten Kapitaleinkommen, die sie vor dem Fiskus verstecken könnten. Sie beziehen niedrige oder mittlere Arbeitseinkommen, von denen Steuern und Sozialversicherungsbeiträge automatisch abgezogen werden. Geben sie das wenige aus, das sie verdienen, schlägt die Mehrwertsteuer in voller Höhe zu. Vermögende und multinationale Unternehmen hingegen können ihre Reichtümer und Gewinne langfristig »offshore« parken und vermehren; sie können sich den Ort, an dem sie ihre Gewinne ausweisen, weltweit aussuchen; und sie können Kapitaleinkommen über besondere Rechtskonstruktionen in einer solchen Form einstreichen, dass das zuständige Finanzamt durch die Finger schaut. Steuervermeidung und Steuerbetrug lösen in einem demokratischen Gemeinwesen eine Teufelsspirale aus:

– Es ist ungerecht und ungleich, wenn sich ein Teil der Bevölkerung der Steuerpflicht entzieht.

– Es ist besonders ungerecht, wenn ausgerechnet diejenigen die Spielregeln brechen, die sich deren Einhalten am einfachsten leisten könnten.

– Wenn der Rechtsstaat beim Steuervollzug einseitig versagt, wird das Vertrauen in die Behörden, die Gesetzgebung und in die Gerechtigkeit geschwächt.

– Die Steuermoral aller sinkt, wenn die einen es sich richten.

– Die Steuerlast wird auf die Ehrlichen verlagert und auf jene, die weniger Möglichkeiten zur Steuervermeidung haben – weg von Kapitaleinkommen und Unternehmensgewinnen hin zu Arbeitseinkommen und privatem Verbrauch.

– Die Staatseinnahmen gehen zurück, öffentliche Leistungen müssen gekürzt und gestrichen werden.

– Dadurch sinken wiederum die Chancengleichheit und die Möglichkeit der Menschen aus unteren Schichten, sich aus eigener Kraft ein Vermögen zu erwerben und zur Gruppe der Privilegierten aufzuschließen. Je schlechter es um die öffentliche Gesundheitsversorgung, das öffentliche Bildungssystem, die öffentliche Sicherheit und die Sozialeinrichtungen steht, desto weniger Chancen haben die Ärmeren, die auf diese Leistungen angewiesen sind, weil sie sich diese nicht – so wie die Vermögenden – privat leisten können.

Maßnahmen zur Verhinderung von Steuerflucht und Steuerbetrug sollten deshalb eine gleich hohe politische Aufmerksamkeit genießen wie der Eigentumsschutz. Bei Letzterem steht der Staat Gewehr bei Fuß und achtet streng auf die Einhaltung der Spielregeln. Beim Steuervollzug hingegen, der das Eigentum der Allgemeinheit schützt, scheint es eine internationale Kultur der Laschheit, Nachsicht, Amnestie und rechtsstaatlichen Lustlosigkeit zu geben – zumindest bei den dicken Fischen.

Dabei müsste der Staat ein Eigeninteresse an einer gerechten Besteuerung und einem effektiven Steuervollzug haben: Wenn ein Teil der Steuerpflichtigen seinen Beitrag verweigert oder minimiert, kann der Staat über ihm zustehende Mittel nicht verfügen, öffentliche Leistungen können nicht erbracht und öffentliches Eigentum kann nicht aufgebaut werden. Defizite im Steuervollzug stellen eine Enteignung der Allgemeinheit dar. Bezeichnend für Prädemokratien ist, dass dieselben, die auf strengen Eigentumsschutz pochen (und hier für einen starken Staat eintreten), bei der Enteignung der Allgemeinheit durch Steuerbetrug keinen Handlungsbedarf sehen, sondern im Gegenteil sogar für einen schwachen Staat und für Gesetze eintreten, welche die Fortsetzung der Enteignung erlauben: freier Kapitalverkehr in Steueroasen, »befreiende« Steuerabkommen, großzügige Gruppenbesteuerung, Bankgeheimnis ...

Eine seriöse Demokratie nimmt den Steuervollzug gleich ernst wie den Eigentumsschutz. Sie achtet ohne Unterschied auf die Rechte und Pflichten der StaatsbürgerInnen. Je einseitiger die Aufmerksamkeit des Staates auf dem Eigentumsschutz liegt, desto »feudaler« oder neofeudaler ist er. Je ausgeglichener das hoheitliche Engagement hierbei, desto demokratischer ist ein Gemeinwesen. Schon die Allgemeine Erklärung der Menschen- und Bürgerrechte von 1789 legte nicht zufällig prominent in Artikel 13 fest, dass eine »allgemeine Abgabe auf alle Bürger, nach Maßgabe ihrer Möglichkeiten, gleichmäßig verteilt werden muss«. Diese Prominenz kommt daher, dass vor den bürgerlichen Revolutionen der erste und zweite Stand – Adel und Klerus – von der Steuerpflicht befreit waren, während das gemeine Volk die gesamte Steuerlast zu tragen hatte, obwohl es die schwächste Gruppe war und die geringsten »Möglichkeiten« von allen zur Steuerleistung hatte. Aus dieser historischen Ungleichheit heraus sind die beiden zentralen Grundprinzipien des Steuerrechts demokratischer Staaten erwachsen:

1. *Universalität*: Alle StaatsbürgerInnen sind der gleichen Steuerpflicht unterworfen.

2. *Leistungsfähigkeit*: Je größer jemandes wirtschaftliches »Vermögen«, also die Möglichkeit zur Steuerleistung, desto größer auch der persönliche Beitrag. Wer mehr hat, kann mehr geben – nicht

nur absolut (ein gleich großes Stück vom größeren Kuchen), sondern progressiv: Je größer der jeweilige Einkommens- und Vermögenskuchen einer Person, desto größer ist auch das Kuchenstück, das an die Allgemeinheit abgetreten wird. Die Reichsten haben dann immer noch mehr als alle anderen.

Gleich wie für den staatlichen Eigentumsschutz bedarf es für den Steuervollzug gewisser Voraussetzungen: Damit bei Eigentumsverhältnissen Klarheit herrscht und diese vom Staat geschützt werden können, müssen verschiedene Daten ermittelt werden, beispielsweise die Eintragungen ins Grundbuch, ins Firmenregister oder die Anmeldung von Gläubigeransprüchen. Eine analoge Voraussetzung für den Steuervollzug ist die Transparenz von Einkommen und Vermögen gegenüber dem zuständigen Finanzamt. Bei einem Teil der Einkommen wurde diese Transparenz in den meisten demokratischen Rechtsstaaten durchgesetzt: Löhne und Gehälter werden automatisch nicht nur den Finanzämtern, sondern auch der Sozialversicherung gemeldet und entsprechend besteuert. Bei Kapitaleinkommen ist dies nicht so. Diese werden in manchen Ländern immer noch gar nicht oder nur teilweise dem Fiskus gemeldet. Zudem werden sie vielfach niedriger besteuert als Arbeitseinkommen. Das berühmteste Beispiel ist wieder einmal Warren Buffett, der vorrechnete, dass er auf sein Multimillioneneinkommen nur 17,4 Prozent Steuern zahle, während seine Angestellten durchschnittlich auf 36 Prozent kämen.[8] In Deutschland beträgt der Spitzensteuersatz für Arbeitseinkommen 47,5 Prozent[9], die Kapitalabschlagssteuer 25 Prozent. In einigen besonders feudalen Ländern wie Österreich und Luxemburg unterliegen Kapitaleinkommen sogar noch dem Bankgeheimnis und bleiben damit anonym. Dieser Widerspruch ist sensationell: vollautomatische Meldung von Arbeitseinkommen an die Finanzbehörden, um den Steuererfolg sicherzustellen; gesetzlicher Datenschutz bei Kapitaleinkommen, um den Steuervollzug maximal zu behindern! Die internationale Attac-Bewegung hat dieses Thema um die Jahrtausendwende aufgegriffen, wodurch in den letzten Jahren langsam Bewegung in die Sache kam und Steuerwettbewerb, Steueroasen und das Bankgeheimnis beginnen, in die Defensive zu geraten. Von der EU, der OECD und den USA gehen erste Maßnahmen aus. Steuergleichheit und Steuergerechtigkeit herrschen allerdings noch lange nicht, und die sich häufenden Skandale der letzten Jahre haben hier noch zu keiner grundlegenden Änderung geführt. Die automatische Meldung *aller* Einkommen und Vermögen an den Fiskus ist eine noch unerledigte Aufgabe demokratischer Rechtsstaaten. Die Globalisierung ist dabei kein Hindernis. Eine Lösung könnte aus mehreren Schritten bestehen:

Schritt 1: Automatische Meldung aller Einkommen im Inland
Wie wir gesehen haben, wird ein Teil der Einkommen bereits vollautomatisch gemeldet. Die Gleichbehandlung von Arbeitseinkommen, die das Haupteinkommen von neunzig Prozent der Bevölkerung darstellen, und Kapitaleinkommen, die in nennenswertem Ausmaß vielleicht zehn Prozent der Bevölkerung zugutekommen, gebietet die gleiche automatische Meldung aller Kapitaleinkommen – von Zinsen und Dividenden über Fondserträge bis hin zu Kurs- und Wettgewinnen – an die Finanzämter. Möglich wäre die Gleichstellung selbstverständlich auch in die Gegenrichtung: Das »Bankgeheimnis«, das ja eigentlich ein Kapitaleinkommensgeheimnis ist (auch hier eine Irreführung), wird auf Arbeitseinkommen ausgeweitet. Wer ein Zins-, Dividenden- und Kursgewinngeheimnis befürwortet, dessen Herz muss logischerweise auch für ein Lohn- und Gehaltsgeheimnis schlagen: gleicher »Datenschutz« für alle privaten Einkommensformen. Oder, wenn der Begriff »Bankgeheimnis« der Institution und nicht der Einkommensform gilt, für ein »Betriebsgeheimnis«, das die Arbeitseinkommen Privater vor den neugierigen Augen des Fiskus gleichermaßen schützt wie die Bank Kapitaleinkommen.

Gleichstellung in *diese* Richtung wäre allerdings ein steuerpolitischer Rückschritt in die Intransparenz. Im gegenständlichen Zielkonflikt Steuervollzug versus Datenschutz sticht die Steuerpflicht den Datenschutz, weil der Vorteil eines universellen und fairen Steuersystems die Nachteile, dass Papa Staat dafür die Einkommen seiner BürgerInnen erfährt, überwiegt. Oder umgekehrt ist der Vorteil des Datenschutzes – alle Einkommen geheim – geringer als der

Nachteil, wenn kaum Steuern erhoben und damit weniger Schulen gebaut und öffentliche Leistungen finanziert werden können.[10] Teil der Spielregeln einer neuen Geldordnung ist, dass Papa Staat den BürgerInnen das öffentliche Gut Geld zur Verfügung stellt, diese im Gegenzug aber ihre Einkommen und Vermögen offenlegen, damit der Staat diese gerecht und effektiv besteuern kann. In einem modernen Staatswesen werden alle Einkommen gleichermaßen offengelegt. Wenn Einkommen und Vermögen die virtuelle Form des Buchgeldes annehmen können, dann müssen sie genauso gemeldet werden wie der Erwerb eines Grundstückes durch Eintrag im Grundbuch, aufgrund dessen der Staat die Steuerleistung einfordert. In Zeiten neuer – elektronischer – Formen des Einkommens und Vermögens muss die Fähigkeit der Steuervollzugspraxis mitwachsen, um denselben Grundsätzen wie seit jeher Genüge zu tun: Wer ein höheres Einkommen und/oder Vermögen hat, kann absolut *und* relativ mehr zur Finanzierung des Staates beitragen. Voraussetzung dafür ist, dass dem Finanzamt alle Einkommen – und nicht nur ein Teil von ihnen – gemeldet werden.

Wenn beim Finanzamt alle steuerrelevanten Daten zusammenlaufen, kann das gesamte Einkommen einer einheitlichen Einkommenssteuer unterworfen werden. Die steuerliche Trennung und Begünstigung von (leistungslosem) Kapitaleinkommen gegenüber Arbeits(leistungs)einkommen wäre zu Ende. Auch die Sozialversicherungspflicht könnte auf das gesamte persönliche Einkommen ausgeweitet werden, anstatt nur Löhne, Gehälter und Selbständigen-Einkommen zu erfassen. Das wäre kein Schräubchen im Rentensystem, sondern eine Schraube.

Schritt 2: Multilaterales Abkommen über Informationsaustausch
Nachdem im »Inland« (der demokratische Souverän ist derzeit primär innerhalb von Nationalstaaten souverän) Gleichbehandlung aller Einkommen bei der automatischen Meldung erreicht ist, kann derselbe Grundsatz auch für Einkommen, die von inländischen StaatsbürgerInnen im Ausland erzielt werden, angewandt werden – um Steuerflucht zu verhindern. Die gute Nachricht: Es gibt zu diesem Zweck bereits den Rumpf eines multilateralen Abkommens in-

nerhalb der EU mit einigen Drittstaaten (»Zinsrichtlinie«) sowie bilaterale Abkommen der USA (»FATCA«). Diese Rümpfe könnten über die Stationen EU, OECD und UNO zu einem einheitlichen multilateralen und letztlich globalen Steuerabkommen ausgebaut werden. In dieser Schrittfolge wäre die beginnende Kernzone »EU plus« ausreichend, um andere Staaten zum Mitmachen zu bewegen; und für den Fall, dass sie unkooperativ wären, auch zu zwingen. Nach dem völlig legitimen Motto: Wir kooperieren in Form des freien Kapitalverkehrs, wenn ihr in Fragen der Steuerpolitik kooperiert. Kooperiert ihr nicht, kooperieren wir auch nicht. Bei Nicht-Kooperation würden die Steueroasen den Kürzeren ziehen – sie würden von den internationalen Finanzmärkten abgeschnitten – und deshalb sofort auf Kooperation umschwenken, wenn es die EU oder die OECD ernst meinen würden. Das ist derzeit das Kernproblem: Die Industriestaaten (die Sitzländer der Steuerflüchtlinge) meinen es nicht ernst. Steueroasen und der aggressive Steuerwettbewerb seitens einiger Nationalstaaten sind *nicht* das Problem. Steueroasen oder Steuerwettkämpfer können nur so lange existieren, wie sie von den Sitzstaaten der Minimierer, Hinterzieher und Betrüger geduldet werden. Der allentscheidende Hebel ist der freie Kapitalverkehr. Kooperieren die Fluchtstaaten nicht, indem sie steuerrelevante Daten zurückhalten, dann steht weder in der Bibel, im Koran noch in irgendeiner Verfassung der Welt (Ausnahme: EU-Lissabon-Vertrag, der jedoch keine Verfassung ist), dass dieser frei sein muss. Selbst der Internationale Währungsfonds sieht in seinen Statuten Kapitalverkehrskontrollen vor: »Members may exercise controls of capital transfers as are necessary to regulate international capital movements.«[11]

Vertrauen und Kooperation

Der freie Kapitalverkehr ist ein Vertrauensbeweis eines Staates einem anderen gegenüber. Dieser sollte erst gewährt werden, wenn der Verkehrspartner sich dieses Vertrauen erworben hat, indem er in Fragen des Steuervollzuges und der Finanzmarktregulierung kooperiert. Tut er dies nicht, wird mit der Gewährung des freien Kapitalverkehrs zugewartet.

Das ist grundvernünftig: Wann geben Sie einer Person Ihren Wohnungsschlüssel oder Ihre Bankomatkarte: am Tag des Kennenlernens, weil Sie ein »liberaler« Mensch sind? Oder erst, wenn sich diese Person Ihr Vertrauen erworben hat und Sie sicher sind, dass die »Öffnung« nicht missbraucht wird. Klarer Fall. Warum sollte es zwischen Staaten anders sein?

Vielleicht hilft ein weiterer Vergleich: Die »liberale Globalisierung« wird gerne beschrieben als »freier Personen-, Waren-, Dienstleistungs- und Kapitalverkehr«. Das ist jedoch eine dreifache grobe Irreführung und Vernebelung:

1. Die einseitige Durchsetzung der Wirtschaftsfreiheiten – freier Kapitalverkehr, freier Dienstleistungsverkehr, freier Warenverkehr – bei gleichzeitiger Nichtdurchsetzung verbindlicher Menschenrechte, Arbeitsnormen, Gesundheitsstandards, sozialer Sicherheitssysteme, Steuersätze oder Umweltgesetze ist nicht »liberal« – die gleichen Rechte und Freiheiten aller sichernd –, sondern eine radikale Bevorteilung der Größten, Mächtigsten und Skrupellosesten: illiberale Prädemokratie.

2. Der Personenverkehr ist anders als behauptet nicht frei. Menschen werden von der EU und ihren Mitgliedstaaten in drei Güteklassen diskriminiert: Menschen erster Klasse genießen vollständige Reisefreiheit wie das Kapital; Menschen zweiter Klasse müssen hohe bürokratische Anforderungen überwinden, bevor sie vorübergehend in die EU einreisen dürfen; kaum haben sie es sich ein wenig gemütlich gemacht und FreundInnen gefunden, müssen sie wieder raus – ohne Gnade. Menschen aus »unwürdigen« Ländern dürfen gar nicht einreisen, die »Festung Europa« schottet sich immer hermetischer gegen GlobalisierungsverliererInnen ab. Das Budget der Frontex-Agentur, die ausschließlich dazu eingerichtet wurde, den freien Personenverkehr zu verhindern, hat sich in den letzten Jahren vervielfacht. Anders als Personen genießt jedes ausländische Kapital uneingeschränkte Einreisefreiheit – völlig unabhängig von der Qualität und Herkunft.

3. Freier Kapitalverkehr und die Überwachung desselben sind noch einmal zwei Paar Schuhe. Wieder hilft der Vergleich: Selbst wenn der Personenverkehr frei ist, bedeutet das nicht, dass es keine Grenzkontrollen, Registrierung, Deklarations- und Genehmigungspflichten, Stichproben und Sanktionsmöglichkeiten gibt: Spielregeln. Desgleichen beim Warenverkehr: Grundsätzliche Reisefreiheit bedeutet mitnichten, dass es keine Zollkontrollen, Einreisebehörden, Ausweispflicht und andere Spielregeln gibt. Nur beim Kapital soll freier Kapitalverkehr plötzlich heißen, dass der Staat – Regulierung, Aufsicht, Steuerbehörden, Mitteilungssystem – verschwindet und zu existieren aufhört? Das ist der haarsträubende reale Zustand, es ist aber weder liberal noch demokratisch oder rechtsstaatlich; vernünftig ist es schon gar nicht.

Freier Kapitalverkehr ist kein Selbstzweck und schon gar nicht das Ende aller Regeln. Die EU sollte das zukünftige multilaterale Steuerkooperationsabkommen allen Drittstaaten zur Unterschrift vorlegen – und bei Nichtunterzeichnung oder Vollzugsverweigerung mit der Einschränkung des Kapitalverkehrs reagieren. Wie man am Beispiel USA – Schweiz (Foreign Account Tax Compliance Act, FATCA) gesehen hat – und hoffentlich 2014 auch in Österreich sehen wird –, zieht eine Steueroase, auch wenn sie noch so selbstbewusst blufft, immer den Kürzeren und schwenkt sofort auf Kooperation ein, wenn es das Herkunftsland der Steuerflüchtlinge wirklich ernst meint.

Von der löchrigen Zinsrichtlinie zur lückenlosen Kapitaleinkommensrichtlinie

Ernst meinen heißt allerdings auch noch etwas Zweites, nicht nur Sanktionsbereitschaft, wenn die Kapitalverkehrspartner nicht kooperieren. Es heißt an erster Stelle: mit gutem und vollständigem Beispiel vorangehen. Die Zinsrichtlinie der EU kann es, was die Anzahl der Schlupflöcher angeht, gelassen mit »Schweizer Käse« aufnehmen: Besteuert werden nur Zinseinkommen, aber weder Divi-

201

denden noch Kursgewinne; nur natürliche Personen, aber keine juristischen; Österreich und Luxemburg machen gar nicht mit beim automatischen Austausch, sie haben eine Quellensteuer-Extrawurst ausverhandelt, um ihr Bankgeheimnis, sprich die Vermögenden zu schützen. Und als Draufgabe gibt es bisher so gut wie nirgendwo auf der Welt ein Stiftungs- oder Trustregister, in dem die EigentümerInnen oder Begünstigten namentlich aufscheinen, was die Voraussetzung für die Zuordnung von Vermögen und Einkommen zu Steuerpflichten wäre. In Summe also eine lange Liste unerledigter Hausaufgaben, die beweist, dass es die Parlamente der EU-Staaten bisher nicht ernst meinen. Sie sind ganz damit beschäftigt, den Zugriff der Finanzämter auf die Vermögenden abzuwehren oder zu untergraben. Ein Grund mehr, den Souverän die Spielregeln entscheiden zu lassen und nicht die Vertretung der A-Klasse.

Technische Umsetzung

Was bedeutet »den Kapitalverkehr einschränken«? Um das zu verstehen, empfiehlt es sich, einen Blick auf die heute übliche technische Abwicklung des Kapitalverkehrs zu werfen. Denn manche haben die Vorstellung, dass Steuerflucht in Koffern stattfindet, die vollgepackt mit Geldscheinen sind und persönlich oder von Schleppern durch unwegsames Gelände geschmuggelt und mit Motorbooten verfrachtet werden. Das trifft nicht zu. Manche haben die Vorstellung, dass die Hausbank per Mausklick einen hohen Millionenbetrag auf eine Bank in einer Steueroase überweist. Das trifft vordergründig zu. Hinter den Kulissen gibt es sogenannte »Clearing-Banken«, über die der Großteil des internationalen Kapitalverkehrs abgewickelt wird – aus Kostengründen. Wenn Tausende von Überweisungen gleichzeitig über eine Datenautobahn geschleust werden, kommt das schlicht billiger. Diese Clearing-Banken machen den Service, das liebe Geld von »onshore« nach »offshore« zu transferieren, natürlich nicht gratis. Jede Transaktion ist vergebührt. Wenn man so will, sind das private Zollbehörden für den Grenzübertritt des internationalen Kapitals. Würden wir den

Zoll beim Warenverkehr privatisieren – inklusive der Abwicklungsgewinne? Ich denke, dass es einleuchtet, dass es sich hier um eine hoheitliche Staatsaufgabe handelt, die direkt vom Staat wahrgenommen werden sollte, zum Beispiel von der Zentralbank. Ein Teil des Clearings wird schon heute von den Zentralbanken durchgeführt (Target), es müsste also nur »konsolidiert« werden. Alternativ dazu könnte die öffentliche Hand den privaten Clearing-Banken einen konkreten Leistungsauftrag erteilen, der die Beschränkung des Kapitalverkehrs miteinschließt – das wäre allerdings wie die Privatisierung der Zollabfertigung. Für die Beschränkung des Kapitalverkehrs gibt es mindestens zwei Möglichkeiten: Der Kapitalverkehr in Steueroasen wird so hoch besteuert, dass die »Flucht« unattraktiv wird. Oder den Banken, die in deklarierten Steueroasen sitzen, wird die Teilnahme am Kapitalverkehr verweigert. Sie erhalten kein Konto bei der Clearing-Bank.

Die erste Variante hat den Vorteil der möglichen Differenzierung je nach Schwere der fiskalischen Hehlerei. Ein mögliches Einstufungsinstrument ist der »Schattenfinanzindex« des internationalen Steuergerechtigkeitsnetzwerks.[12] Beispielsweise wäre es möglich, den Kapitalverkehr in Steueroasen stufenweise mit drei bis dreißig Prozent zu besteuern, je nach Ergebnis des Index. Da sich die HehlerInnen unterschiedlicher »Lockmittel« bedienen, erscheint mir dieser Vorschlag als der bessere. Zudem ist er prozessual und damit pädagogisch ausgerichtet: Nach dem Ende des Bankgeheimnisses für Zinseinkommen lässt sich die Meldepflicht auf weitere Einkommen ausdehnen, auf juristische Personen, auf das Trust-Register und weitere Lücken. Selbst innerhalb der EU wäre so ein »Anreizmechanismus« sinnvoll: Österreich und Luxemburg behielten die Freiheit, anstelle der automatischen Mitteilung von Kapitaleinkommen die Quellensteuer weiterhin anzuwenden. Es würde nur etwas mehr kosten. Jedes Land hätte in diesem »kollektiven Lernprozess« die Chance auf steuerfreien Kapitalverkehr. Der einzige Unterschied zu heute: Dieser Status würde nicht mehr gratis und bedingungslos verliehen, sondern er wäre die höchste Belohnungsstufe nach gemachten Hausaufgaben in der Steuerkooperation.

Der EU-Lissabon-Vertrag bietet bereits heute die Rechtsgrundlage für die Abwicklung des Clearings über das System der Europäischen Zentralbanken. Im Protokoll zur EZB steht: »Die EZB und die nationalen Zentralbanken können Einrichtungen zur Verfügung stellen und die EZB kann Verordnungen erlassen, um effiziente und zuverlässige Verrechnungs- und Zahlungssysteme innerhalb der Union *und im Verkehr mit dritten Ländern* zu gewährleisten.«[13]

Auch von der G20 kam Ende 2013 ein hoffnungsvolles Signal: Bei ihrem Treffen in St. Petersburg hielten die G20-Staaten in der Abschlussdeklaration fest, dass sie »den Vorschlag der OECD für ein wirklich globales Modell multi- und bilateralen automatischen Informationsaustausches zur Gänze unterstützen (...) Wir verpflichten uns zum automatischen Informationsaustausch als neuem globalen Standard und rufen alle anderen Staaten auf, sich uns so bald wie möglich anzuschließen (...) Wir hoffen, den automatischen Informationsaustausch zu Steuerangelegenheiten zwischen G20-Staaten Ende 2015 zu beginnen.«[14] Ich hoffe da einmal sehr stark mit. Mehr Vertrauen hätte ich aber in demokratische Geldkonvente.

Global gerechte Konzernbesteuerung: »Gesamtkonzernsteuer«

Nach der fairen und gleichen Besteuerung von Personen ist der nächste liberale Lückenschluss – im Sinne der gleichen Rechte und Pflichten aller – eine global koordinierte Besteuerung von Unternehmen. Auch hier müsste eine liberale Argumentation eigentlich ausreichen: Ab dem Zeitpunkt, ab dem über ein politisches Abkommen eine gemeinsame Handelszone in Kraft tritt, ein häufig bemühtes ebenes Spielfeld politisch eingerichtet ist, müssen auf diesem auch gleiche Spielregeln für alle gelten. Wer würde sich für die Fußballweltmeisterschaft interessieren, wenn jede Mannschaft ihre eigenen Regeln hätte? Weit hergeholt? Die Metaphorik der »Freihandelsfans« ist entlarvend: Sie sprechen pausenlos von einem »ebenen Spielfeld« (*level playing field*) für »globale Spieler« (*global players*). Doch während in der WTO mit heißem Bemühen über ebene Zölle und den Abbau anderer »Handelshindernisse« gefeilscht wird, ist die Angleichung der Rahmenbedingungen wie Arbeits-, Sozial-, Gesundheits-, Umwelt- oder eben Steuerstandards tabu. »Level playing field« hieße aber gleiche Steuerregeln (und alle anderen Standards) für alle, damit sich die unternehmerische Produktivität und Kreativität ganz auf die Entwicklung der besten Produkte und Dienstleistungen konzentrieren kann und nicht durch den Vergleich der Steuergesetze abgelenkt und durch steuermotivierte Standortentscheidungen verzerrt und fehlgelenkt werden. Derzeit ist das Steuersystem von einer vierfachen Ineffektivität gekennzeichnet:

1. Unternehmen geben Unsummen für AnwältInnen, TreuhänderInnen und SteuerberaterInnen aus, um durch Tricks (interne Verrechnungspreise, Kredite einer Tochter an die andere, Lizenzgebühren an Töchter oder Holdings in Steueroasen, Aufbau intransparenter Firmengeflechte ...) die Steuerleistung zu minimieren. Dieses Geld könnte besser eingesetzt werden.

2. AnwältInnen, TreuhänderInnen und SteuerberaterInnen werden ethisch korrumpiert, indem sie den mächtigsten Mitgliedern der Weltgesellschaft dabei helfen, ihren fairen und gerechten Steuerbeitrag nicht zu leisten. Systemisch ein Rückschritt hinter die bürgerlichen Revolutionen.

3. Finanzämter müssen den Unternehmen mit großem Aufwand auf die Spur kommen, was nicht nötig wäre, wenn es einheitlich konsolidierte Konzernbilanzen gäbe und der Steuersatz sich an der realen Tätigkeit des Unternehmens im jeweiligen Land bemessen würde.

4. Steuervermeidende Unternehmen nehmen dadurch einseitig staatliche Leistungen (Ausbildung der Arbeitskräfte über Infrastruktur bis öffentliche Sicherheit) in Anspruch, ohne dafür angemessen Steuern zu bezahlen.

Ergebnis ist ein multimillardenschwerer Steuerausfall in allen Ländern – weil sie sich dazu entschieden haben, Konzerne nicht angemessen, transparent und einheitlich zu besteuern.

Damit nicht genug: Infolge der Verschiebung von Gewinnen in Steueroasen geraten auch alle Nicht-Steueroasen in den Steuer-Wettbewerb und senken alle zusammen die Gewinnsteuersätze, in

Richtung vollkommene Steuerbefreiung von Großunternehmen. In Deutschland lag der Unternehmenssteuersatz in der Ära Kohl noch bei sechzig Prozent, heute ist es die Hälfte.[15] In der OECD sanken die Unternehmenssteuersätze zwischen 1995 und 2009 von 37,7 Prozent auf 26,3 Prozent.[16]

Logisch und liberal wäre, dass die wichtigsten bestehenden Handelszonen – EU, WTO – auch einheitliche Steuerregeln schaffen: sowohl eine einheitliche Bemessungsgrundlage als auch einen Mindeststeuersatz: Der Steuerwettbewerb wäre Geschichte. Zur global einheitlichen Konzernbesteuerung gibt es Vorstufen, die von einem Land im Alleingang problemlos praktiziert werden können, jedenfalls von der EU.

Stufe 1: Wohnsitzlandprinzip
Das Prinzip besagt: Egal, wo ein internationales Unternehmen tätig ist, die erzielten Gewinne werden überall gleich hoch besteuert wie im Sitzland – durch Nachversteuerung der Differenz. Die zwischen Staaten üblichen Doppelbesteuerungsabkommen können nach zwei Methoden ausgestaltet werden: 1. Nach der *Freistellungsmethode*: Ein deutscher Konzern hat eine Tochter in Irland, in der Schweiz oder in Singapur errichtet. Die Gewinne werden nur im Ausland versteuert, auch wenn dort der Steuersatz niedriger ist als im Stammland. 2. Nach der *Anrechnungsmethode*: Der Gewinn wird im Ausland normal versteuert, aber sollte der Steuersatz dort niedriger sein als im Inland, wird die Differenz im Sitzland »nachversteuert«. Die erste Option, sie ist die übliche, beinhaltet natürlich einen Anreiz, eine Tochter in einer Steueroase oder einem Niedrigsteuerland zu gründen. Im zweiten Fall wäre der Anreiz, aus Steuergründen eine Tochter in einem Niedrigsteuerland zu errichten und Gewinne dorthin zu verschieben, eliminiert.

Österreich hat hier noch eine weitere Hausaufgabe dazubekommen. Seit 2005 können dank der mittlerweile schon fast berüchtigten »Gruppenbesteuerung« österreichische Unternehmen auch ihre ausländischen Verluste »zu Hause« mit dem Gewinn gegenrechnen, sprich den heimischen Gewinn damit vermindern. Für die im Ausland erzielten Gewinne gilt das allerdings nicht, diese werden nicht zu den heimischen Profiten hinzugerechnet. Die Argumentation bei all diesen Steuertricks ist die immer gleiche: Es geht nie um Werte (Gerechtigkeit), sondern um die Androhung von Nachteilen (Wettbewerb). Die Wettbewerbskeule wird seit Jahren eingesetzt gegen bessere Arbeitsbedingungen, soziale Sicherheit, Umwelt- und Klimaschutz, Transparenz für KonsumentInnen, Begrenzung der Ungleichheit, mehr Demokratie und Grundrechte. Alles Schöne, Wahre, Gute ist in einem internationalen Wettbewerbsregime leider nicht möglich, lernen wir, im Gegenteil: Unfaires Verhalten bringt Vorteile. Dieser – ethisch verfassungswidrigen – Argumentation[17] im Interesse der Global Players muss ein Souverän nicht folgen. Er kann sich für Gerechtigkeit, Fairness, Gleichbehandlung und Demokratie entscheiden. Der Verlust eines österreichischen Großunternehmens in Osteuropa wird mit dem Gewinn im gleichen Land verrechnet und Letzterer entsprechend versteuert. Die Differenz zum Gewinnsteuersatz im Sitzland wird in Österreich nachversteuert. So wird dem Wettbewerb um Niederlassungen, Investitionen und Gewinne multinationaler Konzerne mithilfe der Steuersätze die Grundlage entzogen.

Stufe 2: »Unitary Taxation« oder Gesamtkonzernsteuer
Auf das Wohnsitzlandprinzip könnten Konzerne mit der Verlagerung des Rechtssitzes reagieren. Tatsächlich übersiedelte Philip Morris in die Schweiz und Accenture auf die Bermudas. Hier braucht es eine weiter gehende Alternative, und es gibt sie: »Unitary Taxation«, »globale Anteilssteuer« oder »Gesamtkonzernsteuer«.[18] Bei diesem Besteuerungsansatz wird der Konzern verpflichtet, eine global konsolidierte Bilanz zu erstellen. Daraufhin wird der Anteil jedes Landes an der globalen Wertschöpfung (anhand von Faktoren wie Kapitaleinsatz, Beschäftigten und Umsatz) ermittelt. Schließlich wird der ermittelte Anteil des globalen Konzerngewinns dem gültigen Steuersatz des jeweiligen Landes unterworfen. Damit wäre nicht nur eine Sitzverlagerung in eine Steueroase nutzlos, weil beispielsweise Accenture den Großteil seiner Geschäfte in den USA erledigt und nicht auf den Bermudas. Und es wäre auch egal, wohin ein Konzern mithilfe diverser Tricks (interne Verrechnungspreise,

Kredit eines Teils an den anderen, überzogene Lizenzgebühren ...)
seine Gewinne verschiebt, wie es zum Beispiel Ikea praktiziert.
Denn was zählt, ist einzig die reale Geschäftstätigkeit. Steueroasen
wären zwecklos, denn ein Eintrag im Firmenregister schafft weder
Umsatz noch Beschäftigung.

Die Unitary Taxation ist keine Utopie, sie wurde bereits 1925 in
den USA von mehreren Bundesstaaten angewandt, gegen den US-
internen Steuerwettbewerb. Zum Beispiel wollte Kalifornien verhindern, dass Filmunternehmen ihre Gewinne nach Nevada verschoben. Doch der massive Druck der Konzerne, aber auch die
Befürchtung der EU vor einer Doppelbesteuerung ließen viele Staaten wieder von der globalen Anteilssteuer abgehen. Die OECD blo-
ckierte lange Zeit jede Untersuchung über die Auswirkungen einer
Unitary Tax, und eine Initiative in der UNO schlief wieder ein.

Wenn aber Souveräne entscheiden, und nicht mit den Reichen
verbandelte Regierungen, könnte die Unitary Taxation rasch eingeführt werden. In Zeiten der Globalisierung ist eine einheitliche Konzernbesteuerung das logische Prinzip:»Der einheitliche Zugang beruht auf der Sichtweise, dass das Einkommen eines Konzerns von
diesem als Ganzem erzielt wird; es versucht nicht zu identifizieren
oder zu quantifizieren, wie viel davon von jedem seiner Teile verdient wurde«, begründet das Tax Justice Network. Hingegen behandelt »das gegenwärtige internationale Steuersystem transnationale
Konzerne wie lose Firmensammlungen oder voneinander getrennte
Einheiten in unterschiedlichen Ländern«.[19] Die offizielle Politik
marschiert leider in die Gegenrichtung:»Von der ›unitary taxation‹
als dem Herzstück einer effektiven Bekämpfung der Gewinnver-
schiebung scheint die EU-Kommission sogar immer mehr abzurü-
cken«, meint die Steuerexpertin des Wiener WIFO, Margit Schratzenstaller.[20]

Bei alleiniger Umsetzung der Unitary Taxation wäre der »reale
Standortwettbewerb« noch nicht vorbei: Unternehmen könnten
ihre reale Tätigkeit in Niedrigsteuerländer verlagern. Deshalb
schlägt das Global Tax Justice Network, das auf diesem Gebiet Pio-
nierarbeit leistet, die Kombination beider Alternativen vor: globale
Anteilssteuer und Wohnsitzlandprinzip. Dann wären alle Schlupf-

löcher geschlossen und der globale Steuerwettbewerb in der Disziplin »Unternehmensgewinne« beendet.

Die in Kapitel 7 vorgeschlagene globale Steuerbehörde könnte mit der Umsetzung der Gesamtkonzernsteuer beginnen und einheitliche Regeln ausgeben für eine global konsolidierte Konzernsteuerbilanz, die nach Ländern aufgeschlüsselt ist.

Alleingang der EU möglich!

Die Europäische Union könnte vorausgehen und drei Ansätze miteinander verbinden:

1. Nach der Durchsetzung einer gemeinsamen Steuerbasis für transnationale Unternehmen, die von der Kommission ausgearbeitet und vom EU-Parlament in einer Entschließung befürwortet wurde, ist der zweite, gleich nötige, Schritt die Festsetzung eines gemeinsamen Körperschaftssteuersatzes in der EU, jedenfalls eines hohen Mindeststeuersatzes, um den Steuerwettbewerb im Binnenmarkt zu befrieden.

2. Für alle in der EU tätigen – produzierenden, verkaufenden oder veranlagenden – Unternehmen wird das Prinzip der Unitary Taxation angewandt. Ikea könnte einen noch so großen Anteil seiner Gewinne in Steueroasen verschieben, die »Bemessungsgrundlage« wäre der Umsatz, der Beschäftigungs- und Kapitaleinsatz in jedem einzelnen EU-Mitgliedsland.

3. Sämtliche Doppelbesteuerungsabkommen werden umgeschrieben auf die Anrechnungsmethode. Wenn EU-Unternehmen im Ausland geringere Steuersätze zahlen, wird die Differenz in der EU nachversteuert, um Produktionsverlagerungen aus Steuergründen zu demotivieren.

Wenn der politische Wille vorhanden ist, ließe sich schon heute vollständige Steuergerechtigkeit herstellen. Ich kann mir gut vorstellen, dass das die Regierungen auch die nächsten Jahre nicht wollen; und ich kann mir noch besser vorstellen, dass die Souveräne, wenn sie selbst entscheiden könnten, für ein gerechtes Steuersystem in der EU und weltweit votieren würden.

11. OBERGRENZEN FÜR EINKOMMEN UND BESITZ – »NEGATIVE RÜCKKOPPELUNGEN«

Die gerechte Verteilung von Einkommen und Ressourcen
ist eine der Grundvoraussetzungen für Vertrauen und
den Glauben an die Gemeinschaft. Damit ist soziale
Gerechtigkeit auch die Basis des Vertrauens ins Geld –
und Voraussetzung für eine krisenfeste Ökonomie, an der
auch die, denen es gut geht, Interesse haben müssten.

Christine von Braun[1]

Eines der größten Probleme der Gegenwart ist zweifellos die extreme Ungleichheit und die damit verbundene Machtkonzentration in Wirtschaft und Politik. Mit ihr ist eine ganze Kette weiterer Probleme verbunden: Verlust von Chancengleichheit, Armut und Ausgrenzung, Verlust politischer Teilhabemöglichkeiten, Lobbyismus und Fehlregulierung, Umweltzerstörung und Klimawandel, Finanzinstabilität ... Dass der Kapitalismus in seiner heutigen Ausprägung der größte Feind der Demokratie geworden ist, wird immer mehr Menschen klar. Der renommierte Politologe Colin Crouch schreibt: »Die Konzentration ökonomischer Macht ist die eigentliche Ursache für das Dilemma, mit dem moderne Gesellschaften konfrontiert sind (...) politische Verfahren und die Regierungen entwickeln sich zunehmend in eine Richtung zurück, die typisch war für vordemokratische Zeiten.«[2] Der ehemalige Chefökonom des Internationalen Währungsfonds, Simon Johnson, schreibt: »Alle Finanzkrisen der jüngeren Geschichte wurden dadurch ausgelöst, dass eine wirtschaftliche Elite zu viel Macht bekam.«[3] Noch deutlicher wird Robert Reich, Arbeitsminister unter Bill Clinton: »Der Superkapitalismus hat die Politik erfasst und die Demokratie verschlungen.«[4] Colin Crouch spricht von »Postdemokratie«, ich zukunftsgewandt von Prädemokratie. Sehen wir uns zunächst die Machtkonzentration in der heutigen Wirtschaft an:

– Die *Einkommensungleichheit* ist in den USA auf ein Maß gestiegen, das vielen schier unglaublich erscheint: Eine Person, die für den gesetzlichen Mindestlohn von 7,25 US-Dollar[5] die durchschnittliche Vollarbeitszeit von vierzig Wochenstunden und 48 Wochen im Jahr arbeitet, verdient dafür 13 920 US-Dollar. Das höchste bekannte Jahreseinkommen bezog 2010 der Hedge-Fonds-Manager John Paulson mit unfassbaren fünf Milliarden US-Dollar: das 359 000-Fache![6]

– Die *Eigentumsverteilung* spreizt sich immer weiter auf, nicht nur in den USA und Brasilien, sondern auch in Deutschland: Während in diesem Land fünfzig Prozent der Bevölkerung kein (!) Nettovermögen besitzen (ihr Anteil am Gesamtvermögen beträgt 0,0 Prozent), besitzen vierzig Prozent der Bevölkerung zusammen 38,9 Prozent und die reichsten zehn Prozent stolze 61,1 Prozent des gesamten Vermögens.[7] In Österreich vereint nach neuesten Berechnungen der Universität Linz ein einziges Prozent der Bevölkerung sogar 37 Prozent des gesamten Vermögens oder 469 Milliarden Euro auf sich. Das ist exakt das Doppelte der Staatsschulden in der Höhe von 234 Milliarden Euro oder 17-mal so viel, wie fünfzig Prozent der Bevölkerung besitzen: nur 27,5 Milliarden oder 2,2 Prozent des Gesamtvermögens.[8] Die reichsten Haushalte besitzen 33,8 Milliarden Euro in Deutschland (Familien Aldi), vierzig Milliarden in Österreich (Familie Porsche-Piëch) und 42 Milliarden Euro in Spanien (Amancio Ortega).

– Je größer die Vermögen, desto schneller wächst auch die Ungleichheit: Die Valluga AG schreibt, dass die Vermögen der »einfachen« MillionärInnen jährlich um acht Prozent zulegen. Hingegen beträgt der jährliche Zuwachs bei den Forbes 400 im Zeitraum 1993 bis 2009 im Jahresschnitt rund zehn Prozent.[9] Die erste Million ist im Unterschied zur letzten die mit Abstand schwerste und für die meisten unerreichbar.

– Die 500 weltgrößten Unternehmen beschäftigten Ende der 1990er Jahre 0,05 Prozent der Weltbevölkerung, kontrollierten jedoch siebzig Prozent des Welthandels, achtzig Prozent der Auslandsinvestitionen und 25 Prozent der Weltproduktion.[10] Der gemeinsame Umsatz der Fortune-500-Unternehmen machte im Jahr 2000 72 Prozent der Wirtschaftsleistung der USA aus, 2011 waren es 78 Prozent.[11] Vierzig Prozent des Unternehmenswertes von 43 000 transnationalen Konzernen werden aktuell von nur 147 Unternehmen gehalten, das ist das Ergebnis einer Studie der ETH Zürich: »Die Top-Eigentümer im inneren Kern können somit als ›Super-Einheiten‹ im globalen Netzwerk der Konzerne betrachtet werden.«[12] Die schöpferische Zerstörung (Schumpeter) schafft es ganz offenbar nicht, gegen die Oligopolbildung und die Vermachtung der Märkte anzukommen. Auch nicht mithilfe von Antikartellgesetzen und staatlicher Fusionskontrolle.

Während es eine Reihe von TheoretikerInnen und ÖkonomInnen gibt, welche sich ausdrücklich für Ungleichheit aussprechen, ist mir kein prominentes Plädoyer für *grenzenlose* Ungleichheit bekannt. Hingegen gibt es eine lange Ahnenreihe von DenkerInnen, die sich für die Begrenzung von Ungleichheit aussprechen – aus den unterschiedlichsten Gründen. Wir wollen hier die wichtigsten Argumente behandeln.

1. Liberales Argument

Das liberale Urprinzip besagt, dass alle Menschen die gleichen Freiheiten genießen und deshalb die Freiheiten einer Person dort ihre Grenze finden müssen, wo ein Mehr an Freiheit für sie die Freiheit einer anderen Person einschränken würde. Dieses Grundprinzip wird von sämtlichen liberalen Denkern bestätigt: »Die Freiheit muss beschränkt werden, um die Freiheit eines anderen zu wahren«, schreibt Milton Friedman.[13] Friedrich von Hayek blies in dasselbe Horn: »Um frei von diktatorischen Einflüssen zu sein, muss Macht auch begrenzt sein.«[14] Er folgerte: »Die Aufgabe einer Politik der Freiheit muss es daher sein, Zwang oder seine schädlichen Wirkungen zu verringern.«[15] Der österreichische Ex-Finanzminister Karl-Heinz Grasser erwirkte eine Reader's-Digest-Ausgabe von Hayeks »Der Weg in die Knechtschaft«. Im Vorwort des Büchleins schrieb er: »Macht ist das Gegenteil von Freiheit.« Es sind sich offenbar alle einig, dass zu viel Macht illiberal ist. Ausständig ist von »liberaler« Seite hingegen die Zustimmung, dass dies auch für die Konzentration *wirtschaftlicher* Macht gilt: für die Konzentration von Privateigentum, Erbschaften und Großunternehmen. Mein Argument ist, dass die Überkonzentration von Macht überall schädlich ist, unabhängig davon, ob es sich um politische, ökonomische oder sexuelle Macht handelt. Hier wie dort gilt das Prinzip der Gewaltentrennung: In einer liberalen Demokratie sollte *jede* Konzentration von Macht verhindert werden: ganz gleich, ob es sich um die Begrenzung von Legislaturperioden, die Machtaufteilung zwischen Legislative, Exekutive und Judikative, um die Verhinderung von Kartellen und Monopolen auf Märkten oder die Begrenzung der Ungleichheit bei Einkommen und Vermögen handelt.

Der differenzierte Gedanke ist: Es geht nicht um die *Abschaffung* der Eigentumsfreiheit, sondern um deren *Sicherung für alle* durch *Begrenzung*. So viel Dialektik wird erwachsenen Menschen bei fast allen anderen Freiheiten zugemutet:

- Wir dürfen andere Menschen ohne deren Zustimmung nicht berühren. Das ist weder illiberal noch ein Zärtlichkeitsverbot.
- Wir dürfen im Straßenverkehr nicht so schnell Auto fahren, wie manche gerne wollten. Das ist weder illiberal noch ein Verbot des motorisierten Individualverkehrs.
- Wir dürfen die Häuser nicht so hoch bauen, wie wir wollen, und auch nicht an jedem beliebigen Ort. Auch das ist weder illiberal noch ein allgemeines Bauverbot.
- Wir dürfen für bestimmte politische Ämter nur einmal oder wenige Male kandidieren. Auch das ist weder illiberal noch die Infragestellung der Ämter an sich, im Gegenteil.

Alle Freiheiten sind begrenzt, um die gleichen Freiheiten und Rechte für alle zu wahren. Nur ausgerechnet bei Einkommen und Vermögen versuchen sich als liberal ausgebende Verfechter der grenzenlosen Machtkonzentration zu argumentieren, dass eine Begrenzung dieser Freiheiten »gegen die Freiheit« gerichtet sei oder gar »Kommunismus«. Die Wirtschaftskammer Steiermark schreibt in einer Broschüre, die sie der Gemeinwohl-Ökonomie widmet, beispielsweise: »Wenn es um die Beschränkung von Eigentumsrechten geht, werden die Grenzen einer liberalen demokratischen Rechtsordnung überschritten (...) dies entspricht einem kommunistischen System.«[16] Die Verwechslung von »kommunistisch« und liberal ist schon beachtlich. Mein Argument: Die Einkommens- und Eigentumsfreiheit muss genauso begrenzt werden wie alle anderen Freiheiten auch, um

– eine Überkonzentration von Macht zu verhindern;
– ein Übermaß an Ungleichheit zu verhüten;
– die gleichen ökonomischen und politischen Teilhabechancen für alle zu sichern;
– damit die maximale Freiheit aller zu garantieren.

Die Bush-Dynastie in den USA, Berlusconi in Italien oder Frank Stronach in Österreich zeigen sehr deutlich, auf welche Ideen Milliardäre kommen: Sie kaufen Fußballclubs, TV-Sender und, im Fall Frank Stronachs, gleich einen ganzen Parlamentsclub. Wenn politische EntscheidungsträgerInnen zu einer käuflichen Ware werden, ist es mit der Demokratie und mit der gleichen Freiheit aller vorbei. Dem sollte das »öffentliche Gut Geld« entgegenstehen. Jeder sollte so viel davon erwerben und besitzen dürfen, dass er oder sie sich ein komfortables Leben leisten kann; jedoch darf niemand so viel Macht bekommen, dass sein oder ihr politischer Einfluss die gleichen Teilhabechancen anderer annulliert. Liberal heißt »maximale Freiheit für alle (aufgrund gleicher Rechte und Chancen)«. Illiberal ist die »maximale Freiheit für wenige (aufgrund ungleicher Chancen und Rechte)«. Stronach bestätigt das sogar: »Die Welt war und ist von der goldenen Regel dominiert: Wer das Gold hat, macht die Regeln. Ich möchte von niemandem dominiert sein, aber ich möchte auch nicht die Möglichkeit haben, jemanden zu dominieren. Die Frage ist, wie können wir die Ketten des Dominierens konstruktiv lösen?«[17] Indem niemand so viel Gold haben darf, dass er die Regeln machen kann.

2. Systemtheoretisches Argument
Der Systemtheorie verdanken wir die Einsicht, dass »positive Rückkoppelungen« zum Kollaps lebendiger Systeme führen. Dagegen sorgen »negative Rückkoppelungen« für die dauerhafte Stabilität und das Überleben eines Systems oder Organismus. Konkret bedeutet das: In komplexen lebendigen Systemen gibt es Entwicklungen wie Erwärmung, Wachstum oder Anstieg der Konzentration bestimmter Substanzen oder Populationen. Werden diese Tendenzen

nicht aufgehoben – durch Abkühlung, Schwitzen, chemische Gegenreaktion, Vermehrung von natürlichen Feinden oder Nützlingen –, kommt es zur Überhitzung, Übersäuerung, Überpopulation und schließlich zum Kippen und Kollaps eines Ökosystems.

Der Kapitalismus ist ein positiv rückgekoppeltes System: Je vermögender, größer oder mächtiger eine Person oder ein Unternehmen ist, desto leichter wird das weitere Reicher-, Größer- und Mächtiger-Werden. Das führt zu Überkonzentration und exzessiver Ungleichheit und gefährdet die Systemstabilität. Damit eine Wirtschaftsordnung dauerhaft stabil bleibt, müsste es genau umgekehrt sein und der »Aneignungswiderstand« progressiv zunehmen: Je reicher, größer und mächtiger jemand ist, desto schwieriger sollte das weitere Reicher-, Größer und Mächtiger-Werden sein, bis zu einer absoluten Grenze des Wachstums. Dann wäre dieses Wirtschaftssystem negativ rückgekoppelt – und stabilisiert: Am Beginn des Erwerbslebens gibt es starke Anreize und Hilfeleistungen, damit sich Personen ein bescheidenes Vermögen erarbeiten können; doch je größer dieses wird, desto stärker beginnt das System zu bremsen, bis es auf materieller Ebene gar kein Vorwärtskommen mehr gibt. Ab wann dies der Fall ist, sollte demokratisch entschieden werden. Eine mögliche Obergrenze wäre die Schwelle zum »Ultra High Net Worth Individual« – dieses Prädikat wird von GeldverwalterInnen ab dreißig Millionen US-Dollar Privatvermögen verliehen. Bei Banken könnte eine Obergrenze für die Bilanzsumme eingezogen werden – vor der das vorgeschriebene Eigenkapitel progressiv ansteigt. Industriebetriebe könnten rückgekoppelt werden, indem sie ab einer bestimmten Größe progressiv demokratisiert und vergesellschaftet werden. Wenn es UnternehmenseigentümerInnen primär um Innovation und sinnvolle Produkte geht, werden sie sich an demokratischen Strukturen nicht stoßen. Geht es ihnen hingegen primär um Macht, wäre das ein starker Anreiz, klein zu bleiben. Die Entscheidung »Wachsen und Macht teilen« oder »Klein bleiben und Macht behalten« bliebe den UnternehmerInnen frei. Heute darf ein Riese den anderen einfach fressen, das ist legal und führt mitunter zu noch größerem Erfolg des Kannibalen. Nicht zuletzt dadurch werden einige Global Players so mächtig, dass ihre demokratische

Kontrolle und Regulierung nicht mehr gelingt. Die Konzerne bändigen im Gegenteil die Demokratie. Manche PolitikerInnen nennen das eine »marktkonforme Demokratie«.[18] Eine marktkonforme Demokratie kann es aber gar nicht geben: Ein Staatswesen, das sich nach dem Markt ausrichtet, ist eine Wirtschafts- und Finanzdiktatur.

3. Leistungsgerechtigkeit und Chancengleichheit

»Leistung muss sich wieder lohnen«, sind sich die Parteichefs von SPD und CDU einig.[19] Die »Leistungsgesellschaft« wird vielerorts beschworen und findet sich in zahlreichen Parteiprogrammen. Doch damit Leistung sich tatsächlich lohnen kann, müsste die erste Million die leichteste sein. Heute ist die erste Million für 99 Prozent der Menschen in Deutschland und Österreich unerreichbar – egal was und wie viel sie tatsächlich leisten. Die zweite Million ist schon viel leichter zu verdienen. Bei der einhundertsten Million kann die betreffende Person vermutlich gar nicht mehr sagen, welche Leistung zu dieser Million geführt hat. Und wer eintausend Millionen besitzt und jährlich acht Prozent Vermögensrente erzielt, muss täglich 220 000 Euro ausgeben, um nicht *reicher* zu werden – eine schöne Leistungsgesellschaft! Nach den Daten von Credit Suisse haben 38 Prozent aller MilliardärInnen in der OECD ein Großvermögen geerbt.[20] Die Gewinn- oder Kapitaleinkommen, die sie auf dieses geschenkte Startkapital erzielen, sind erneut: arbeitslose Grundeinkommen. Während sich die einen abrackern für den Mindestlohn oder darunter, leisten die anderen mitunter gar nichts und »lassen ihr Geld für sich arbeiten«, was konkret bedeutet, dass andere, die tatsächlich etwas leisten, *für sie arbeiten*. Das sind markante Kontraindikationen einer echten »Leistungsgesellschaft«. Doch scheinen diejenigen, welche der Leistungsgesellschaft und insbesondere den »Leistungsträgern« gerne das Wort reden, davon nichts zu bemerken oder nichts davon wissen zu wollen. Wer für eine wirklich chancengleiche Leistungsgesellschaft eintritt, müsste dafür sorgen, dass:

– alle mit demselben Vermögen an den Start gehen;
– bei der Leistungsbewertung ausschließlich der persönliche Einsatz und die Anstrengung gewertet wird;

- kleine Unternehmen gleiche Chancen auf dem Markt haben wie große Unternehmen;
- neue Unternehmen gleiche Chancen haben wie bestehende Unternehmen;
- Menschen ohne vermögende und beziehungsreiche Eltern gleiche Chancen haben wie Kinder aus gutem und einflussreichem Hause;
- unverschuldete Nachteile – körperliche Schwächen, geistige Schwächen, Traumen, Krankheiten, Minderbegabung – nicht zu Einkommensnachteilen führen.

Chancengleichheit und Leistungsgerechtigkeit bedeuten, dass Menschen, die sich unter gleichen Bedingungen gleich anstrengen, zu gleichen Einkommen und Vermögen kommen. Zur Gänze ist das nie herstellbar, aber die Chancenungleichheit und Leistungsungerechtigkeit können minimiert werden, indem die größten Hindernisse aus dem Weg geräumt werden.

4. Argument der Finanzstabilität

Wie wir in Kapitel 6 gesehen haben, gibt es einen wachsenden Überschuss an Vermögen, der nicht nur Ausdruck ungerechter Verteilung und großer Ungleichheit ist, sondern auch der Stoff, aus dem sich Blasen bilden. Ab einem gewissen Vermögen bleibt den Vermögenden keine Alternative, als ihr Vermögen in das globale Finanzcasino einzuschleusen, wo es die Blasenbildung verstärkt. Bleibt es bei ungleicher Verteilung, wachsen parallel zu den Vermögen die Schulden, bis die Blasen platzen und Vermögen vernichtet werden. Wollen die Vermögenden eine schmerzhafte Vernichtung ihres Reichtums verhindern, sollten sie ein Interesse an negativen Rückkoppelungen haben. Und hat die demokratische Gesellschaft ein Interesse an systemischer Finanzstabilität, sollte sie neben anderen Maßnahmen auch dafür sorgen, dass es nicht zu Billionenüberschüssen an Privatvermögen kommt, die dann auf »freien Finanzmärkten« zu Immobilienblasen, Rohstoffblasen, Staatsschuldenblasen, Aktienblasen oder Derivateblasen werden. In der Krise kann ein viel größerer Verlust von Vermögen eintreten als durch Steuern. Deshalb schreibt Ulrike Herrmann: »Es mag paradox wirken, aber für die Vermögenden wäre es die allerbeste Geldanlage, wenn sie mehr Steuern entrichten würden.«[21] Im Falle einer krisenhaften Vernichtung des Vermögens ist dieses einfach weg. Fließt es stattdessen in Steuern, werden daraus Schulen, Spitäler, Verkehrsmittel, soziale und öffentliche Sicherheit sowie Chancen für alle, auch morgen ein Vermögen zu erwerben und ein gutes Leben zu führen.

5. Gesundheits-Argument

Ein weiteres Argument gegen grenzenlose Ungleichheit ist die Tatsache, dass Gesellschaften auseinanderbrechen und weniger glücklich werden. Es ist empirisch messbar, dass sich sämtliche Lebensqualitäts- und Sozialindikatoren zurückentwickeln, wenn die Ungleichheit zu groß wird. Nicht Ungleichheit an sich wirkt sich negativ aus, sondern *übermäßige* Ungleichheit. Die Epidemiologen Richard Wilkinson und Kate Pickett aus Großbritannien haben unzählige Studien, die den Zusammenhang zwischen Ungleichheit und Sozialindikatoren bestätigen, zusammengetragen und eine beeindruckende Übersicht vorgelegt: Übermäßige Ungleichheit führt zu einem Anstieg von Unsicherheit, Angst, Gewalt, Kriminalität, Gefängnispopulation, Drogenmissbrauch, Teenager-Schwangerschaften, der Schlechterstellung von Frauen und zu einem Rückgang der Lebenserwartung. Die Ergebnisse im Detail sind genauso frappierend wie eindeutig: Zum Thema Angst wurden allein in den USA 269 Studien in der zweiten Hälfte des 20. Jahrhunderts ausgewertet, mit einem kontinuierlichen Aufwärtstrend (einschließlich Depressionskrankheiten). In den späten 1980er Jahren waren die Ängste bei Kindern höher als bei Psychiatriepatienten in den 1950er Jahren. In Großbritannien traten sie in den 1990er Jahren bei Menschen Mitte zwanzig doppelt so häufig auf wie bei Menschen, die 1958 geboren wurden.[22] Der deutsche Angstindex hat sich zwischen 1991 und 2010 verdoppelt.[23] Spiegelverkehrt nimmt das Vertrauen unter den Menschen in dem Maße ab, je weiter die Einkommensschere in ihrem Land geöffnet ist (…) 1960 lag die Vertrauensquote in den USA noch bei sechzig Prozent, 2004 waren es weniger als vierzig Prozent.[24] Wilkinson und Pickett fassen zusammen: »Würden die USA die in ihrem Land herrschenden Einkommensunterschiede auf ein Maß reduzieren, wie es in – was Gleichheit anbelangt – führenden Industrieländern Japan, Norwegen, Schweden und Finnland zu konstatieren ist, dann würde der Anteil der Amerikaner, die glauben, anderen vertrauen zu können, um 75 Prozent steigen (…) Die Raten von Menschen mit psychischen Störungen oder Übergewicht könnten um jeweils zwei Drittel zurückgehen, die Zahl der Teenager-Schwangerschaften könnte halbiert werden, die Zahl der Gefängnisinsassen um vierzig Prozent sinken, die Menschen würden länger leben und dabei jährlich um das Äquivalent von zwei Monaten weniger arbeiten.«[25] Der deutsche Buchtitel lautet übrigens »Gleichheit ist Glück«, meint aber keineswegs, dass alle gleich viel verdienen und besitzen sollten, sondern dass das extreme Maß an Ungleichheit verringert werden sollte. In denjenigen Ländern, in denen die relativ geringste Ungleichheit herrscht, sind sämtliche Sozialindikatoren besser als in den Ländern mit der größten Ungleichheit. Ein Sprichwort besagt: »Zu wenig und zu viel ist des Narren Ziel.«

6. Glücksargument

Es ist schon erstaunlich: Mir ist keine Religion, Philosophie oder Geistesschule bekannt, die grenzenlosen materiellen Reichtum gutheißen oder empfehlen würde, ganz im Gegenteil: Überall ist die Mäßigung, das Maßhalten, das Gleichgewicht das Ziel, und manchmal auch Genügsamkeit, Bescheidenheit und Demut. Hingegen sind Egoismus, Gier, Habsucht, Geiz und Materialismus klar negativ konnotiert oder sogar geächtet (»Todsünden«). Der Kapitalismus widersetzt sich der Essenz aller Religionen, er ist eine Ersatzreligion. Die Beste ist nicht die, die Maß hält, teilt, anderen hilft und Glück in anderen Lebensinhalten findet als im Geld, sondern die, die am meisten hat und ihr Vermögen unendlich weiter vermehrt.

»Geld macht glücklich« ist nur unter zwei Bedingungen zutreffend: a) wenn es nicht der einzige Glücksfaktor ist und b) wenn damit grundlegende Bedürfnisse gedeckt werden können. Anders gesagt: Bis zu einer gewissen Schwelle der Deckung von Grundbedürfnissen ist Geld heute essenziell. Darüber hinaus gibt es keinen wissenschaftlichen Beleg dafür, dass mehr Geld glücklicher macht. Im Gegenteil: Diejenigen Forschungsergebnisse, die vorliegen, deuten auf keinen oder sogar einen negativen Zusammenhang hin zwischen »noch mehr Geld« und Glück. Der Glücksforscher Richard Layard schreibt: »In den USA hat sich zwar das Realeinkommen und damit der Lebensstandard verdoppelt, aber die Menschen sind keineswegs zufriedener als in den Fünfzigern.« Weder sei die Zahl der Unglücklichen zurückgegangen noch der Anteil der Glücklichen gestiegen.[26] Auch zwischen den Ländern sprechen die Zahlen eine klare Sprache: »Wenn wir die westlichen Industrieländer gegenüberstellen, stellen wir fest, dass die Reichen nicht glücklicher sind als die Armen.«[27] Die höchste mir bekannte Schwelle, oberhalb der mehr Geld und mehr Glück aufhören zu korrelieren, liegt bei 290000 US-Dollar Jahreseinkommen.[28] Das wäre, auf Dollar-Basis, ungefähr das Zwanzigfache des gegenwärtigen Mindestlohnes.

Kurz: Übermäßige Ungleichheit ist illiberal, sie zerstört die gleichen Freiheiten und Chancen aller, sie untergräbt die Demokratie und die Systemstabilität, sie ist leistungsfeindlich, ungesund und zerreißt die Gesellschaft. Maßloser Reichtum macht auch nicht glücklicher ... Das erste Argument, das *liberale*, müsste eigentlich ausreichen, doch habe ich hier etwas ausführlicher argumentiert, weil es gegen den Vorschlag der Begrenzung von Ungleichheit und Machtkonzentration heftigen und hochemotionalen Widerstand gibt. Der ehemalige Chefredakteur der österreichischen *Presse* Michael Fleischhacker titulierte mich für die hier vorgebrachten Gedanken in mehreren Leitartikeln als »herzjesumarxistischen Attac-Propagandisten«, »antiliberalen Enteignungseuphoriker« und »neokommunistischen Gemeinwohl-Pseudoökonomen«.[29] Wer von einer erkenntnisbringenden Debatte ablenken will, werfe am besten mit deftigen Punzen um sich. In einer Demokratie sollten sich aber nicht die Lautesten durchsetzen, sondern die besten Ideen. Wie könnten die Fragen an den Konvent sinnvoll gestellt werden?

a) Begrenzung der Ungleichheit bei Einkommen
Bei der Begrenzung der Ungleichheit bei Einkommen gibt es zwei Ebenen: die innerbetriebliche Ungleichheit (betriebswirtschaft-

liche Ebene) und die volkswirtschaftliche Maximaldifferenz zwischen dem – gesetzlichen oder tarifvertraglichen – Mindestlohn und dem zulässigen Höchsteinkommen.

Zur Begrenzung der innerbetrieblichen Ungleichheit gibt es eine lange Diskussion. Ausgerechnet John Pierpont »J.P.« Morgan hatte Ende des 19. Jahrhunderts ein Modell eingeführt, in dem der Bestverdienende der Firma nicht mehr als das Zwanzigfache des geringsten Lohnes verdienen durfte.[30] Ohne diesen Vorschlag zu kennen wiederholte ich ihn 2006 in der »Gerechtigkeitsformel 2010«.[31] Im Januar 2013 ließ der Gründer des Weltwirtschaftsforums Klaus Schwab aufhorchen, indem er denselben Vorschlag in Davos einbrachte.[32] Damit erkannte er den Nerv der Zeit. Auch George Soros warnte beim Treffen der Mächtigen vor zu groß werdender Ungleichheit. Und es tut sich bereits etwas: 2011 erstellten die ersten Pionier-Unternehmen der Gemeinwohl-Ökonomie-Bewegung ihre Gemeinwohl-Bilanzen und legten Rechenschaft über die Ungleichheit bei den Einkommen ab. Ebenfalls im Januar 2013 limitierte das Kantonalparlament Aargau per Gesetz die Höchsteinkommen in öffentlichen Banken mit dem Zehnfachen der Mindesteinkommen. Eine bundesweite Schweizer Volksinitiative mit dem Vorschlag 1 : 12 scheiterte zwar vorerst, aber das Thema ist damit sicher nicht vom Tisch. Meine Wette: Hätten nicht die JungsozialistInnen den Faktor 12 vorgeschlagen, sondern Klaus Schwab den Faktor 20, wäre dieser schon beim ersten Anlauf durchgegangen. Der große Vorteil eines Wirtschaftskonvents ist, dass mehrere Vorschläge eingebracht werden und die einzelnen Vorschläge nicht Einzelpersonen oder -gruppen zugeordnet werden.

Ein zweiter Aspekt ist die maximale Differenz zwischen Mindestlohn und Höchsteinkommen. In der Schweiz gibt es eine Initiative für einen Mindestlohn von 4000 Franken monatlich. Gemessen an 1300 US-Dollar, dem gesetzlichen monatlichen Mindestlohn in den USA (bemessen mit vierzig Wochenstunden), ist das richtig viel. In den USA könnte die Frage lauten, ob der Mindestlohn von derzeit 7,25 auf zehn US-Dollar angehoben werden soll. Wem das ein großer Sprung erscheint: Der US-Mindestlohn betrug bereits elf US-Dollar, allerdings 1968. Natürlich nicht nominal (das waren damals 1,60 US-Dollar), aber im Kaufkraftvergleich (»in konstanten 2013-Dollar«) waren 1,60 US-Dollar 1968 so viel wert wie heute elf US-Dollar. Heute beträgt der Mindestlohn jedoch nur noch 7,25 US-Dollar – ein realer Wertverlust von einem Drittel! Den Ärmsten ein Drittel wegzunehmen, ist brutale Enteignung – sie wird jedoch nie Enteignung oder »finanzielle Repression« genannt, diese Opfer-Attribute sind dem Geldadel vorbehalten, der seine Vorrechte mit exklusiven rhetorischen und publizistischen Waffen verteidigt. Der Umstand, dass die MindestlohnbezieherInnen heute um ein Drittel weniger verdienen als 1968. ist maßgeblich für den »running gag«, dass ein »junk job« nicht mehr für einen würdigen Lebensunterhalt ausreicht, sodass immer mehr Menschen mehrere Jobs annehmen müssen und dadurch auf längere Arbeitszeiten kommen als noch vor zwanzig Jahren und den wachsenden Frust mit »junk food« in sich hineinfressen, wodurch die Fettleibigkeit in den reichsten Ländern Ausmaße annimmt wie die Unterernährung in den ärmsten Ländern. Allerdings nicht aufgrund von Überfluss, sondern von Kaufkraftmangel! Der Punkt: Der Mindestlohn sollte nicht nur zu einem würdigen Leben reichen, er sollte auch periodisch valorisiert werden, sprich der Kaufkraftverlust durch Inflation wettgemacht werden.

Sodann, wenn der Mindestlohn a) feststeht, b) zu einem würdigen Leben reicht und c) periodisch valorisiert wird, kann auch das volkswirtschaftliche Höchsteinkommen sinnvoll festgesetzt werden mit einem bestimmten Vielfachen des Mindestlohnes. Die einfachste Möglichkeit ist, dass der Beschluss des Aargauer Kantonalparlaments (Faktor 10), der Vorschlag von Klaus Schwab (Faktor 20) sowie zur Vervollständigung die Faktoren 30, 50 und 100 abgestimmt werden, neben der »Nulllösung«, der gegenwärtigen Rechtslage (keine Grenze).

b) Obergrenze für Privateigentum

Eine Diskussion über eine Obergrenze für Privateigentum ist kniffliig. Denn manche argumentieren, dass das Recht auf Privateigentum ein Grundrecht und deshalb unantastbar und ohne Beschränkung sei. Doch es gibt auch andere Auslegungen dieses Grundrechts.

Ist damit wirklich gemeint, dass der einmillionste Euro und der ein-milliardste gleich geschützt sind wie der erste? Oder ist damit gemeint, dass dasjenige Hab und Gut, das ein Mensch zu einem Leben in Würde braucht, als unveräußerliches Grundrecht geschützt ist? Solange die Grundrechte nicht konfligieren, ist der Fall klar: Ich habe ein uneingeschränktes Recht auf körperliche Unverletzlichkeit. Du hast dasselbe uneingeschränkte Recht auf Unverletzlichkeit deines Körpers. Wenn ich dein Recht respektiere, verringert sich dadurch mein Recht um kein bisschen, beide Rechte bleiben vollständig aufrecht. Anders ist es mit dem Eigentumsrecht: Wenn dieses unbegrenzt ist und der letzte, sprich zweihundertbillionste Dollar des einen auch dann noch grundrechtlich geschützt wird, wenn ihm bereits die ganze Welt gehört, dann ist klar, dass der Zweite sein Grundrecht auf Privateigentum (und auf ein damit bezwecktes würdiges Leben in Selbstbestimmung) gar nicht ausüben kann. Logische Konsequenz: Irgendwo muss das Recht auf Privateigentum begrenzt werden. Nach Auffassung des Autors sollte diese Grenze deutlich oberhalb der Schwelle liegen, die für ein menschenwürdiges Leben nötig ist, aber unterhalb der Schwelle, über der die Größe des Privateigentums des einen

– die gleichen wirtschaftlichen Freiheiten und Chancen anderer einschränkt;
– gleiche demokratische Mitgestaltungs- und Mitbestimmungsrechte anderer gefährdet;
– das entstehende Ausmaß der Ungleichheit den sozialen Zusammenhalt und Frieden gefährdet.

Die Maßnahme, mit der dies sichergestellt werden kann, könnte eine progressive Vermögenssteuer sein. Diese könnte an der Schwelle einsetzen, oberhalb derer jemand als wohlhabend angesehen werden kann und zum Beispiel ein Eigenheim im Wert von 500 000 Euro und dazu ein Finanzvermögen von 250 000 Euro besitzt. Ab 750 000 Euro könnte ein Steuersatz von 0,5 Prozent einsetzen, der progressiv ansteigt, erst langsam, dann rascher – bis eben hundert Prozent. Der »Deckel« könnte beispielsweise bei zehn, zwanzig, dreißig oder hundert Millionen Euro aufgesetzt werden – die Obergrenze sollte eine direktdemokratische Entscheidung sein.

Damit kann sich ein Mensch noch vielerlei Luxus leisten, aber eben weder einen Fußballclub noch einen Fernsehsender und vor allem keine politische Partei mit Parlamentsclub. Frank Stronach gab für den Wahlkampf 2013 stolze 10,7 Millionen Euro aus, mehr Geld als jede andere Partei, die teils seit 130 Jahren existieren und ausschließlich durch Wahl im Parlament vertreten sind.[33] Läge die Obergrenze für Privateigentum bei zehn Millionen Euro, könnte er das nicht tun; wäre die Grenze beim Eintritt in den Club der Ultra High Net Worth Individuals, auch nicht: Wer dreißig Millionen hat, gibt kaum zehn davon auf einen Schlag aus. Macht hingegen das Beispiel Schule, steht in wenigen Jahren hinter jeder zweiten Parlamentspartei ein geltungsbedürftiger Milliardär.

Die Verwendung des Privateigentums zum ausschließlichen eigenen Vorteil ist in Deutschland schon heute grundgesetzwidrig. In Artikel 14 des Grundgesetzes heißt es:»Eigentum verpflichtet. Sein Gebrauch soll zugleich dem Wohl der Allgemeinheit dienen.« Unmissverständlicher geht es eigentlich kaum, doch stellt kein einziges Gesetz den Schutz dieses Grundsatzes sicher. Nicht in Deutschland und nicht anderswo. Die Finanzierung einer persönlichen Partei, die sogar nach dem Gründer benannt ist, aus dessen Privatvermögen – dient das dem Gemeinwohl? Wer fragte John Paulson, was er mit den fünf Milliarden US-Dollar macht, die er 2010 für das Management eines Hedge-Fonds verdiente? Wer prüft die Gemeinwohl-Performance der Familien Porsche und Piëch, die 2013 stolze 301 Millionen Euro an Dividenden kassierten, oder die Mercks, denen 295 Millionen an Kapitalzins zuflossen?[34] Wo ist die grundgesetzliche Instanz, welche die Gemeinwohl-Pflicht der MilliardenerbInnen prüft – ähnlich streng, wie der deutsche Rechtsstaat kontrolliert, ob jemand seine Papiere bei sich trägt, ob jemand Marihuana zu Hause anbaut, ob jemand die Parkordnung einhält oder eine öffentliche Mauer mit Graffiti besprayt hat?

Das Grundgesetz ist kein Einzelfall. In der spanischen Verfassung heißt es:»Das gesamte Vermögen des Landes in seinen unterschiedlichen Formen und egal wem es gehört ist dem Allgemeininteresse untergeordnet« (Art. 128). Auch die spanische Verfassung verbietet keineswegs Privateigentum, sie bedingt es bloß. Im gleichen Geist formulierte Papst Paul VI. in der Sozialenzyklika »Populorum progressio« 1967: »Das Privateigentum ist also für niemand ein unbedingtes und unbeschränktes Recht. Das Eigentumsrecht darf niemals zum Schaden des Gemeinwohls genutzt werden.«[35] Die Zeugnisse für die Begrenzung und Bedingung des Privateigentums sind sonder Zahl, während mir keine explizite und prominente Fürsprache für die grenzenlose Ungleichheit oder bedingungsloses Privateigentum bekannt ist – sieht man vom Deutschland-Chef von Goldman Sachs ab.[36] Manche Reiche könnten mit einer Obergrenze für Vermögen gut leben. So meinte Glencore-CEO Ivan Glasenberg: »Letztlich macht es keine Differenz, ob das Vermögen eine Milliarde beträgt oder sechs.«[37] Gegenüber dem Ist-Zustand wäre es schon ein Fortschritt, wenn niemand mehr als eine Milliarde besitzen dürfte. Ivan Glasenberg könnte diesen Vorschlag im demokratischen Geldkonvent einbringen.

c) Erbschaften

»Die Erbschaftssteuer dient auch dem Zwecke, die Ansammlung von Riesenvermögen in den Händen einzelner zu verhindern.« Tagebuch Rosa Luxemburg? Kommunistisches Manifest? Nein: bayerische Verfassung, Artikel 123, aktuell gültige Fassung. Die Verfassungen sind beim Erbrecht zum Teil noch expliziter als beim Eigentum. Der Geist, aus dem diese Formulierung floss, ist aber nicht kommunistisch (im Freistaat Bayern!), sondern *liberal*: Die Verfassung bewahrt die Gesellschaft vor der Überkonzentration von Eigentum und Macht, um Freiheit und Demokratie zu schützen. Neben der progressiven Vermögenssteuer ist eine progressive Erbschaftssteuer dazu ein weiterer effektiver Hebel. Ausreichend effektiv sogar: Mit einer Begrenzung a) der Höchsteinkommen und b) des Erbrechts bräuchte es gar keine Begrenzung von Privatvermögen, weil diese keine exzessive Größe erreichen könnten. In diesem Fall würden Spitzensätze bei der Vermögenssteuer von wenigen Prozent ausreichen.

Erbschaftssteuern lassen sich auch trefflich mit dem Leistungsprinzip argumentieren: Soll die eigene Leistung darüber entscheiden, ob es jemand zu einem großen Vermögen bringt, oder der Besitz der Eltern? Ist es volkswirtschaftlich vorteilhafter, dass die Kinder vermögender Eltern die größeren Unternehmen erben oder die begabtesten Kinder Verantwortung übernehmen? Selbst Milliardären wie Warren Buffett stößt die gegenwärtige Erbfolge in der Wirtschaft sauer auf, er bezeichnet sie als »Vermögensaristokratie anstelle einer Meritokratie«. Im Sport wäre das, als würde sich »das Olympiateam von 2020 aus den ältesten Söhnen der Olympiasieger von 2000 zusammensetzen«.[38]

Dass die USA einen anderen Zugang zum Erbrecht haben, zeigt der stufenweise Anstieg des Spitzensatzes der Erbschaftssteuer im New Deal nach der Großen Depression von zwanzig auf 45, dann auf sechzig, später auf siebzig und schließlich auf 77 Prozent![39] In Bezug auf das Erbrecht gibt es zwei fundamentale Ansätze:

1. Den *feudalen* Ansatz: Allein die Geburt entscheidet, wer wie viel erbt.

2. Den *liberalen* Ansatz: Allein die eigene Leistung entscheidet, wer es zu welchem Vermögen im Leben bringt. Dafür bräuchte es gleiche Startbedingungen für alle, unter anderem gleich hohes Startkapital.

Während der zweite Ansatz vermutlich den Werten der Gegenwartsgesellschaft näher kommt – Leistung, Chancengleichheit, Gerechtigkeit –, ist der erste Ansatz das derzeit gültige Gesetz. Der erste Ansatz sieht keinerlei Beschränkung des Erbrechts vor, der zweite schafft es konsequent ab. Gibt es eine dritte Alternative? Ein Mittelweg bestünde darin, dass kleine Vermögen, auch Landwirtschaften und Familienbetriebe, weitervererbt werden dürfen, während Großvermögen besteuert werden und an die Gemeinschaft zurückfallen. Schumpeters »schöpferische Zerstörung« würde auch die zu Lebzeiten gewachsenen Kapitalkonzentrationen treffen, diese würden mit dem Tod der Person zerfallen – wie in der Natur. Allerdings blieben dabei die geschaffenen Werte erhalten, dekomponiert würden nur die überkonzentrierten Eigentumstitel. Mit dem Erbvermögen, das über der Grenze liegt, könnten entweder Staatsausgaben finanziert werden, zum Beispiel zur Speisung eines »Generationenfonds«, der bei der Finanzierung der Renten mithilft. Oder es wird das Startkapital derer aufgestockt, die bei der Geburt »Pech« und nichts geerbt hatten – im Sinne einer »negativen Erbschaftssteuer«. Gil Ducommun nennt die Mitgabe eines Anteils des Vermögens der scheidenden Generation an die nachfolgende Generation »demokratische Mitgift«.[40] Auch damit könnte keine Chancengleichheit hergestellt, aber wenigstens die eklatante und illiberale Chancenungleichheit stark verringert werden.

12. WÄHRUNGEN – ZEIT FÜR EIN BRETTON WOODS II

Lord Keynes hatte Recht ... und die Welt wird es bitter bereuen, seine Vorschläge nicht angenommen zu haben.

Geoffrey Crowther[1]

Das Dollar-Reserve-System wird wahrscheinlich auslaufen, wenn es nicht schon am Auslaufen ist.

United Nations[2]

Das gegenwärtige internationale Währungssystem ist »übereinstimmend« mit dem gesamten Geldsystem eine Quelle massiver Spekulation, systemischer Instabilität und Ineffizienz. Das öffentliche Gut »Währungsstabilität« existiert derzeit nicht. Im Unterschied zu anderen Bereichen der Geldordnung gab es im internationalen Währungssystem jedoch den Versuch einer politischen Ordnung, der vorübergehend auch erfolgreich war: das System von Bretton Woods 1944 bis 1973. Gegen Ende des Zweiten Weltkriegs unterzeichneten 44 Vertragsstaaten auf der Konferenz von Bretton Woods im US-Bundesstaat New Hampshire das Währungsabkommen und setzten es um. Der US-Dollar wurde zur Leitwährung erklärt und an Gold gebunden[3], die Wechselkurse der anderen Teilnehmerstaaten zum Dollar fixiert und Kapitalverkehrskontrollen zur Absicherung der Systemstabilität vereinbart. Zwei globale Institutionen, die »Bretton-Woods-Zwillinge« Weltbank und Internationaler Währungsfonds, stützten das Arrangement institutionell ab.

Trotz erfolgreichem Abschluss fand die Konferenz nicht im Geist echter Kooperation statt: Es lagen zwei Vorschläge auf dem Tisch, einer aus Großbritannien und einer aus den USA. Die USA boykottierten den in jeder Hinsicht überlegenen Vorschlag des Briten John Maynard Keynes, um ihr eigenes Projekt, die systemisch sehr viel nachteilhaftere »Dollarhegemonie«, durchzusetzen. Dieser Konstruktionsfehler führte Anfang der 1970er Jahre zum vorhersehbaren Zusammenbruch des Bretton-Woods-Systems, nachdem es ein Vierteljahrhundert lang gute Dienste geleistet und für relative Stabilität gesorgt hatte.

Das fehlkonstruierte Modell, das US-Außenminister Henry Dexter White durchboxte, bestand darin, dass der US-Dollar neben seiner Rolle als nationale Währung der USA gleichzeitig zur Weltleitwährung bestimmt wurde, in der alle wichtigen Rohstoffe und globale Schulden notieren (bis heute). Das bringt einen doppelten Riesenvorteil für die USA, weil sie a) das einzige Land der Welt sind, das in der eigenen Währung Rohstoffe einkaufen kann – alle anderen Staaten müssen zuerst US-Dollar kaufen, bevor sie Öl und andere Rohstoffe kaufen können; und b) kein Land sich so sehr wie die USA in der eigenen Währung im Ausland verschulden kann. Diese Vorrechte genießen die USA immer noch, denn zerbrochen ist nur das Bretton-Woods-System; der US-Dollar als globale Leitwährung existiert auch siebzig Jahre nach der historischen Konferenz weiter, er ist die unangefochtene globale Reservewährung Nummer eins.

Der Zielkonflikt in der Dollarhegemonie war, dass die USA entweder die Finanz- und Währungsstabilität im Auge behalten konnten und dafür ihre nationalen Interessen hintanstellten; oder aber sie verfolgten konsequent ihre eigenen Interessen, dann aber auf Kosten der Systemstabilität und letztlich des ganzen Bretton-Woods-Systems. Die USA entschieden sich für Zweiteres: Um den Vietnamkrieg zu finanzieren, kurbelte die Federal Reserve Ende der 1960er Jahre die Notenpresse an, wodurch 1971 zunächst die Golddeckung der Dollarnoten verlorenging; gleichzeitig verfiel der Außenwert der Währung, als immer mehr Greenbacks in Umlauf gerieten, aber nicht mehr Pfund, D-Mark oder Francs. 1973 gaben die USA deshalb auch den Wechselkurs des Dollars frei, was das

Ende des Systems von Bretton Woods besiegelte. Seither bilden sich die Wechselkurse nach Angebot und Nachfrage auf den Devisenmärkten. Umgehend setze Spekulation ein, und eine langandauernde Ära der Währungsinstabilität begann.

Keynes hatte – möglicherweise auf den Ideen von Silvio Gesell aufbauend[4] – eine bessere Alternative unterbreitet: Anstatt eine nationale Währung zusätzlich mit der Rolle der Weltleit- und Rohstoffwährung zu überfrachten und dem Land damit einen unlauteren Vorteil zu verschaffen, war sein Vorschlag, dass eine globale »Komplementärwährung« für den internationalen Handel geschaffen werden sollte – zusätzlich zu den nationalen Währungen. Keynes nannte diese internationale Verrechnungseinheit »Bancor«, der sich aus einem Korb von Mitgliedswährungen zusammensetzen sollte. Die Wechselkurse der nationalen Währungen zum Bancor sollten politisch festgelegt und periodisch an die realwirtschaftliche Entwicklung angepasst werden. So hätte Keynes' Modell etwas erreicht, was der Euro nicht zu leisten vermag: die beiden Kernziele Stabilität und Flexibilität unter einen Hut zu bringen. (Der Euro sorgt nur für Stabilität in Form einer Einheitswährung, aber nicht für Flexibilität bei den Wechselkursen, was in der gegenwärtigen Fehlkonstruktion der Gemeinschaftswährung die Stabilität und sogar ihren Fortbestand gefährdet.) Keynes' Formel hätte die Währungs- und Handelsfrage gemeinsam gelöst. Dieser luzide Aspekt seines Vorschlags ist kaum bekannt, wie überhaupt die ganze Idee. Keynes hatte beobachtet, dass Handelsungleichgewichte eine wiederholte Quelle von Krisen und sogar Kriegen waren. Der Hintergrund: Die Summe aller Leistungsbilanzen der Welt ist null. Jeder Leistungsbilanz-Überschuss eines Landes ist das Defizit eines anderen Staates, jeder Exportweltmeister benötigt einen Importweltmeister. Wenn ein Land dem anderen mehr verkauft, als es ihm abkauft, verschuldet sich das Defizitland beim Überschussland, und früher oder später ist es insolvent. Das ist genau gleich wie zwischen zwei Personen: Wenn die eine der anderen stets mehr verkauft, als sie ihr abkauft, ist die zweite Person früher oder später überschuldet, zahlungsunfähig und pleite – zum Schaden beider.

Einmalig darf ein Exportüberschuss ruhig »passieren«, aber sein dauerhaftes strategisches Anstreben ist eine Untergrabung der Stabilität der Weltwirtschaft und eben der zwingende Bankrott mindestens eines Handelspartners. Keynes sah deshalb einen weiteren Mechanismus vor, um die Leistungsbilanzen im Gleichgewicht zu halten: Je stärker die Staaten von einer ausgeglichenen Handelsbilanz abwichen, desto stärker sollten sie dafür pönalisiert werden und einen Teil ihres Bancor-Konto-Überschusses zurückzahlen müssen. Das wäre ein mächtiger Anreiz gewesen, der Auf- oder Abwertung ihrer Währung zuzustimmen, um die Strafzahlung zu vermeiden. So wäre das Gesamtsystem wieder zum Gleichgewicht zurückgekehrt. Keynes war nicht nur von makroökonomischen Überlegungen getrieben, er hatte unter dem Eindruck des Zweiten Weltkrieges und vergangener Währungskonflikte vor allem eines im Sinn: den globalen Frieden. Das hielt er 1943, als er seinen überarbeiteten Vorschlag der 1930er Jahre in Bretton Woods vorlegte, nicht ohne Pathos fest. »In der Nachkriegswelt muss eine größere Bereitschaft zu übernationalen Abkommen verlangt werden. Wenn die vorgeschlagenen Vereinbarungen als Maßnahmen zur finanziellen Abrüstung bezeichnet werden können, so sind sie doch milde im Vergleich zu den Maßnahmen militärischer Abrüstung, die von der Welt vermutlich akzeptiert werden müssen (…) Der Plan macht einen Anfang auf dem Weg in eine Neuordnung der zukünftigen wirtschaftlichen Beziehungen in der Welt unter den Nationen und zu einem ›Gewinn des Friedens‹.«[5]

Im Unterschied zum missglückten Euro und der EU wäre der von Keynes angedachte Plan tatsächlich ein – globales! – Friedensprojekt. Das Euro-Projekt bleibt weit hinter Keynes zurück, weil es die Handelsfrage einfach ausblendet – ebenso die Frage der Steuerkooperation und die gemeinsame Regulierung des Finanzsystems, das fiel bei der Euro-Einführung 1999 alles unter den Tisch. Dank des von Mario Monti ausgerufenen »neuen Bewusstseins«. Diese Unterlassungen begingen die Euro-Regierungen allerdings nicht im Interesse ihrer Bevölkerungen. Im Gegenteil: Indem sie den Euro mit Steuerwettbewerb und Deregulierung der Finanzmärkte kombinierten, trafen sie Entscheidungen, die vermutlich kein Souverän bei einer demokratischen Abstimmung so getroffen hätte.

Und obendrein schaufelten sie damit dem Euro bei seiner Geburt gleichzeitig auch schon das Grab. Der Euro wird bei einem Weiter-wie-bisher an seinen Konstruktionsfehlern zusammenbrechen, so wie das Bretton-Woods-System an seinem zentralen Konstruktionsfehler vorhersehbar zusammenbrach.[6]

Seit der Aufgabe der Golddeckung des Dollars und der Freigabe der Wechselkurse 1973 bilden sich die Wechselkurse durch das Zusammenspiel von Angebot und Nachfrage auf den Devisenmärkten. Doch der Markt ist auch hier – gleich wie bei den Rohstoffen – eine denkbar schlechte Instanz zur Bestimmung der Wechselkurse. Die Preisbildung für Währungen auf Märkten bringt eine Reihe gravierender Nachteile mit sich:

– Instabilität: Seit dem Zusammenbruch des Fixwechselkurssystems von Bretton Woods gleicht der D-Mark-Dollar-Kurs und später der Euro-Dollar-Kurs einer Hochschaubahn. Gleiches gilt für zahlreiche andere Währungen: von den südostasiatischen Ländern über die Türkei bis Island.

– Irrationalität: Nicht immer stieg der US-Dollar dann, wenn die US-Wirtschaft schneller wuchs, gegenüber D-Mark oder Euro, mitunter war es umgekehrt oder es kam zu heftigen Übertreibungen.[7] Viele andere Währungen kämpfen mit Wechselkursbewegungen, die nichts mit der realwirtschaftlichen Entwicklung zu tun haben.

– Ineffizienz: Instabilität kostet. Alle realen WirtschaftsakteurInnen – ExporteurInnen, ImporteurInnen, InvestorInnen – müssen sich gegen die Kursschwankungen absichern. Das tun sie mithilfe von Derivaten, mit denen wiederum neue Spekulationsmöglichkeiten entstehen. In den Wirtschaftslehrbüchern werden Derivate in der Regel mit zwei Beispielen »gerechtfertigt«: mit schwankenden Rohstoffpreisen und mit schwankenden Wechselkursen. Die Möglichkeit, dass Rohstoffpreise und Wechselkurse auch stabil sein könnten, kommt dort ungefähr so prominent vor wie gewaltfreie Kommunikation in der militärischen Grundausbildung. Teure Absicherungsgeschäfte mit Devisenderivaten wurden erst notwendig, weil Währungen auf Märkten gehandelt werden.

- Einladung zur Spekulation: Die Möglichkeit, dass Wechselkurse schwanken, lädt zur Finanzwette auf Kursänderungen ein. Skrupellose AkteurInnen versuchen, Kurse gezielt zu beeinflussen und zu destabilisieren, um Gewinne zu machen. In den Großbanken gibt es heute Devisenhandelsabteilungen, in denen auf kleinste Kursänderungen spekuliert wird, um billige Profite zu erzielen. Wenn ein Devisenhändler für zehn Millionen Euro US-Dollar kauft, genügt eine Kursänderung von einem Tausendstel (0,1 Prozent), um beim Rücktausch einen Gewinn von 10 000 Euro zu erzielen. Gelingt dies dreimal pro Stunde, ergibt das einen Stundenlohn von 30 000 Euro. Je stärker die Kurse schwanken, desto größer sind die Gewinnchancen. Die Devisenspekulationsindustrie hat ein genuines Interesse an Instabilität. Sie nimmt dabei verschiedene Mittel zu Hilfe: Computerprogramme (»Arbitragespekulation«), Mediengerüchte und konzertierte Angriffe auf Währungen (»spekulative Attacken«) durch illegale Absprachen. Das berühmteste, aber nicht das einzige Beispiel ist der kollektive Angriff auf das britische Pfund unter der »Anführung« des Finanzinvestors George Soros 1992: Die Attacke war »erfolgreich« in dem Sinne, dass die britische Notenbank die Verteidigung (mittels Pfund-Ankäufen) aufgab und das Pfund abwertete. Soros strich einen Gewinn von einer Milliarde US-Dollar ein. Was war seine »Leistung«? Was »Philantropie«? Bei Devisenspekulation handelt es sich um reine Geld-aus-Geld-Geschäfte. Sie sollten verboten sein. Die Abtrennung der Geldgeschäfte von der Realwirtschaft und vom Leben erzeugt »kriminelle Energie«. Der Chef der Devisenhandelsabteilung von Citigroup London wurde suspendiert, nachdem die Finanzbehörden Ermittlungen gegen eine Reihe von Großbanken wegen Devisenkursmanipulation aufgenommen haben. Bei Redaktionsschluss dieses Buches hieß es in den Medien, der jüngste Skandal könnte »größere Ausmaße annehmen als der Libor-Skandal«.[8]
- Makroökonomisches Ungleichgewicht I (Wechselkurs und Schulden): Wenn die Währung eines Landes, das eine hohe Außenschuld hat, stark fällt oder durch Spekulation nach unten

getrieben wird, verteuert sich die Auslandsschuld in inländischer Währung bis zur Gefahr des Staatsbankrotts (nicht jedes Land kann sich in eigener Währung im Ausland verschulden und die Schulden refinanzieren wie die USA), wie es zum Beispiel im Jahr 2000 in Argentinien der Fall war oder 2010 in Island. Möglicherweise ist als Nächstes die gesamte Eurozone dran. Das systemische Risiko ist meines Erachtens derzeit bereits so hoch, dass selbst Eurobonds »von den Finanzmärkten«, sprich von einer relevanten Anzahl von FinanzinvestorInnen, als »junk bonds« betrachtet werden und deshalb zum finalen Halali auf den Euro geblasen werden könnte.[9]

– Makroökonomisches Ungleichgewicht II (Zinsen und Wechselkurse): Wenn es keine Weltzentralbank gibt, die Schulden in einer neutralen Währung ausgibt, dann müssen sich so gut wie alle Länder in der Leitwährung verschulden und dabei ein bisweilen tödliches Zinsrisiko eingehen. Zumal der US-Dollar die Weltleitwährung ist, verursachte das Anheben der Leitzinsen der Federal Reserve Ende der 1970er und Anfang der 1980er Jahre einen letalen Zinsschock bei den in – bis kurz davor billigen – US-Dollar verschuldeten Entwicklungsländern. Viele von ihnen sind bis heute nicht aus dem Schuldenjoch der 1980er Jahre herausgekommen. Sie haben dafür einen hohen Preis bezahlt inklusive zahlreicher Menschenleben.

– Makroökonomisches Ungleichgewicht III (Handelsbilanzen): Währungs- und Handelspolitik sind nicht voneinander zu trennen. Ob ein Land eine ausgewogene oder vom Gleichgewicht abweichende Handelsbilanz hat, hängt unter anderem auch vom Wechselkurs ab. Wird dieser durch Spekulation nach oben oder unten getrieben, hat dies massive Auswirkungen auf die Handelsbilanz. Der freie Markt erlaubt sowohl Dumping und unfairen Handel, was zu Ungleichgewichten im Handelssystem führt, als auch Währungsspekulation und das Wetten auf Staatsbankrotte, was es in Summe unmöglich macht, das oft in Verfassungen verankerte »makroökonomische Gleichgewicht«[10] einzuhalten. Auch ohne Spekulation ist das Handelsgleichgewicht gefährdet, wie das Beispiel USA (Importweltmeister) und China

(Exportvizeweltmeister) zeigt oder die Paarung Deutschland (Überschuss) und Mittelmeer-Euro-Staaten (Defizite).

– Makroökonomisches Ungleichgewicht IV (Devisenreserven): Nicht nur Handelsüberschüsse führen zur Auftürmung von Devisenreserven. Selbst Defizitländer müssen sich mit Fremdwährungsreserven als »Munition« gegen spekulative Attacken ausrüsten, um im Angriffsfall die eigene Währung durch Ankäufe (und Devisenverkäufe) stützen zu können. Je freier die Finanzmärkte, desto größer die Gefahr eines Angriffs, desto größer der Munitionsbedarf. 2012 betrugen die globalen Devisenreserven 15,2 Prozent der globalen Wirtschaftsleistung. Fünfzehn Jahre davor waren es noch 5,6 Prozent.[11] Da der US-Dollar die Reservewährung Nummer eins ist (zwei Drittel aller Devisenreserven), kommt es auf diese Weise nicht nur zu einer Sinnlos-Brache wertvoller Ressourcen, sondern auch zur billigen Finanzierung der USA durch die armen Länder. Insgesamt liehen die armen den reichen Ländern 2007 3,7 Billionen US-Dollar – zu supergünstigen Konditionen. Der »Aufpreis«, den arme Länder zahlen, wenn sie sich Geld von den reichen Ländern leihen, ist größer als die gesamten Entwicklungshilfezahlungen, die sie erhalten.[12]

In Summe ist das gegenwärtige Währungssystem genauso multipel dysfunktional wie das ganze Geldsystem. Es ist »instabil, unvereinbar mit globaler Vollbeschäftigung und verstärkt Ungleichheit«, so der UN-Report der Stiglitz-Kommission.[13]

Bretton Woods II

Eine öffentliche Diskussion über eine alternative Währungsordnung im Sinne von Keynes fand vor der Krise kaum statt. Zwar schwelt die Debatte, ob der US-Dollar die Rolle der Weltleitwährung behalten wird oder ob es hier zu einer Ablöse durch den Euro oder den Yuan oder zu einer »tripolaren Konstellation« kommen wird, seit längerer Zeit im Untergrund. Doch der geniale Vorschlag von Keynes, der nicht bloß die Frage der Weltleitwährung stellt, sondern eine gerechte globale Lösung für die internationale Staatengemeinschaft vorschlägt, war bis zum Ausbruch der Krise 2008 so gut wie vollständig in Vergessenheit geraten.[14] Ich publizierte ihn erstmals 2006 und musste mir von prominenten Ökonomen in öffentlichen Diskussionen anhören, dies seien »planwirtschaftliche« Phantasien.[15] Doch die Krise verhalf der Idee zu einer raschen Renaissance. Im März 2009 schrieb der Gouverneur der chinesischen Zentralbank Zhou Xiaochuan in einem Brief an die Weltöffentlichkeit anlässlich des G20-Gipfels in London: »Die Schaffung einer internationalen Verrechnungseinheit nach dem Vorschlag von Keynes ist eine kühne Initiative, die außergewöhnliche politische Vision und Mut erfordert (...) Bedauerlicherweise wurde der Vorschlag nicht angenommen.«[16] Im September veröffentlichte die ExpertInnenkommission rund um Joseph Stiglitz einen Bericht an die UN-Generalversammlung, wie die Stabilität der globalen Finanzmärkte wiederhergestellt werden könnte. Der 140 Seiten starke Maßnahmenkatalog widmet dem Vorschlag von Keynes mehr als zwölf Seiten, er wird als »Idee, deren Zeit gekommen ist«, gewürdigt. Der internationalen Staatengemeinschaft wird die Ausgabe einer »globalen Reservewährung« durch eine »globale Reservebank« im Rahmen einer »globalen Reserveunion« empfohlen. Die Welthandelswährung könnte sich aus einem »Korb der Währungen aller Mitgliedstaaten zusammensetzen«.[17] Damit knüpfen sie auch an die Sonderziehungsrechte des Internationalen Währungsfonds an, die bereits in den 1960er Jahren geschaffen wurden und ein Währungskorb aus US-Dollar, Pfund, D-Mark und Yen sind. Diese »Special Drawing Rights« (SDR) stellen seit 45 Jahren eine globale Komplementärwährung dar, sie erlangten jedoch bisher keine größere Bedeutung. Bis zum Ausbruch der Krise betrug der Wert aller ausgegebenen Ziehungsrechte weniger als 35 Milliarden US-Dollar, das sind 0,2 Prozent des Welthandelsvolumens (22 Billionen US-Dollar). 2009 beschloss die G20 im Zuge der Aufstockung der Mittel des Internationalen Währungsfonds auch eine weitere SDR-Tranche von 250 Milliarden US-Dollar.[18] Die Richtung stimmt. Stephan Schulmeister schlägt als »ersten Schritt« die »Festsetzung von Bandbreiten« für die Wechselkurse zwischen Dollar, Euro, Renminbi und Yen vor. Langfristig könne daraus »eine echte Weltwährung« entstehen, »die als Numéraire für weltwirtschaftliche Stocks und Flows fungiert und aus einem Bündel der wichtigsten nationalen Währungen besteht. Die übrigen Länder könnten ihre Währungen dann in einem im Prinzip festen, aber in Notfällen änderbaren Verhältnis zum ›Globo‹ stabilisieren (oder auch am freien Markt bestimmen lassen – doch werden sie das in ihrem eigenen Interesse kaum tun).« Schulmeister hat zum Thema geforscht: »Ein Blick in die Wirtschaftsgeschichte zeigt, dass Perioden der Prosperität stets Perioden fester Wechselkurse waren.«[19] Jetzt warte ich nur noch darauf, dass sich auch der IWF in die Diskussion einschaltet. Mein persönlicher Tipp: »The Bancor Plan revisited.«

Globale Währungskooperation

Hier ist nun der von mir leicht abgewandelte Vorschlag von Keynes im Detail:
- Die Mitgliedstaaten der UNO, deren Souveräne für diese Option plädieren, beschließen ein UN-Abkommen über eine globale Währungskooperation: die Terra-Union.
- Diese errichtet eine globale »Clearing Bank« (Keynes), »Global Reserve Bank« (Stiglitz-Kommission) oder eine Terra-Bank, welche den Welthandel und andere grenzüberschreitenden Kapitalflüsse zwischen den Mitgliedstaaten in der Einheit »Terra« verrechnet. Jedes Mitgliedsland erhält ein Konto bei dieser Verrechnungsbank. Sie ähnelt den heute schon existierenden Clearing-Banken, welche den grenzüberschreitenden Kapitalverkehr abwickeln.
- Die Währungen der Mitgliedstaaten sind frei konvertierbar in den Terra. Die Wechselkurse werden fixiert – in Kaufkraftparität zueinander. Mein Vorschlag, wie das geschehen könnte: Ein Konsumkorb aus 25 Waren und Dienstleistungen des täglichen Bedarfs wäre im internationalen Handel konstant hundert Terra wert, das ist der stabile Referenzwert für alle teilnehmenden Währungen. Kostet derselbe Warenkorb in Großbritannien real

fünfzig Pfund, wäre der Wechselkurs von Pfund zu Terra 1:2. Kostet der Korb in Deutschland hundert Mark, wäre der Wechselkurs von D-Mark zu Terra 1:1. Kostet der österreichische Korb 200 Schilling, erhält man für zwei Schilling einen Terra – und entsprechend wären die Wertverhältnisse aller Währungen (= Wechselkurse) zueinander.

– Führt die unterschiedliche Entwicklung makroökonomischer Indikatoren (Produktivität, Löhne, Inflation ...) zu einem Verlust der ausgeglichenen Handelsbilanz eines Mitgliedstaates, wird sein Wechselkurs mit dem Ziel der Wiederherstellung des Gleichgewichts angepasst. Ein Überschussland wie China oder Deutschland müsste aufwerten, ein Defizitland wie die USA oder Griechenland abwerten. Weigern sich die »Abweichler« nach oben oder unten, müssten sie Strafe zahlen, umso höher, je weiter und länger andauernd die Abweichung ist: ein wirksamer Anreiz, den Wechselkurs doch anzupassen.

– Alle wichtigen Rohstoffe notieren im Terra: Ende der Dollarhegemonie I.

– Die Weltbank begibt zinsfreie Entwicklungskredite im Terra: Ende der Dollarhegemonie II.

Einer der schlagenden Vorteile an Keynes' Vorschlag ist: Er brächte sowohl Stabilität (fixe Wechselkurse – Spekulation kaum möglich, Versicherung gegen Kursschwankungen unnötig) als auch Flexibilität: Wenn sich eine Volkswirtschaft anders entwickelt als der Referenzkorb, zum Beispiel aufgrund geringerer Produktivitätsfortschritte oder höherer Inflation, würde der Wechselkurs ihrer Währung an die realen Verhältnisse angepasst, das Gesamtsystem bliebe im Gleichgewicht.

Anpassung der Wechselkurse nach Kaufkraftparität

Eine Alternative »light« zur globalen Reserveunion schlägt der bekennende Keynesianer und UNCTAD-Chefökonom Heiner Flassbeck vor. Er plädiert für ein »System realer effektiver Wechselkurse« (Real Effectiv Exchange Rates: REER). Die UNCTAD ist der

Ansicht, dass es ausreichen würde, die Wechselkurse regelmäßig an die realen Kaufkraftparitäten anzupassen, damit die Handelsbilanzen von selbst ins Gleichgewicht zurückkehrten.[20]

Dazu ein (reales) Beispiel: In Griechenland und Deutschland steigt die Produktivität in einem Jahr um je zwei Prozent. In einer Arbeitsstunde werden von einem Industriegut nicht hundert Stück hergestellt, sondern 102. Griechenland hebt die Löhne parallel zur gestiegenen Leistung um zwei Prozent an – die Lohnstückkosten bleiben konstant (weil zwar mehr Stück je Stunde produziert werden, aber auch um denselben Betrag je Stunde mehr verdient wird). Deutschland reagiert anders: Es lässt die Löhne gleich. Dadurch sinken die Lohnstückkosten um zwei Prozent. 102 Stück werden zum selben Lohn/Arbeitspreis hergestellt wie im Vorjahr hundert Stück. Die Folge: Deutschlands Produkte werden in Relation zu Griechenlands Produkten billiger, Deutschlands Wettbewerbsfähigkeit steigt um zwei Prozent. Allerdings nicht, weil die Produktivität – also die Leistung – in Deutschland schneller gestiegen wäre als in Griechenland, sondern weil ungerechter verteilt wird. Im Euro hat Griechenland keine Chance, die aggressive Lohnpolitik Deutschlands durch die Abwertung der Landeswährung um zwei Prozent zu neutralisieren. Deshalb verliert Griechenland den innereuropäischen Handelswettbewerb gegen Deutschland. In den ersten zehn Jahren nach der Euro-Einführung (und dem Verlust der Möglichkeit der Wechselkursanpassung) summierte sich der Preis- und Wettbewerbsvorteil Deutschlands gegenüber den Mittelmeerländern auf rund 25 Prozent.[21] Die von der Troika durchgesetzte »Lösung« besteht allerdings nicht in der – gerechten – »realen« Aufwertung Deutschlands, indem die Löhne dort um 25 Prozent angehoben werden (was die Renten sichern würde), sondern in der brutalen Abwertung der Mittelmeerländer, wo die Reallöhne dramatisch sinken: Bestraft werden die Gerechten. (Zudem werden die Renten in Deutschland gefährdet.) Sinkende Reallöhne und Kaufkraft bei Importen in Griechenland haben denselben Effekt wie steigende Reallöhne und Kaufkraft bei Importen in Deutschland: Griechenlands Leistungsbilanzdefizit rasselte von 18 Prozent 2008 auf prognostizierte 1,9 Prozent 2014.[22]

Der Alternativvorschlag der UNCTAD wäre folgender: Die Zentralbanken zweier Handelspartner mit eigenen Währungen legen zunächst einen Wechselkurs fest, der die reale Kaufkraftparität wiedergibt. Wenn zum Beispiel jemand mit einem Pfund in Großbritannien gleich viel einkaufen kann wie jemand mit zwei US-Dollar in den USA, ergäbe das einen »kaufkraftparitätischen« Wechselkurs von 1 : 2 oder zwei US-Dollar je Pfund. Verändert sich diese Relation zum Beispiel in die Richtung, dass das Pfund an Kaufkraft verliert und mit einem Pfund in Großbritannien nur noch so viel gekauft werden kann wie mit 1,95 US-Dollar in den USA, würden die Zentralbanken beider Länder – falls nötig – durch konzertierte Dollarankäufe den nominellen Wechselkurs an den realen anpassen: auf 1,95 US-Dollar je Pfund.

Dieser Vorschlag könnte von einer Ländergruppe erprobt werden. So wie die UN-Autoren schreibt auch die UNCTAD: »Ein regelbasiertes Wechselkursmanagement kann als unilaterale Wechselkursstrategie praktiziert werden oder, mit bedeutend größerem Spielraum für Notenbank-Interventionen, über bilaterale Abkommen oder als Kernelement einer regionalen Kooperation. Der größte Gewinn für internationale Finanzstabilität würde sich allerdings ergeben, wenn diese Regeln multilateral angewandt würden, als Teil einer globalen Finanzregulierung.«[23] Einen Versuch wäre es wert. Klappt es nicht, könnte ja der »zweite Gang«, die von Keynes vorgeschlagenen Sanktionen für Abweichler von ausgeglichenen Handelsbilanzen, zugeschaltet werden.

Eine mögliche Kompromissvariante zwischen dem UNO-Keynes-Stiglitz-Modell (oberstes Ziel: ausgeglichene Handelsbilanzen) und dem UNCTAD-Flassbeck-Modell (oberstes Ziel: Kaufkraftparität) könnte darin bestehen, dass der Terra (wie oben beschrieben) eingeführt wird, dass jedoch die Wechselkursanpassungen die Beibehaltung der Kaufkraftparität zum Ziel haben und nicht das Gleichgewicht der Handelsbilanzen (das sich in der Perspektive Flassbecks als Folge von selbst einstellen würde). Ein Beispiel: Kostet der konstante Terra-Warenkorb in Großbritannien eines Tages 55 Pfund, sinkt der Pfundkurs automatisch auf 0,55 Pfund je Terra. England würde durch diese Anpassung gegenüber einem

Handelspartner, dessen Preisniveau unverändert bleibt, nicht an Wettbewerbsfähigkeit verlieren. Das System bliebe auch in dieser Variante stabil und flexibel. Und auch in dieser Variante ließen sich die Pönalen für Abweichungen vom Gleichgewicht dazuschalten. Der unmittelbare Vorteil des UNCTAD-Vorschlages ist, dass es keine neue Organisation, keine globale Komplementärwährung und keinen Sanktionsmechanismen braucht; deshalb das Prädikat »light«. Sein klarer Nachteil hingegen wäre, dass er »nur« das Währungs- und Handelsproblem lösen würde, jedoch weder das Problem der Rohstoffwährung noch das der Schuldenwährung. Sollte das weiterhin der US-Dollar sein? Das Bestechende an Keynes' Vorschlag ist, dass er a) das Währungsproblem, b) die Handelsfrage, c) die Frage der Rohstoffwährung und d) das internationale Schuldenmanagement in einem lösen würde, weshalb ich es präferiere.

Für einige LeserInnen mag vielleicht der Unterschied zwischen beiden Alternativen zu technisch anmuten, zu detailliert oder gar irrelevant. Doch welch Fortschritt für die internationalen Beziehungen, die Gestaltung der Weltwirtschaft und die Selbstbestimmung der nationalstaatlichen Souveräne, wenn wir, anstatt ohnmächtig in der ungerechten und instabilen Dollarhegemonie gefangen zu bleiben, den Luxus genössen, zwischen einem Bretton Woods II mit Fokus auf Kaufkraftparität und einem Bretton Woods II mit Fokus auf ausgeglichenen Handelsbilanzen entscheiden zu dürfen! Welch Gewinn für die Demokratie! In Kürze würden zahllose Menschen die beiden Vorschläge kennen und heiß diskutieren, wissend, dass sie selbst diese Entscheidung von globaler Tragweite treffen können, falls ihre Regierungen weiterhin untätig bleiben!

Epilog I:
Planwirtschaft in Peking und Zürich

Die Schweiz und China sind zwei Beispiele für »Planwirtschaft« im Sinne der politischen Festlegung des Wechselkurses – was zeigt, dass es möglich ist. In China wird der Wechselkurs politisch festgelegt – und basta. Allerdings einseitig und damit genauso dem nationalen Eigeninteresse folgend wie die USA in der Dollarhegemonie: Vergangenheit (oder in der Fachsprache: Neo-Merkantilismus).

Die Schweiz »deckelt« den Wechselkurs des Franken, der sich infolge der Instabilität in der Eurozone und der wachsenden Schuldentürme in den USA und Japan immer größerer Beliebtheit erfreut – was aber den Kurs in schwindelerregende Höhen treibt und den Schweizer Export ruiniert. Deshalb interveniert die Notenbank, indem sie Unsummen von Franken ver- und Devisen ankauft, um den Kurs zu deckeln. Der Devisenbestand explodierte von 45 Milliarden Schweizer Franken 2008 auf 450 Milliarden Franken Mitte 2013. Die Fremdwährungsbestände machen neunzig Prozent der Bilanzsumme der Schweizer Nationalbank aus.[24] Die Schweizerische Nationalbank kauft sogar australische Dollar: »Ich hätte nie gedacht, dass ich so etwas sehe. Eine anti-inflationäre konservative Institution [wie die SNB] hält unsere Währung als Reserve«, kommentiert der australische Zentralbanker Glenn Stevens.[25] Das hat zur Folge, dass sich die Bilanzsumme der Schweizer Notenbank schneller aufgebläht hat als die der Fed, der Bank of England oder der EZB (um 500 Prozent). Effektiver wäre es, den Kurs einfach festzulegen, aber das ist offenbar ein ideologisches Tabu. Lieber Multimilliarden in die Märkte pumpen, um die Marktkräfte auszuschalten, als den Wechselkurs politisch festzulegen.

Epilog II:
Ende der Dollarhegemonie?

Was würde heute passieren, wenn die USA die Rolle der Weltleitwährung verlieren würden – ohne dass die hier vorgestellten institutionellen Vorschläge umgesetzt würden? Konkret, wenn die wichtigsten Rohstoffe plötzlich in Euro oder einer anderen Währung notieren würden?

– Die Nachfrage nach dem US-Dollar würde abstürzen und mit ihr der Wechselkurs. Öl und alle anderen Rohstoffe würden sich für die USA, den Ressourcengiganten, prohibitiv verteuern, die Wirtschaft würde in eine Rezession verfallen, die wiederum die

Staatsschulden explodieren ließe. Rating-Agenturen würden den USA den Todesstoß versetzen, das Land wäre in kurzer Zeit bankrott. Die USA sind bereit, Kriege zu führen, um dieses Szenario zu verhindern.

– Wem diese kurze Kette zu einfach erscheint, der möge sich vor Augen führen, dass die USA aufgrund ihrer politökonomischen Monopolstellung das einzige Land der Welt sind, bei dem der der Internationale Währungsfonds nicht interveniert, obwohl es ein – imposantes – »Zwillingsdefizit« aufweist: im Staatshaushalt und in der Leistungsbilanz. Bei allen anderen IWF-Mitgliedern hätte längst die Alarmsirene geheult, und die »Finanzfeuerwehr« aus Washington wäre mit Folgetonhorn angerückt und hätte dem »Krisenland« harte Strukturanpassungsprogramme verschrieben, damit es seinen Auslandsschuldendienst weiter bedienen kann. Der Währungsfonds misst mit zweierlei Maß, aber er ist auch keine demokratische oder gar egalitäre internationale Organisation, sondern eine Aktiengesellschaft im Mehrheitseigentum der mächtigsten Industriestaaten. Das einzige Land, das über eine Veto-Macht verfügt, sind wiederum die USA. Der Kreis schließt sich.

– Die Aussicht auf Krieg ist für die USA vielleicht ein hinnehmbares Szenario, die auf Verlust der Leitwährung an den Euro oder Renminbi sicher nicht. Dieser schlimmstmöglichen aller narzisstischen Kränkungen zu entgehen, könnte in den USA einer »pragmatischen« Fraktion Auftrieb geben, die sich für eine neutrale Währungsordnung einsetzt, um die Ablöse des US-Dollars durch den Euro oder eine andere Weltleitwährung zu verhindern.

Was würde passieren, wenn der Keynes-Vorschlag umgesetzt würde?

– Die Rohstoffe inklusive Öl würden in Terra notieren. Dadurch würde die Nachfrage nach US-Dollar rapide abfallen. Dies hätte jedoch – im Unterschied zu einem System freier Wechselkurse – weniger dramatische Auswirkungen, weil die Wechselkurse politisch bestimmt würden nach Kaufkraftparität – der US-Dollar bliebe annähernd stabil.

– Hingegen könnten die USA ein Problem mit der Außenverschuldung bekommen. Da der US-Dollar nicht mehr als Reservewährung nötig wäre – diese Rolle übernimmt der Terra, könnten die USA zumindest keine weiteren Schuldtitel im Ausland loswerden. Aufgrund der miserablen makroökonomischen Kennzahlen würde sich das Rating rasch verschlechtern, US-Anleihen würden Richtung Junk tendieren. Die USA müssten sich im Inland verschulden (Modell Japan) anstatt weltweit. Das kann gutgehen, es kann auch schiefgehen. Im Notfall könnten immer die Vermögenssteuern jäh angehoben werden, das könnte jedes Industrieland problemlos vor dem Staatsbankrott bewahren.

– Eines ist hingegen sicher: Das Handelsungleichgewicht zwischen den USA und China hätte in einem Bretton-Woods-II-System nicht entstehen können. Denn beide Staaten wären zur Anpassung ihrer Wechselkurse – das Defizitland USA zur Abwertung und das Überschussland China zur Aufwertung – oder alternativ zur Zahlung von Strafen gezwungen worden. Somit hätten sich keine großen Handelsungleichgewichte aufbauen können.

Epilog III:
Lokale und regionale Komplementärwährungen

Solange die Weltwährungsordnung und das Geld- und Finanzsystem insgesamt so instabil bleiben, wie sie gegenwärtig sind, halte ich lokale und regionale Komplementärwährungen für eine sehr gute Sache. Sie federn viele Nachteile ab, welche die Finanzdiktatur erzeugt. Die Werte Regionalität, Resilienz, Nachhaltigkeit und Demokratie sprechen klar für diese Initiativen. Das Bewusstsein über die Geldordnung, das durch den Chiemgauer, den Sterntaler, die Vorarlberger Talente und andere lokale Komplementärwährungen geschaffen wird, ist von großem Wert. Es wäre sogar naheliegend, dass der erste »demokratische Geldkonvent« in einer Gemeinde stattfindet, die bereits mit Regiogeld oder einer anderen Komplementärwährung arbeitet. In Kapitel 1 habe ich zur Unterstützung dieser

Experimente die Frage an die Geldkonvente vorgeschlagen, ob regionale und lokale politische Gebietskörperschaften das Recht erhalten sollen, eine »offizielle« Komplementärwährung auszugeben. Diese könnte ohne Annahmezwang auf freiwilliger Basis oder auch mit Annahmezwang als regional begrenzt gültiges, gesetzliches Zahlungsmittel ausgestaltet werden – die Souveräne entscheiden. Zu Regionalwährungen gibt es schon viel und spezielle Literatur, weshalb ich die Diskussion der möglichen Inhalte mit einem Verweis auf die Arbeiten von Bernard Lietaer[26], Margrit Kennedy[27], Tobias Plettenbacher und Charles Eisenstein[28] sowie auf die erfolgreichen Langenegger Talente[29], den Chiemgauer[30] und den Sterntaler[31] beschließe.

VI. Startschuss:
Der Weg zum ersten Konvent

Nun haben Sie sich durch den Hauptteil durchgeackert. Für einige war die Kost vermutlich nicht die leichteste. Andere werden überrascht sein, dass sich das Geldsystem ja doch verstehen lässt, wenigstens in groben Zügen. Ich habe versucht, mich auf die grundlegenden Fragen zu konzentrieren, die Fundamentalbausteine der Geldordnung. Vielleicht ist der eine oder andere Aspekt, die eine oder andere Fragestellung dabei zu kurz gekommen oder ganz untergegangen. Das wäre nicht weiter schlimm: Der hier entwickelte und vorgelegte Fragenkatalog ist kein Katechismus, sondern ein Aufschlag. Er wird und soll weiterentwickelt werden – in möglichst vielen kleineren und größeren Konventen.

Manche wird es vielleicht schon in den Fingern jucken und sie planen für das nächste Freundes-, Familien-, Vereins- oder Nachbarschaftstreffen einen privaten Minigeldkonvent. Das wäre der erste Schritt zur Umsetzung. Und eine aktive Alternative zu Resignation und Ohnmacht. Andere sitzen vielleicht wie gelähmt und fragen sich, wie so ein Jahrhundertvorhaben je umgesetzt werden könne. »Auch die längste Reise beginnt mit dem ersten Schritt«, sagte Lao Tse einmal. Ein erster Meilenstein auf der langen Reise zu echter Demokratie ist die Abhaltung des ersten »Kommunalen Geldkonvents« in einer Pionier-Gemeinde, von dem man erzählen kann und der von anderen Gemeinden nachgeahmt werden kann. Je besser der Prozess in der ersten Gemeinde gelingt, desto weiter wird das Premiere-Experiment ausstrahlen.

Bottom-up-Strategie

Jede und jeder kann sich dafür einsetzen, dass die eigene Wohnsitzgemeinde zur Pionier-Gemeinde wird. Das ist noch immer ein Großprojekt, aber eines mit weit höherer Aussicht auf Erfolg als die direkte Anpeilung eines Bundeskonvents. Besser noch als eine Pionier-Gemeinde wäre ein Verbund von Pionier-Gemeinden zum Beispiel in einer Region (Landkreis, Bundesland, Kanton, Comunidad Autónoma ...). Dann hätte es sofort den Charakter eines Regionalentwicklungsprojekts und eines regionalen Aufbruchs zu einer demokratischen Wirtschaftsordnung. Der Prozess könnte fortgesetzt werden bis hinauf zur globalen Ebene. Dem weitverbreiteten Ohnmachtsgefühl, dass Gemeinden die Auswirkungen der Globalisierung zu tragen haben, diese aber nicht mitgestalten können, würde ein kräftiges demokratisches Signal entgegengesetzt.

Ich beobachte eine kontinuierlich wachsende Sensibilität für die Geldsystem-Problematik auch bei Landesregierungen und gehe davon aus, dass die ersten davon schon bald Pionier-Gemeinden unterstützen werden. Damit bekäme die Avantgarde von Beginn an eine größere Prominenz und ein größeres politisches Gewicht. Eine mögliche Option wäre die Begleitung und Dokumentation des Pionier-Prozesses im Rahmen eines Forschungsprojekts. Die Gemeinwohl-Ökonomie-Bewegung baut gerade in Kooperation mit der UNESCO einen Lehrstuhl »Gemeinwohl-Ökonomie« auf, der neben der Lehre auch Forschungs- und Praxis-Projekte umfassen wird und eine solche Begleit-Funktion wahrnehmen könnte. Eine dritte Variante wäre, dass diejenigen Gemeinden, die bereits Regionalgeld-Projekte verwirklichen, den Start machen, zumal sie bereits über einen höheren Kenntnisstand in der Geld-Problematik verfügen und praktische Alternativen entwickelt haben. Die »Not« des gegenwärtigen Geldsystems ist so groß, dass umfassende Hilfe von vielen Seiten zu erwarten ist, sobald der erste Keim einer demokratischen Neuordnung gesprossen ist.

Aus Sicht der Gemeindepolitik und -entwicklung kann ein kommunaler Geldkonvent nahtlos anknüpfen an schon bestehende Kommunalentwicklungsinitiativen wie zum Beispiel LA21-Gemeinde, Klimabündnis-Gemeinde, Fair-Trade-Gemeinde oder Gemeinwohl-Gemeinde. Letztere ist eine Figur der seit 2010 international stark wachsenden Gemeinwohl-Ökonomie-Bewegung. Gemeinwohl-Gemeinden zeichnen sich durch eine Vielfalt von Projekten aus:

- Sie erstellen die Gemeinwohl-Bilanz in den eigenen Wirtschaftsbetrieben;
- sie laden alle Unternehmen des Privatsektors ein, die Gemeinwohl-Bilanz zu erstellen;
- sie ehren einmal jährlich vorbildliche Betriebe;
- sie ziehen beim öffentlichen Einkauf Gemeinwohl-Kriterien heran (in Fortsetzung und Erweiterung von »bio« und »fair«);
- sie knüpfen die Wirtschaftsförderung an Gemeinwohl-Kriterien bzw. die Erstellung der Gemeinwohl-Bilanz;
- sie richten lokale »Hubs« (Brut- und Geburtsstätten für neue Unternehmen) ein, in denen Gemeinwohl-Unternehmen geboren werden;
- sie fördern die Errichtung einer regionalen Gemeinwohl-Börse oder beteiligen sich daran;
- sie legen den örtlichen Banken die Erstellung einer Gemeinwohl-Bilanz oder die Verpflichtung auf eine Gemeinwohl-Charta nahe;
- sie beteiligen die BürgerInnen an der Entwicklung des »Kommunalen Lebensqualitätsindex« und des »Kommunalen Wirtschaftskonvents«.

Der »Kommunale Wirtschaftskonvent« ist die unmittelbare Vorlage für den »Demokratischen Geldkonvent« auf kommunaler Ebene. Von daher wäre es »organisch«, dass eine Auswahl der ersten Gemeinwohl-Gemeinden zu »Demokratischen-Geld-Gemeinden« wird. Der »Geist« und der mögliche Prozess sind dort bereits bekannt oder sogar schon verankert.

Die ersten Gemeinwohl-Gemeinden entstanden im Jahr 2013 in Spanien – Miranda de Azán (Salamanca) und Carcaboso (Extremadura) – sowie in Norditalien (die Südtiroler Gemeinden Schlanders, Laas, Mals und Latsch), zweieinhalb Jahre nach dem Start des »Gesamtprozesses Gemeinwohl-Ökonomie«. Dieser setzt sich aus mehreren strategischen Teilsträngen zusammen, die drei Pionier-Gruppen sind Unternehmen, Gemeinden und Universitäten. Die Gemeinden decken den politisch-demokratischen Strategiestrang ab, der zur ersten demokratischen Wirtschaftsverfassung – einer alternativen Wirtschaftsordnung – führen soll.[1]

Umfragen zufolge wünschen sich in Deutschland und Österreich achtzig bis neunzig Prozent der repräsentativ befragten Bevölkerung eine neue Wirtschaftsordnung.[2] Mein persönlicher
Eindruck ist, dass dieser Prozentsatz bei der Geldordnung gegen
hundert Prozent tendiert und die Bereitschaft und Motivation für
kommunale Geldkonvente noch größer ist als für demokratische
Wirtschaftskonvente.

Ablauf des demokratischen Geldkonvents

Die Gemeinwohl-Ökonomie-Bewegung hat bereits einen zwanzig-
seitigen Leitfaden für einen demokratischen *Wirtschafts*konvent
ausgearbeitet, der auf der Website zum kostenlosen Download zur
Verfügung steht.[3] Dieser kann mit Leichtigkeit adaptiert werden für
einen kommunalen Geldkonvent. Der mögliche inhaltliche Fragenkatalog liegt diesem Buch am Ende bei. Es sind in Summe 47 Fragen. Der rahmengebende Leitfaden behandelt unter anderem folgende Fragestellungen:
1. Wer initiiert einen Konvent?
2. Wie wird der Konvent zusammengesetzt?
3. Wie läuft der Konvent ab?
4. Wie wird entschieden?

1. Wer initiiert einen Konvent?
Der Impuls könnte sowohl aus dem Souverän heraus erfolgen als
auch von dessen Vertretung in Parlamenten oder Regierungen. Es
gibt überall wache Geister, welche die gegenwärtige Un-Ordnung
verändern wollen. Als Best Practice hat sich erwiesen, dass Begeis-
terte aus der BürgerInnenschaft und aus dem Gemeinderat gemeinsam an einem Strang ziehen und politisch »zusammenspie-
len«. Um die Initiative vor Instrumentalisierung durch eine Partei
oder bestimmte Gruppe zu verhindern, sollte auf eine repräsentative Mindestbreite der TrägerInnen geachtet werden.

2. Wer sitzt im Konvent?

Für die Zusammensetzung des Konvents gibt es verschiedene Möglichkeiten, und es muss nicht überall dieselbe Methode angewandt werden. In der Praxis der BürgerInnenbeteiligung wurden unterschiedliche Modelle entwickelt. Zum Beispiel könnten alle BürgerInnen eingeladen werden, an einer Reihe von Treffen, die sich über ein Jahr erstrecken, zu beteiligen. Oder es werden zehn bis zwanzig BürgerInnen per Zufallsprinzip ausgewählt, die den inhaltlichen Grobaufschlag machen – ein in den USA und Vorarlberg bewährtes Verfahren.[4] Es gibt verschiedene Möglichkeiten, und vielleicht ist es das Beste, dass in verschiedenen Gemeinden unterschiedliche Wege beschritten werden. Der Leitfaden kann die unterschiedlichen Varianten aufnehmen, wodurch für die nachfolgenden Pionier-Gemeinden Wahloptionen entstehen.

3. Ablauf des Konvents

Die Stationen eines solchen Konvents könnten folgende sein:

Treffen 1: Kick-off, Kennenlernen, Klärung des Projekts, Vorstellung der »Fragen an den Konvent«

Treffen 2: Einigung über die Fragen, Aufteilung in Berichtsgruppen, welche die Fragen inhaltlich recherchieren und eine Liste von Pro- und Kontra-Argumenten anlegen

Treffen 3: »Rohberichte«, erste Stimmungsbilder und Aufteilung in (zum Beispiel zwölf) Arbeitsgruppen, welche über einen längeren Zeitraum die Feinrecherche machen und die finalen Fragen ausarbeiten

Treffen 4: Feinberichte mit Fragestellungen, letzte Klärungen und Modifikationen der Fragen

Treffen 5: Abstimmung

Treffen 6: Öffentliche Bekanntgabe der Ergebnisse und Wahl der Delegierten für die nächste Ebene; sowie Einladung an alle Nachbargemeinden, ebenfalls einen Konvent zu organisieren

4. Wie wird kommuniziert und entschieden?

Ausschlaggebend für den Erfolg sind zwei »humane Hightech«-Methoden: achtsame Kommunikation und demokratische Entscheidungsfindung. In der öffentlichen politischen Diskussion sind »Fouls« wie Unterbrechen (statt ausreden lassen), Bewerten (statt argumentieren), Kritisieren (statt Lösungen anbieten), Langsprechen (Ineffizienz und Langeweile) und Stressen mit Mimik und Gestik (statt gelassenem und aufmerksamem Zuhören) leider weitverbreitete Untugenden. Eine Einigung auf den Versuch aller, elementare Grundprinzipien der achtsamen Kommunikation zu praktizieren und Sanktionen bei Regelbruch zu akzeptieren (Einladung, Ermahnung, Wortzuteilung, Wortentzug ...), schafft erfahrungsgemäß ein ganz anderes Gesprächs- und Diskussionsklima, das inspiriert und nicht erschöpft. Aus achtsamen Gesprächsmethoden wie der gewaltfreien Kommunikation, dem »Dialog« oder dem »Council« kristallisieren sich universelle Grundprinzipien gelingender Kommunikation heraus, zum Beispiel: von Herzen sprechen, nicht bewerten, mit dem Herzen hören, nicht kommentieren, Ökonomie der Worte. Und: Es darf auch einmal Stille sein.

Ein Gesprächs- oder Arbeitskreis, der nach diesen Prinzipien arbeitet, ermöglicht Tiefgang, macht Freude (statt Frust) und zeitigt in der Regel produktive Ergebnisse. Meiner Erfahrung nach ist das achtsame und wertschätzende Kommunizieren das Schwierigste überhaupt in der politischen Arbeit. Und doch gleichzeitig das Grundlegendste. Wenn wir einander im Gespräch nicht wertschätzen, achten und nicht kooperieren, dann können die Ergebnisse nicht gut sein, dann können Gemeinschaft und Demokratie nicht gelingen.

Dasselbe gilt für inhaltliche Differenzen. Die sind nicht das Problem. Die können gar nicht das Problem sein, weil jeder Mensch einzigartig ist und anders als alle anderen. Das Problem ist, dass wir die differenten Meinungen nicht ertragen, sie aus Gewohnheit nicht gelten lassen, bewerten und bekämpfen. Das macht politische Diskussionen und demokratische Entscheidungen so unendlich mühevoll und unattraktiv. Menschen wollen nie alle dasselbe. Menschen wollen immer nur mehr oder weniger dasselbe. Die Kunst liegt in einem Entscheidungsverfahren, das die Gemeinsamkeiten feinfühlig heraussiebt. Und dass dabei der Respekt voreinander gewahrt wird als oberstes Prinzip! Das traditionelle demokratische Abstimmungsverfahren »dafür« oder »dagegen« ist sehr simpel und demokratisch ineffizient, weil eine Vielzahl von Alternativen, die vielleicht annehmbarer wären, gar nicht zur Abstimmung kommt. Das beste Beispiel ist der Faktor 12 in der Schweiz. Dadurch, dass nur mit »ja« oder »nein« zu einem einzigen und unveränderbaren Vorschlag gestimmt werden konnte, gewann die gegenwärtige »Nulllösung«, der Faktor 900. Wäre ein breiteres Spektrum von Vorschlägen zur Abstimmung gekommen, hätte garantiert ein anderer Faktor gewonnen als 900. Hier eine Kurve, die sich aus meinen Erfahrungen bei Vorträgen speist.

Alternatives Abstimmungsergebnis in der Schweiz

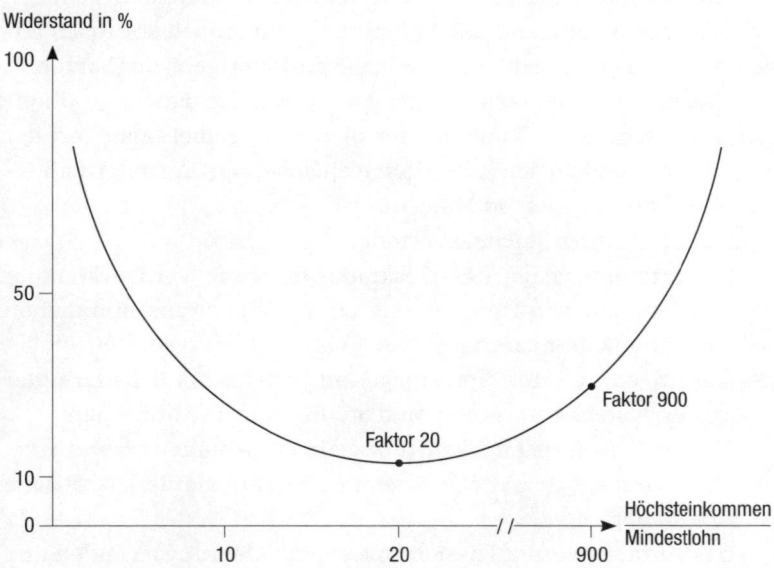

In der Grafik wird der Widerstand gegen verschiedene Vorschläge zur Begrenzung der Ungleichheit dargestellt: Der Widerstand gegen eine sehr geringe Ungleichheit ist sehr hoch, rund um den Faktor 20 nach Einschätzung des Autors am geringsten, danach steigt er wieder an. Oberhalb des Faktors 1000 würde er nach der Erfahrung des Autors wieder gegen 100 Prozent streben.

Ich habe zur Frage der maximalen Einkommensungleichheit mit ungefähr 50 000 Vortragsgästen in Europa und Lateinamerika das Spiel »Demokratischer Wirtschaftskonvent« gespielt. Fast immer werden zwischen vier und sieben Vorschläge eingebracht – das ist offenbar ausreichend, um alle wesentlichen Bedürfnisse abzudecken. Nicht selten sind die Extreme »völlige Gleichheit« und »grenzenlose Ungleichheit« unter den Vorschlägen. Sind sie darunter, werden sie in der Regel mit größerer Leidenschaft vertreten als die Vorschläge dazwischen, mitunter auch aggressiv in dem Sinne, dass gesagt oder angedeutet wird, dass die Annahme jedes anderen Vorschlags einen Totalverlust von Freiheit oder Gerechtigkeit darstellen würde. Auch wenn die Extremvorschläge nicht mit dabei sind, ist das Abstimmungsergebnis beim »Systemischen Konsensieren« (SK-Prinzip) so gut wie immer ein »Tal«: Die niedrigsten und höchsten Vorschläge erfahren einen relativ hohen Widerstand, und irgendwo im Mittelbereich – häufig aber nicht genau in der Mitte – erreicht der Widerstand das Minimum, um dann wieder rasch anzusteigen. In 95 Prozent aller Fälle gewinnt übrigens der Faktor 10. Der höchste je gemessene Sieger-Faktor war der Faktor 30 (in einer Privatschule für Knaben), der niedrigste gemessene Wert der Faktor 3 (in Andalusien und österreichischen Gebirgstälern ab einer Seehöhe von tausend Metern).

Das SK-Prinzip hat viele Vorteile:

– Die Stimmungslage der Gesamtbevölkerung wird erkennbar und damit die teils frappierenden Unterschiede zur öffentlichen (veröffentlichten) Meinung.

– Diejenigen, die ihre Vorschläge am leidenschaftlichsten (oder aggressivsten) einbringen, sind oft die kleinste Minderheit.

– Das Verfahren regt an, selbst bessere Vorschläge einzubringen, als bisher auf dem Tisch liegen, es fördert die demokratische Kreativität.

– Das Verfahren ermutigt, sich eine eigene Meinung zu bilden und in sich zu hören.

– Das Verfahren hebt auch die Toleranz, weil immer mehrere Vorschläge genannt werden, wodurch Vielfalt sichtbar wird und Verständnis für andere Positionen wächst.

- Die Menschen entkommen den Ja-Nein-Alternativen.
- Langsam entwickelt sich eine Gemeinwohl-Kultur: Es werden nur noch Vorschläge eingebracht, von denen die geringste Schmerzverursachung in der Bevölkerung vermutet wird, weil andere Vorschläge – das wird in der Praxis rasch klar – keine Chance auf Annahme mehr haben.

Die für mich schönste Erfahrung (neben der ersten in der Liste) in den Projekten Gemeinwohl-Ökonomie und Bank für Gemeinwohl ist die ungewohnte und arbeitserleichternde Gelassenheit, mit der Entscheidungen im Unterschied zu »früher« getroffen werden. Oft gibt es eben nicht eine gute, sondern mehrere gute Optionen, die nicht selten zu einem optimalen Vorschlag kombiniert werden können. Und wenn nicht: Anstatt viel Energie darauf zu verwenden, eine Option zu pushen oder durchzusetzen, wird einfach abgestimmt. Im Idealfall ganz entspannt und damit emotional wie prozessual effizient. Sage nie jemand, dass »Demokratie« ineffizient sei. Plumpe Entscheidungsmethoden können es sehr wohl sein. Aber es gibt glücklicherweise auch hier Alternativen.

Evolution der Inhalte

Einige LeserInnen werden die Vorschläge im Inhaltsteil nicht als ihre optimale Lösung erkennen und deshalb intuitiv oder reflexhaft das ganze Verfahren ablehnen. Doch das wäre ein vorschneller Reflex. Nicht nur, weil es keine perfekte Lösung gibt und jede Regelung ein gewisses Maß an Unzufriedenheit hervorruft, sondern vor allem, weil die Alternative die gegenwärtig gültigen Gesetze und Spielregeln sind und diese ein viel höheres Maß an Unzufriedenheit bei viel mehr Menschen auslösen als die »bestmögliche« Lösung, die nur durch ein möglichst demokratisches Verfahren gefunden werden kann. Spielregeln, die alle vollkommen zufriedenstellen, sind eine Illusion. Ziel ist es, Spielregeln zu finden, die das geringstmögliche Maß an Unzufriedenheit verursachen und von möglichst vielen Menschen akzeptiert und mitgetragen – und in zukünftigen Revisionsrunden weiter verbessert werden.

Die erste Möglichkeit zur Überarbeitung der hier vorgeschlagenen 47 Fragen besteht in den Arbeitsgruppen im kommunalen Konvent. Im Leitfaden wird vorgeschlagen, dass sich nach dem Aufschlag Arbeitsgruppen zu den einzelnen Themenbereichen (in diesem Buch sind es zwölf, es können aber auch zehn, fünfzehn oder zwanzig sein) bilden und intensiv auseinandersetzen. Dabei kann es zu einer Modifikation oder Erweiterung der Fragestellungen kommen, das ist Teil der demokratischen Essenz. Denkbar ist eine eigene Abstimmungsrunde im Plenum zu den Vorschlägen der Arbeitsgruppen, in der die genauen Fragestellungen beschlossen werden – dann entscheiden nicht die Arbeitsgruppen, sondern alle zusammen. Die Verfeinerung demokratischer Entscheidungsverfahren ist eine soziale Technologie, der gar nicht genug Aufmerksamkeit geschenkt werden kann. Die Nichtmitbestimmung bei der Fragestellung kann zu großer demokratischer Frustration führen. Ein Beispiel dafür sind Volksbefragungen, bei denen die Regierungen die Fragen vorgeben, was von vielen als Chuzpe empfunden wird. Die »Kompetenzkompetenz« ist Teil der demokratischen Essenz: Der Souverän muss selbst entscheiden können, über welche Fragen er abstimmen möchte.

Über ein Wahlverfahren können TeilnehmerInnen des kommunalen Konvents an höhere Konvente delegiert werden – mit einem konkreten Mandat: den jeweils konsensierten Fragestellungen und den Vorergebnissen. Auch die höheren Konvente können erneut die Fragestellungen – eventuell auch gewichtet nach den Vorergebnissen – modifizieren. Auf diese Weise entsteht in mehreren »Reifestufen« ein finaler Fragenkatalog. Die letzte Entscheidung wird jedenfalls vom gesamten Souverän getroffen. Das könnte der spannendste Tag der Demokratie seit ihrem Beginn werden.

Internationale Kooperation

Sobald es die erste Pionier-Gemeinde geschafft hat, wird sich diese Nachricht wie ein Lauffeuer ausbreiten und andere Gemeinden motivieren, »ihren« Geldkonvent abzuhalten. Meine persönliche

Vision ist, dass sich die Konvente ausbreiten wie einst die Brotvereine von Friedrich Wilhelm Raiffeisen – und später die Raiffeisen-Kassen. Ziel ist es, dass in jeder Gemeinde zumindest das Gespräch darüber stattfindet, ob ein kommunaler Geldkonvent organisiert werden soll. Es ist nicht nötig, dass alle zur Tat schreiten, eine »kritische Masse« würde genügen. Doch wenn Sie etwas für die Zukunft tun und auf kritische Fragen Ihrer Kinder vorbereitet sein wollen, können Sie dafür sorgen, dass in Ihrer Lebensgemeinde ein Konvent stattfindet.

Die Kooperation zwischen mehreren Gemeinden macht die Sache leichter, noch energetischer wird es, wenn die Kommunen international den Weg gemeinsam gehen. Schon jetzt gibt es KandidatInnen für Gemeinwohl-Gemeinden von Peru und Mexiko über Spanien und Italien bis Österreich und Deutschland. Im November 2013 trafen sich erstmals die VertreterInnen der InteressentInnen an einer Gemeinwohl-Gemeinde in Madrid, unter den 150 TeilnehmerInnen waren zahlreiche BürgermeisterInnen und GemeinderätInnen. Zehn Gemeinden präsentierten vorbildliche Initiativen von ökologischer Energieversorgung und Abfalltrennung über soziale und Bildungsmaßnahmen bis hin zu Partizipationsprozessen bei politischen Fragen wie dem Budget. Diese Bewegung könnte wachsen, und die Bewegung der »Demokratische-Geld-Gemeinden« könnte mit der Gemeinwohl-Ökonomie-Bewegung verschmelzen und Synergien erzeugen.

Vom Geldkonvent zum Verfassungskonvent

Selbst wenn die Vision dieses Buches, eine demokratische Geldordnung in einer Verfassung, idealerweise in mehreren Nationalstaaten und im EU-Vertrag, und daraus resultierend, eine beginnende Initiative für eine globale Währungskooperation, eine Weltfinanzaufsicht oder eine globale Steuerbehörde – verwirklicht wird, wäre das nicht das Ende der Geschichte, sondern der Beginn einer noch viel tiefer gehenden Demokratiebewegung. Neben Geld- und Wirtschaftskonventen könnten gleichermaßen Bildungs-, Daseinsvorsorge-, Gemeingüter-, Medien- und schließlich Demokratiekonvente initiiert werden. Wie schon beschrieben, müsste in einer echten Demokratie die Verfassung von der Bevölkerung geschrieben werden und die Vertretung sich an diese demokratischen Spielregeln halten. Das Naheliegendste ist oft am schwersten sichtbar: dass die Demokratien deshalb so im Argen liegen, weil die Souveräne so impotent sind. Sie haben keine effektiven Beteiligungs- und Gestaltungsrechte. Über Verfassungskonvente, die ebenfalls von unten initiiert werden, könnten erstmals würdige und selbstbewusste Souveräne entstehen. Nachdem die erste Welle der Aufklärung nur ein zarter Frühlingsgruß der kollektiven Freiheit war, würde ich die Umsetzung dieser Vision sehr gerne noch erleben.

VII. Zusammenfassung:
Fragenkatalog für den Geldkonvent

Geldschöpfung

Frage 1a:
Wer darf Bargeld (= gesetzliches Zahlungsmittel) schöpfen?
Nulllösung:

Ausschließlich die staatliche Zentralbank.   WP: ___ von 10

Alternative:

Zusätzlich Geschäftsbanken?   WP: ___ von 10

Zusätzlich Unternehmen?   WP: ___ von 10

Zusätzlich Privatpersonen?   WP: ___ von 10

Zusätzlich regionale Gebietskörperschaften?   WP: ___ von 10

Frage 1b:
Wer darf Buchgeld (= gesetzliches Zahlungsmittel) schöpfen?
Nulllösung:

Die staatliche Zentralbank und private
Geschäftsbanken.   WP: ___ von 10

Alternative 1:

Ausschließlich die staatliche Zentralbank?   WP: ___ von 10

Alternative 2:

Zusätzlich Unternehmen?   WP: ___ von 10

Zusätzlich Privatpersonen?   WP: ___ von 10

Zusätzlich regionale Gebietskörperschaften?   WP: ___ von 10

Frage 2:
Wer darf Komplementärwährungen ausgeben, die nicht als gesetzliches Zahlungsmittel
gelten und deshalb nicht von allen Tauschparteien angenommen werden müssen?

Unternehmen?   WP: ___ von 10

Privatpersonen, Vereine?   WP: ___ von 10

Regionale Gebietskörperschaften?   WP: ___ von 10

Vollgeld-Reform

Soll die Vollgeld-Reform durchgeführt werden?

Nulllösung:

Die gegenwärtige geteilte Geldschöpfungspraxis
von Zentralbank und Geschäftsbanken bleibt
aufrecht, die Girokonten bleiben Teil der
Bankbilanzen, die Geldschöpfungsgewinne
fließen überwiegend den Geschäftsbanken zu.   WP: ___ von 10

Alternative:

Das öffentliche Geldschöpfungsmonopol wird auf
Buchgeld ausgeweitet. Das in Umlauf befindliche
Geld kommt ausschließlich von der Zentralbank,
die Girokonten werden von den Bankbilanzen
ausgegliedert und gehen in das Eigentum der BankkundInnen über, die Geldschöpfungsgewinne
kommen zur Gänze der Allgemeinheit zugute.   WP: ___ von 10

Zentralbank

Frage 4:
Wem soll die Zentralbank gehören?

Da die Nulllösung hier in unterschiedlichen Staaten
unterschiedlich ist, werden drei Alternativen zur Wahl
gestellt, welche alle Nulllösungen beinhalten.

Alternative 1:

Die Zentralbank soll sich im Besitz privater
Geschäftsbanken befinden.   WP: ___ von 10

Alternative 2:

Die Zentralbank soll sich im gemischten Besitz
privater Geschäftsbanken und des Staates
befinden.   WP: ___ von 10

Alternative 3:

Die Zentralbank soll öffentlich sein.   WP: ___ von 10

Frage 5:
Wie sollen die Entscheidungsgremien der Zentralbank zusammengesetzt sein?

Nulllösung:

Vorrangig oder ausschließlich BankerInnen.   WP: ___ von 10

Alternative:

Alle gesellschaftlichen Gruppen sollen
repräsentiert sein und ihre VertreterInnen
entsenden dürfen.   WP: ___ von 10

Frage 6:
Welche Ziele soll die Zentralbank verfolgen?

Alternative 1:

Preisstabilität und Vollbeschäftigung sind
gleichwertige Ziele, keine Staatsfinanzierung.   WP: ___ von 10

Alternative 2:

Preisstabilität hat Vorrang vor Vollbeschäftigung,
keine Staatsfinanzierung.   WP: ___ von 10

Alternative 3:

Preisstabilität und Vollbeschäftigung sind
gleichwertige Ziele, begrenzte Staatsfinanzierung.   WP: ___ von 10

Frage 7:
Soll die geldschöpfende Zentralbank als unabhängige vierte Staatsgewalt, als »Monetative«, konstituiert werden, die ausschließlich von der Bevölkerung direkt mandatiert wird?

Nulllösung:

Nein, das aktuelle Modell einer unabhängigen
EZB reicht aus.   WP: ___ von 10

Alternative 1:

Die Zentralbank soll gegenüber dem
Europaparlament rechenschaftspflichtig und
weisungsgebunden werden.   WP: ___ von 10

Alternative 2:

Im Sinne einer weiteren Ausdifferenzierung der
Gewalten soll eine von Regierung und Parlament

unabhängige »Monetative« eingerichtet und ihre
Ziele direkt demokratisch vorgegeben werden.   WP: ___ von 10

Staatsschulden

Frage 8:
Dürfen sich Staaten begrenzt und bedingt bei der
eigenen Zentralbank zinsfrei verschulden?
Nulllösung:

Nein, der Zentralbank soll die Staatsfinanzierung
verboten bleiben; Staaten müssen sich auf
Märkten bei Privaten verschulden und dafür die
von den Märkten verlangten Zinsen bezahlen.   WP: ___ von 10

Alternativen:

Ja, begrenzt mit 25 Prozent der
Wirtschaftsleistung.   WP: ___ von 10
Ja, begrenzt mit 50 Prozent der
Wirtschaftsleistung.   WP: ___ von 10
Ja, begrenzt mit 75 Prozent der
Wirtschaftsleistung.
Gebunden an die Genehmigung eines
Zukunftskomitees.   WP: ___ von 10
Nach freiem Ermessen des Parlaments.   WP: ___ von 10

Frage 9:
Was soll geschehen, wenn der Verschuldungsrahmen überschritten wird?
Nulllösung:

Die Regierungen müssen die Schulden, welche
die Verschuldungsgrenze übersteigen, auf den
Märkten aufnehmen.   WP: ___ von 10

Alternative 1:

Es treten rein einnahmenseitige automatische
Stabilisatoren (höhere Erbschafts- und
Großvermögenssteuern) in Kraft.   WP: ___ von 10

Alternative 2:

Es treten rein ausgabenseitige automatische
Stabilisatoren (»Rasenmäher« über alle
Staatsausgaben) in Kraft. WP: ___ von 10

Alternative 3:

Es treten automatische Stabilisatoren zu je fünfzig Prozent ausgabenseitig (»Rasenmäher«) und fünfzig Prozent
einnahmenseitig (Vermögenssteuer) in Kraft. WP: ___ von 10

Kreditwesen

Frage 10:

Sollen Kredite immer zugleich dem Gemeinwohl dienen müssen und soll es dafür
neben der finanziellen Bonitätsprüfung auch eine ethische Kreditprüfung geben?

Nulllösung:

Nein, das ist unnötige Bürokratie. WP: ___ von 10

Alternative:

Ja, das wäre sinnvoll und verfassungskonform. WP: ___ von 10

Frage 11:

Sollen Finanzkredite vergeben werden dürfen?

Nulllösung:

Ja, jede KreditnehmerIn soll selbst entscheiden
dürfen, wofür sie den Kredit verwendet. WP: ___ von 10

Alternative:

Nein, Geld-aus-Geld-Geschäfte sind
grundsätzlich abzulehnen und sollten jedenfalls
nicht durch Kreditaufnahme verstärkt werden
dürfen. WP: ___ von 10

Frage 12:

Sollen Banken verpflichtet werden, Kredite in der Region zu vergeben?

Nulllösung:

Nein, Globalisierung macht Finanzmärkte
effizienter und entspricht der Wirtschaftsfreiheit. WP: ___ von 10

Alternative:
Ja, das wäre sinnvoll, weil es in immer mehr
Länder einen Überschuss an Finanzvermögen
gibt. Banken sollen darauf verpflichtet werden, die
Spareinlagen aus der Region in derselben Region
als Kredite auszugeben. WP: ___ von 10

Geschäftsbanken

Frage 13:
Soll es eine Größengrenze für Banken geben, um – ökonomisch
wie politisch – systemrelevante Institute zu verhindern?

Nulllösung:
Systemrelevante »Global Players« sind zulässig. WP: ___ von 10

Alternative:
Ja, sie dürfen eine festgelegte Obergrenze nicht
überschreiten. Die EU-Finanzmarktaufsicht
überwacht diese Grenze und leitet bei
Überschreiten Maßnahmen zur Teilung oder
Schrumpfung des Instituts ein. WP: ___ von 10

Frage 13a:
Wenn ja, wo soll diese Obergrenze liegen?
Bei dreißig Milliarden Euro Bilanzsumme? WP: ___ von 10
Bei fünfzig Milliarden Euro Bilanzsumme? WP: ___ von 10
Bei 75 Milliarden Euro Bilanzsumme? WP: ___ von 10
Bei hundert Milliarden Euro Bilanzsumme? WP: ___ von 10

Frage 14:
Bei der Abwicklung systemrelevanter Banken werden voraussichtlich
weitere Kosten anfallen. Wer soll diese tragen?
Nulllösung (Plan der EU-Bankenunion):
EigentümerInnen, GläubigerInnen,
nationale SteuerzahlerInnen und
EU-SteuerzahlerInnen. WP: ___ von 10

Nur die EigentümerInnen und GläubigerInnen,
mit Nachschusspflicht für die EigentümerInnen.   WP: ___ von 10

Frage 14a:
Falls SteuerzahlerInnen: Soll eine mindestens kostendeckende
EU-weite Vermögenssteuer zur Abwicklung systemrelevanter
Banken auf Großvermögen eingehoben werden?
Nulllösung:
Nein, die bisherige Steuerpolitik ist ausreichend.   WP: ___ von 10
Alternative:
Ja.   WP: ___ von 10

Frage 15:
Sollen staatliche Hilfen – wie a) Zugang zur Zentralbank,
b) Einlagensicherung, c) Geschäfte mit dem Staat und d) Notstützungs-
maßnahmen im Ausnahmefall – nur für Banken gewährt werden, die
sich zur Erfüllung einer Gemeinwohl-Charta verpflichten?
Nulllösung:
Nein.   WP: ___ von 10
Alternative:
Ja.   WP: ___ von 10

Frage 15a:
Wenn ja: Soll dieser Kriterienkatalog einschließen?
Gemeinwohl-Orientierung in der Satzung
und Gemeinwohl-Bilanz?   WP: ___ von 10
Konservatives Geschäftsmodell (nur Kredite
und Spareinlagen)?   WP: ___ von 10
Nichtausschüttung von Gewinnen an
EigentümerInnen?   WP: ___ von 10
Ausstieg aus dem Zinssystem: keine Sparzinsen,
Kreditgebühr statt -zinsen?   WP: ___ von 10
Gemeinwohl-Prüfung aller Kreditprojekte?   WP: ___ von 10
Gemeinwohlorientierte Gewinnverwendung?   WP: ___ von 10

Finanzaufsicht

Frage 16:
Soll eine schlagkräftige EU-Finanzaufsicht gegründet werden, die ...

... Banken über dreißig Milliarden Euro
Bilanzsumme zerteilt? WP: ___ von 10

... ausländische Banken mit einer größeren
Bilanzsumme vom EU-Binnenmarkt fernhält? WP: ___ von 10

... Schattenbankaktivitäten schließt? WP: ___ von 10

... Banken ein nichtrisikogewichtetes
Mindesteigenkapital in der Höhe von zwanzig bis
dreißig Prozent ihrer Bilanzsumme vorschreibt? WP: ___ von 10

... die Bilanzierungsregeln nach dem
Niederstwertprinzip reformiert? WP: ___ von 10

... neue Finanzprodukte einer Risiko- und
Ethikprüfung unterzieht und entsprechend
dem Ergebnis zulässt oder untersagt? WP: ___ von 10

... in der EU nicht zugelassene Finanzprodukte
vom Zugang zum EU-Binnenmarkt ausschließt? WP: ___ von 10

Frage 17:
Sollen Fonds aller Art so reguliert werden, dass ...

... sie keine Kredite aufnehmen dürfen? WP: ___ von 10

... sie keine feindlichen Übernahmen
tätigen dürfen? WP: ___ von 10

... sie alle erzielten Einnahmen der Anteils-
haberInnen per Jahresultimo an die Steuerbehörden automatisch melden müssen und
diese der Einkommenssteuer unterworfen
werden? WP: ___ von 10

... Boni maximal in der Höhe von fünfzig Prozent
des Jahresgehalts ausgeschüttet werden dürfen? WP: ___ von 10

... Boni an Gemeinwohl-Leistungen geknüpft
werden müssen? WP: ___ von 10

Frage 18:
Soll die Schaffung von internationalen Finanzmärkten weitergetrieben,
zurückgenommen oder von Regulierungen begleitet werden?

Nulllösung:

Die globalen Finanzmärkte sollen weiter liberalisiert
werden, zum Beispiel über das gegenwärtig in Diskussion befindliche Transatlantische Freihandelsabkommen
TTIP. Die Aufsicht dieser Märkte ist Aufgabe der
Nationalstaaten und ihrer Behörden.   WP: ___ von 10

Alternative 1:

Die bisherigen Liberalisierungen waren ein Fehler.
Das WTO-Finanzdienstleistungsabkommen und
ähnliche Abkommen sollen zurückgenommen, die
Verhandlungen zum TTIP abgebrochen und die
Märkte für Finanzdienstleistungsunternehmen
aus Nicht-EU-Staaten geschlossen werden.   WP: ___ von 10

Alternative 2:

Vor jeder weiteren Liberalisierung (WTO, TTIP) sollen
im Rahmen der Vereinten Nationen Institutionen zur
Aufsicht und Regulierung der bestehenden Märkte
eingerichtet werden, die ihre Politik mit den
UN-Menschheitszielen (Menschenrechte, nachhaltige
Entwicklung, Gesundheit, Arbeitsstandards, Systemstabilität, Umwelt- und Klimaschutz) abstimmen.   WP: ___ von 10

Falls 2: Frage 18a:
Soll im Rahmen der UNO ein Weltwirtschaftsrat eingerichtet werden, der ...

... auf Kohärenz in der internationalen Handels-,
Währungs-, Steuer- und Finanzpolitik achtet und
auf globale ökonomische, soziale und ökologische
Risiken frühzeitig hinweist?   WP: ___ von 10
... ein Mandat über den Internationalen
Währungsfonds und die Weltbank erhält?   WP: ___ von 10
... die Welthandelsorganisation WTO formal in
das UN-System integriert und sich ihren Zielen
und Spielregeln unterwirft?   WP: ___ von 10

Falls 2: Frage 18b:

Soll eine globale Finanzaufsichtsbehörde eingerichtet werden, die ...

... dieselben Zielsetzungen wie die
EU-Finanzaufsicht auf globaler Ebene verfolgt
und dieselben Aufgaben für die globale Ebene
übernimmt?   WP: ___ von 10

... die Koordination der Eigenkapitalregeln
vom Basler Komitee, die Entwicklung der
Bilanzierungsregeln (IFSR) und die Regulierung
des globalen Finanzsystems von der G20 und vom
Finanzstabilitätsrat übernimmt?   WP: ___ von 10

Falls 2: Frage 18c:

Soll ein globaler Steuerpakt beschlossen und eine globale
Steuerbehörde eingerichtet werden, die ...

... eigenständig gegen Geldwäsche und
steuerschädliche Praktiken wie das
Bankgeheimnis vorgehen kann und eine global
einheitliche Konzernbesteuerung in die Wege
leitet?   WP: ___ von 10

Derivate

Frage 19:

Sollen Derivat-Geschäfte, die von der EU-Finanzaufsicht genehmigt
wurden, an beaufsichtigten Börsen stattfinden und mit hohem Eigenkapital
unterlegt werden, das von der Finanzaufsicht zu bestimmen ist?

Nulllösung:

Nein, das schränkt die Wirtschaftsfreiheit zu sehr
ein.   WP: ___ von 10

Alternative:

Ja, das würde das Universum der Derivate
transparenter, überschaubarer und sicherer
machen.   WP: ___ von 10

Frage 20:
Sollen Derivat-Geschäfte außerhalb beaufsichtigter Börsen
Nulllösung:
... erlaubt bleiben? WP:___ von 10
Alternative 1:
... verboten werden? WP:___ von 10
Alternative 2:
... des Rechtsschutzes entledigt werden? WP:___ von 10

Frage 21:
Sollen private Ratings aus allen öffentlichen und offiziellen
Regulierungen, Gesetzen und Institutionen entfernt werden?
Nulllösung:
Nein. WP:___ von 10
Alternative:
Ja. WP:___ von 10

Frage 22a:
Soll es bei Aktien ...
Nulllösung:
... keine Mindesthaltedauer geben? WP:___ von 10
Alternative 1:
... eine Mindesthaltedauer von einem Jahr geben? WP:___ von 10
Alternative 2:
... eine Mindesthaltedauer von drei Jahren geben? WP:___ von 10

Frage 22b:
Sollen Stimmrechte bei Aktien ...
Nulllösung:
... an keine Mindesthaltedauer geknüpft sein? WP:___ von 10
Alternative 1:
... an eine Mindesthaltedauer von fünf Jahren
geknüpft sein? WP:___ von 10
Alternative 2:
... an eine Mindesthaltedauer von zehn Jahren
geknüpft sein? WP:___ von 10

Frage 23:

Soll der Handel von Aktien (an kapitalistischen Börsen) auslaufen und nach einer Übergangszeit Aktien rur noch zurückgegeben, aber nicht mehr gehandelt werden können?

Nulllösung:

Nein, Unternehmen sind eine Ware wie jede andere, die auf Märkten ge- und verkauft werden können soll.

WP: ___ von 10

Alternative:

Ja, die Beziehung zwischen EigentümerIn und Unternehmen ist enger und wird aufgewertet, wenn der Unternehmensanteil nur wieder zurückgegeben, aber nicht an eine dritte Person verkauft werden kann.

WP: ___ von 10

Frage 24:

Soll die Finanzdividende auslaufen, damit das Wirtschaftsmittel Kapital nach anderen Kriterien (Sinn, Nutzen, Ethik, Mitbestimmung) investiert wird als nach dem Kriterium Finanzrendite?

Nulllösung:

Nein, kapitalistische Börsen sollen bestehen bleiben. Gemeinwohl-Börsen sollen ausschließlich auf freiwilliger Basis entstehen.

WP: ___ von 10

Alternative:

In einem Übergangszeitraum soll die maximal erlaubte Dividende stufenweise abgeschmolzen werden gegen null.

WP: ___ von 10

Frage 25:

Soll das Verkaufen von Krediten, ihr Bündeln und Verbriefen und der Handel mit den daraus entstehenden Derivaten erlaubt sein?

Nulllösung:

Ja.

WP: ___ von 10

Alternative:

Nein, die Banken sollen Hypothekenkredite, die sie vergeben, in den eigenen Büchern halten.

WP: ___ von 10

Frage 26:
Sollen Kreditausfallsversicherungen (CDS) zugelassen werden?
Nulllösung:
Ja. WP: ___ von 10
Alternative:
Nein, das ist eine unnötige und riskante
Aufblähung des Finanzsystems. WP: ___ von 10

Frage 27:
Sollen Regierung und Parlament im Rahmen der Vereinten Nationen ein globales
Rohstoffabkommen unterstützen, das die Förderung, Bepreisung, Verteilung und
Rückführung sensibler und nichterneuerbarer ökologischer Ressourcen regelt, dessen
Entwurf den nationalen Souveränen (mit Varianten) zur Abstimmung vorgelegt wird?
Nulllösung:
Nein, der Markt soll die Förderung, Verteilung und
Bepreisung von Rohstoffen regeln. WP: ___ von 10
Alternative:
Ja, das wäre ein Fortschritt für die
Weltgemeinschaft. WP: ___ von 10

Renten/Pensionen

Frage 28:
Soll die Politik den Umbau des Rentensystems in Richtung Kapitaldeckung
vorantreiben, auf dem gegenwärtigen Stand belassen oder wieder zurücknehmen
und das Umlageverfahren durch die Bedienung aller zehn »Schräubchen« stärken?
Nulllösung:
Die Rentenprivatisierung ist der richtige Weg,
dieser soll fortgesetzt werden. WP: ___ von 10
Alternative 1:
Die gegenwärtige Mischung ist optimal, es braucht
weder weiteren Umbau noch Rückbau. WP: ___ von 10
Alternative 2:
Die staatliche Förderung privater Rentenvorsorge
soll zurückgenommen und stattdessen das Umlage-

verfahren und der Generationenvertrag mit
verschiedensten Maßnahmen gestärkt werden. WP: ___ von 10

Falls 2: Frage 28a:
Soll es eine Mindestpension für alle geben? WP: ___ von 10
Sollen Kindererziehungszeiten großzügiger
angerechnet werden? WP: ___ von 10
Soll das gesamte Globaleinkommen für die
Finanzierung der gesetzlichen Rente
herangezogen werden? WP: ___ von 10
Darf der staatliche Zuschuss zur Rente bis zu
einem Drittel der Rentenleistung ausmachen? WP: ___ von 10
Sollen Frauenrenten an das Niveau von
Männerrenten herangeführt werden? WP: ___ von 10
Soll es eine einheitliche Rentenkasse für alle
geben? WP: ___ von 10

Steuergerechtigkeit

Frage 29:
Sollen Arbeits- und Kapitaleinkommen bei der Meldung an das
Finanzamt gleichgestellt und automatisch gemeldet werden?
Nulllösung:

Nein, ich bin für die Beibehaltung der Ungleich-
behandlung in dem Sinn, dass Arbeitseinkommen
automatisch gemeldet werden und Kapitaleinkommen nicht. WP: ___ von 10
Alternative 1:

Es soll umgekehrt sein: automatische Meldung
von Kapitaleinkommen und Datenschutz für
Arbeitseinkommen. WP: ___ von 10
Alternative 2:

Ich bin für Gleichbehandlung im Sinne der
Ausweitung des Datenschutzes auf Arbeitseinkommen. WP: ___ von 10

Alternative 3:

Ich bin für die Gleichbehandlung im Sinne der
Ausweitung der automatischen Mitteilung auf
Kapitaleinkommen.   WP: ___ von 10

Frage 30:

Soll sich mein Land an einem multilateralen Steuerkooperationsabkommen
in der OECD oder sogar in der UNO beteiligen?

Nulllösung:

Ich halte die gegenwärtige Regelung
für ausreichend.   WP: ___ von 10

Alternative:

Ich bin für die Beteiligung.   WP: ___ von 10

Frage 31:

Soll das multilaterale Abkommen auf alle Arten von Kapitaleinkommen
ausgeweitet werden und auf juristische Personen, einschließlich
eines Namensregisters von Trusts und Stiftungen?

Nulllösung:

Die Ausnahmen sind berechtigt, es soll zu
keiner Weiterentwicklung kommen.   WP: ___ von 10

Alternative:

Alle Lücken sollen geschlossen werden, damit
wirklich alle Kapitaleinkommen vollständig
erfasst und in den Informationsaustausch
aufgenommen werden können.   WP: ___ von 10

Frage 32:

Soll die Steuerflucht und -hinterziehung in Drittländer, die sich nicht an diesem
Abkommen beteiligen, mit Sanktionen des Kapitalverkehrs beantwortet werden?

Nulllösung:

Der Kapitalverkehr soll bedingungslos frei bleiben. WP: ___ von 10

Alternative:

Der Kapitalverkehr in unkooperative Drittstaaten
soll so lange eingeschränkt werden, bis es zur
Kooperation kommt.   WP: ___ von 10

Frage 33:

Soll die Abwicklung des grenzüberschreitenden Kapitalverkehrs eine öffentliche Aufgabe der Zentralbanken oder eigener öffentlicher Clearing-Banken werden als Teil des »öffentlichen Gutes Geld«?

Nulllösung:

Nein, das Clearing im internationalen Kapitalverkehr soll eine unregulierte private Dienstleistung sein. WP:____ von 10

Alternative 1:

Ja, das ist ein essenzieller Teil der Konstruktion »öffentliches Gut Geld«. WP:____ von 10

Alternative 2:

Es reicht aus, dass die privaten Clearing-Banken so reguliert und beaufsichtigt werden, dass sie die gezielte Beschränkung des Kapitalverkehrs durchsetzen (ähnlich privaten Zollbehörden). WP:____ von 10

Frage 34:

Soll sich [Österreich] [Deutschland] [die Schweiz] an einem internationalen Abkommen zur Harmonisierung der Steuerbemessungsgrundlage der Unternehmensbesteuerung sowie einem Korridor beteiligen?

Nulllösung:

Nein, ich bin für Steuerwettbewerb. WP:____ von 10

Alternative:

Ja. ich bin für Steuerkooperation. WP:____ von 10

Falls ja: Frage 34a:

Wo soll der Korridor liegen?

Alternative 1:

Zwischen vierzig und fünfzig Prozent. WP:____ von 10

Alternative 2:

Zwischen 35 und 45 Prozent. WP:____ von 10

Alternative 3:

Zwischen dreißig und vierzig Prozent. WP:____ von 10

Alternative 4:

Zwischen 25 und 35 Prozent. WP:____ von 10

Frage 35:

Soll [Österreich] [Deutschland] [die Schweiz] sämtliche Doppelbesteuerungsabkommen auf die Anrechnungsmethode umstellen?

Nulllösung:

Nein, das soll die Regierung wie bisher nach
freiem Ermessen entscheiden.   WP: ___ von 10

Alternative 1:

Nein, alle Doppelbesteuerungsabkommen sollen
nach der Freistellungsmethode gestaltet werden:
Die inländischen Unternehmen sollen im Ausland
nur den jeweils gültigen Steuersatz bezahlen, auch
wenn dieser niedriger ist als im Herkunftsland.   WP: ___ von 10

Alternative 2:

Ja, ich bin für eine einheitliche Besteuerung
inländischer Unternehmen unabhängig davon, wo
sie operieren und Gewinne machen.   WP: ___ von 10

Frage 36:

Soll [Österreich] [Deutschland] [die Schweiz] das Unitary-Taxation-Prinzip
einführen?

Nulllösung:

Nein, ich bin für Steuerwettbewerb.   WP: ___ von 10

Alternative:

Ja, ich bin für die faire anteilsmäßige Besteuerung
der realwirtschaftlichen Tätigkeit.   WP: ___ von 10

Frage 37:

Soll sich [Österreich] [Deutschland] [die Schweiz] für die Einrichtung einer
globalen Steuerbehörde einsetzen, die das Unitary-Taxation-Prinzip einführt
und Regeln für eine global konsolidierte Konzernsteuerbilanz entwickelt?

Nulllösung:

Dagegen.   WP: ___ von 10

Alternative:

Dafür.   WP: ___ von 10

Begrenzung der Ungleichheit

Frage 38:
Soll es einen gesetzlichen Mindestlohn geben?
Nulllösung:
Nein, der Preis für menschliche Arbeit soll sich
auf Märkten frei bilden. WP:___ von 10
Alternative:
Ja, die Märkte sichern kein menschenwürdiges
Mindesteinkommen. WP:___ von 10

Falls ja: Frage 38a:
Acht Euro brutto pro Stunde. WP:___ von 10
Neun Euro brutto pro Stunde. WP:___ von 10
Zehn Euro brutto pro Stunde. WP:___ von 10
Elf Euro brutto pro Stunde. WP:___ von 10
Zwölf Euro brutto pro Stunde. WP:___ von 10

Frage 39:
Soll dieser mit der jährlichen Teuerung valorisiert werden?
Nulllösung:
Nein. WP:___ von 10
Alternative:
Ja, damit jene, die am wenigsten verdienen,
wenigstens keine Kaufkraft verlieren. WP:___ von 10

Frage 40:
Soll das Höchsteinkommen mit einem maximalen Vielfachen des
gesetzlichen oder tarifvertraglichen Mindestlohns begrenzt werden?
Nulllösung:
Nein. WP:___ von 10
Alternative:
Ja. WP:___ von 10

Falls ja: Frage 40a:

... mit dem Zehnfachen?   WP: ___ von 10
... mit dem Zwanzigfachen?   WP: ___ von 10
... mit dem Fünfzigfachen?   WP: ___ von 10
... mit dem Hundertfachen?   WP: ___ von 10
... mit dem 900-Fachen (CH), Tausendfachen (Ö),
5000-Fachen (D) wie aktuell?   WP: ___ von 10

Frage 41:
Soll die Vermögenssteuer ab einer Schwelle, die für einen
gewissen Wohlstand ausreicht, einsetzen und progressiv ansteigen?
Nulllösung (Deutschland, Österreich):

Ich bin gegen jede Vermögenssteuer.   WP: ___ von 10
Alternative 1:
Ja, ab 500 000 Euro.   WP: ___ von 10
Alternative 2:
Ja, ab einer Million Euro.   WP: ___ von 10
Alternative 3:
Ja, ab drei Millionen Euro.   WP: ___ von 10

Frage 42:
Soll es eine Obergrenze für Privateigentum geben?
Nulllösung:

Nein, Eigentum soll unbegrenzt erlaubt sein
und vom Staat geschützt werden.   WP: ___ von 10
Alternative 1:
Ja, in der Höhe von zehn Millionen Euro?   WP: ___ von 10
Alternative 2:
Ja, in der Höhe von zwanzig Millionen Euro?   WP: ___ von 10
Alternative 3:
Ja, in der Höhe von fünfzig Millionen Euro?   WP: ___ von 10
Alternative 4:
Ja, in der Höhe von hundert Millionen Euro?   WP: ___ von 10
Alternative 5:
Ja, in der Höhe von einer Milliarde Euro?   WP: ___ von 10

Frage 43:

Soll das Erbrecht …

Nulllösung:

… uneingeschränkt sein (Deutschland) bzw.
    bleiben (Österreich)?   WP: ___ von 10

Alternative 1:

… abgeschafft werden?   WP: ___ von 10

Alternative 2:

… begrenzt werden?   WP: ___ von 10

Im Falle einer Begrenzung: Frage 43a:

Soll das Erbrecht je Kind bei Privatvermögen begrenzt werden mit …

Alternative 1:

… 500 000 Euro?   WP: ___ von 10

Alternative 2:

… einer Million Euro?   WP: ___ von 10

Alternative 3:

… zwei Millionen Euro?   WP: ___ von 10

Alternative 4:

… drei Millionen Euro?   WP: ___ von 10

Alternative 5:

… fünf Millionen Euro?   WP: ___ von 10

Im Falle einer Begrenzung: Frage 43b:

Soll das Erbrecht je Kind bei Unternehmensvermögen (Familienbetriebe
oder Landwirtschaften) begrenzt werden mit …

Alternative 1:

… fünf Millionen Euro?   WP: ___ von 10

Alternative 2:

… zehn Millionen Euro?   WP: ___ von 10

Alternative 3:

… zwanzig Millionen Euro?   WP: ___ von 10

Währungssystem

Wie sollen die internationalen Währungsbeziehungen in Zukunft gestaltet werden?

Nulllösung:

Ich bin für unregulierte Devisenmärkte, auf denen
sich die Wechselkurse frei nach Angebot und
Nachfrage bilden und entsprechend schwanken.   WP: ___ von 10

Alternative 1:

Mein Land/die Eurozone soll mit möglichst
vielen anderen Ländern ein kooperatives
Wechselkursmanagement mit dem Ziel
konstanter Kaufkraftparität und damit konstanter Wettbewerbsverhältnisse anstreben
(REER-Modell UNCTAD).   WP: ___ von 10

Alternative 2:

Ich stimme für eine globale Währungskooperation
mit einer Weltreservewährung (Modell UNO).
Die Regierung meines Landes soll sich innerhalb
der UNO für eine solche Kooperation und für den
Aufbau einer »beginners group« einsetzen.   WP: ___ von 10

Falls 2: Frage 44a:

Alternative 1:

Soll ein Bretton Woods II mit Weltreserveunion,
Weltreservebank und Weltreservewährung
»Terra« eingerichtet werden mit Fokus auf
ausgeglichenen Handelsbilanzen (Modell Keynes-
Stiglitz-UNO)?   WP: ___ von 10

Alternative 2:

Soll ein Bretton Woods II mit Weltreserveunion,
Weltreservebank und Weltreservewährung
»Terra« eingerichtet werden mit Fokus auf
Kaufkraftparität (Kompromissmodell Keynes-
Flassbeck-Felber)?   WP: ___ von 10

Frage 45:
In welcher Währung sollen künftig Rohstoffe notieren?
Nulllösung:

Im US-Dollar.

WP: ___ von 10

Alternative:

Im Terra.

WP: ___ von 10

Frage 46:
Was soll mit dem Internationalen Währungsfonds IWF passieren?
Nulllösung:
Er soll eine von der UNO unabhängige
Aktiengesellschaft bleiben, mit Stimmrechts-
verteilung nach Kapitaleinlage.

WP: ___ von 10

Alternative:
Er soll voll in das UN-System integriert und
zur Weltreservebank werden. Alle Länder und
Menschen sollen demokratisch repräsentiert sein.
Dafür soll sich meine Regierung einsetzen.

WP: ___ von 10

Frage 47:
Was soll mit der Weltbank geschehen?
Nulllösung:
Sie soll bleiben, wie sie ist.

WP: ___ von 10

Alternative:
Sie soll voll in das UN-System integriert und
nach dem Vorbild des IWF demokratisiert
werden. Sie soll nur noch auf Basis der
UN-Millenniumsziele sowie der Abkommen
und Organisationen der Vereinten Nationen
Kredite für eine global nachhaltige Entwicklung
zinsfrei verleihen.

WP: ___ von 10

Anmerkungen

Vorwort

1 In »The Age of Inflation«, Chicago, 1967. Zitiert in LIETAER, 360.
2 Sonderausgabe zu Geld: »Print your own«, Nr. 2, Frühjahr 1997, 12.
3 BINSWANGER (2013), 29.
4 VON BRAUN (2012), 188.
5 Aus »The Theory of Credit« (London, 1889), zitiert in HUBER (2010), 51.
6 CREUTZ (2008), 15.
7 Vorsitzender des OECD-Wirtschaftsausschusses in *Welt am Sonntag*, 22. September 2013.
8 ZEISE (2013), 7.
9 MÜLLER (2009), 105.
10 HUBER (2013a), 34.
11 Zitiert in HUBER/ROBERTSON (2008), 13.
12 FISHER (2007), 19.
13 Zitiert in KLEIN (2008), 79.
14 DOHMEN (2011), 203.
15 Deutschland-Chef von Goldman Sachs, zitiert in VON BRAUN (2012), 120.
16 »Die fünfte Gewalt« in *Die Zeit*, 18/2000.
17 MASTRONARDI (2013), 80.
18 *Frankfurter Allgemeine Sonntagszeitung*, 22. Dezember 2013.
19 BRODBECK (2012).
20 BERTELSMANNSTIFTUNG (2010), 1 und (2012), 7.
21 Nietzsche in »Also sprach Zarathustra«.

I. Einleitung: Intransparente Finanzdiktatur

1 HERRMANN (2013), 247.
2 Der deutsche Bundespräsident Roman Herzog im *Stern*, 14. Mai 2008.
3 GRAEBER (2012).
4 VON BRAUN (2012), 50.
5 HUBER (2013a), 43.
6 *Trader's Narrative*, 7. November 2009; *The Economist*, 22. März 2008. Zitiert in HUBER (2013a), 40.
7 FINANCIAL STABILITY BOARD (2012), 4.

8   *Financial Times Deutschland*, 14. Januar 2010: www.ftd.de/finanzen/
    maerkte/marktberichte/:wall-streeter-unter-ausschluss-der-
    oeffentlichkeit/50060624.html
9   World Trade Organisation, International Trade Statistics 2012.
10 Weltbank.
11 John Stuart Mill, Band III. 7. 8., eigene Übersetzung.
12 Zitiert in CREUTZ (2008), 65.
13 CREUTZ (2008), 15.
14 SENF (2009).
15 CREUTZ (2008), 175.
16 Er beschreibt, dass *dieselben* 10 000 Euro, die eine BankkundIn zur
    Bank trägt, von zwei BankkundInnen ausgegeben werden können. Das
    ist nicht zutreffend. MÜLLER (2009), 68.
17 HUBER (2008), 11.
18 Rolf-E. Breuer:»Die fünfte Gewalt« in *Die Zeit*, 18/2000.
19 http://maplight.org/us-congress/bill/111-hr-977/359058/total-
    contributions
20 Lobbycontrol.
21 WEISSMAN/DONAHUE (2009), 15.
22 ADMATI/HELLWIG (2013), 320.
23 Das Verfahren war bei Redaktionsschluss des Buches Ende 2013 vom
    Obersten Gerichtshof OGH an die erste Instanz zurückverwiesen
    worden.
24 REICH, 183.

II. DompteurIn gesucht: Wer bändigt das globale Geld- und Finanzsystem?

1   *Stern*, 14. Mai 2008.
2   STIGLITZ (2009), 72. Mit »LDC« ist die Gruppe der 48 »least developed
    countries« gemeint, die Staatengruppe mit dem niedrigsten Pro-Kopf-
    Einkommen.
3   G20 (2008), 3.
4   Aus Deutschland sind die Bundesbank, die Bundesanstalt für Finanz-
    dienstleistungsaufsicht und das Bundesfinanzministerium Mitglied.
    Die vollständige Liste der Mitglieder findet sich hier:
    www.financialstabilityboard.org/about/fsb_members.htm
5   VEREINTE NATIONEN (2009), 96.
6   VEREINTE NATIONEN (2009), 94.
7   STIGLITZ (2002), 239.
8   Der Begründer der Theorie effizienter Finanzmärkte, Eugene Fama,
    erhielt kurioserweise 2013 für seine Arbeit, wenn auch gemeinsam mit

Robert Shiller, der zu ganz anderen Ergebnissen kommt, den Anerkennungspreis der Schwedischen Reichsbank für die Wirtschaftswissenschaften, der häufig mit einem Nobelpreis verwechselt wird.

9 STIGLITZ (2002), 242 und 239.
10 BENES/KUMHOF (2012).
11 INTERNATIONALER WÄHRUNGSFONDS (2012).
12 ATTAC ÖSTERREICH (2004) und FELBER (2006), 165–184.
13 www.finance-watch.org
14 https://lobbypedia.de/wiki/Dominanz_der_Finanzbranche_in_den_Expertengruppen_der_EU
15 Brief Summary of the De Larosière Report, EU-Kommission, Handout.
16 STIGLITZ (2009), besonders 70–110.

III. Die Spielregeln neu schreiben: Der demokratische Geldkonvent

1 VEREIN MONETÄRE MODERNISIERUNG (2013), 13.
2 Christian Felber:»Prädemokratie und der impotente Souverän«, in *Der Standard*, 18. September 2013.
3 www.sk-prinzip.eu
4 www.gemeinwohl-oekonomie.org
5 www.demba.at
6 www.attac.at
7 Den höchsten in der Schweiz bekannten Managerlohn erzielte Daniel Vasella 2007 mit 44 Millionen Franken. Dividiert durch die Mindestlohnforderung von 4000 Franken/Monat oder 48 000 Franken/Jahr ergibt das den Faktor 916. Das niedrigste Einkommen bei Novartis 2007 ist dem Autor unbekannt. Den Faktor 900 verwendete auch die *Schweiz am Sonntag* in einem Beitrag am 20. Juli 2013.

IV. Das Fundament: Geld als öffentliches Gut

1 FISHER (2007), 20.
2 Vgl. MASTRONARDI (2013), 64.
3 Gesetz über die Deutsche Bundesbank, § 14.
4 Österreichisches Nationalbankgesetz, § 61.
5 Protokoll Nr. 4 des EU-Lissabon-Vertrags.
6 HUBER (2013a), 45–46.

1. Wer schöpft das Geld?

1 BINSWANGER (2009), 154.
2 GLÖTZL (2013), 13.2.3.
3 HUBER (2010), 75.

2. Die Vollgeld-Reform

1 HUBER (2010), 109.
2 EUROPEAN CENTRAL BANK (2013b), S6. Dieser Statistik sind auch die Zahlen zum EZB-Buchgeld entnommen (S9).
3 *Frankfurter Allgemeine Sonntagszeitung*, 5. August 2012.
4 HUBER (2010), 41.
5 EUROPEAN CENTRAL BANK (2013c), S2 und S4.
6 HUBER (2010), 75 und (2013a), 40.
7 HUBER (2013a), 49.
8 HUBER (2008), 35.
9 SENNRICH (2013), 44.
10 BANK FÜR INTERNATIONALEN ZAHLUNGSAUSGLEICH (2011), 1.
11 MCKINSEY (2012a), 13–14.
12 BOSTON CONSULTING GROUP (2011), 5.
13 MÜLLER (2009), 96–104. BOSTON CONSULTING GROUP (2011), SCHACHERMAYER (2011) und KREISS (2013), 89–92.
14 Prof. Huber argumentiert, dass die Geldschöpfung aktiv von den Geschäftsbanken initiiert und von der Zentralbank nur zum Teil (»fraktional«) passiv refinanziert wird. HUBER (2010), 54.
15 Vgl. KARWAT (2009).
16 Neben der Kreditgewährung gibt es noch einen zweiten Weg der Geldschöpfung durch private Banken: Der Ankauf von Wertpapieren wie zum Beispiel Aktien oder Staatsanleihen. Auf der Aktivseite wird das Wertpapier verbucht, auf der Passivseite dessen Finanzierung, z.B. ein Sichtguthaben der verkaufenden Person oder Firma. Die gekauften Wertpapiere können eine höhere Dividende/einen höheren Zins abwerfen, als die Refinanzierung kostet. Oder aber der Kursgewinn nach Wiederverkauf übersteigt die zwischen An- und Verkauf angefallenen Refinanzierungskosten: in beiden Fällen ein gutes Geschäft für die Bank. Vgl. GLÖTZL (2013).
17 HUBER (2010), 138.
18 HUBER (2013a), 58.
19 Eine sehr verständliche Beschreibung des Übergangs vom gegenwärtigen Regime der privaten Giralgeldschöpfung zum Vollgeld-Regime liefert KARWAT (2009).

20 HUBER (2013b).
21 FISHER (2007).
22 HUBER (2013b).

3. Demokratische Zentralbanken

1 Zitiert in LIETAER/ULANOWICZ/GOERNER (2009).
2 Rede vom 26. Juli 2012. Zitiert in *Die Welt*, 14. Juli 2013.
3 *El País*, 17. November 2013.
4 STIGLITZ (2012), 326.
5 *Hamburger Abendblatt*, 15. Juni 1961.
6 11,93 Prozent BAWAG, 8,33 Prozent Gewerkschaftsbund (bis 2006).
8,73 Prozent Raiffeisenzentralbank, 0,40 Prozent Raiffeisenlandes-
bank Wien-Niederösterreich, je 0,07 Prozent Raiffeisenlandesbanken
Burgenland, Kärnten, Oberösterreich, Salzburg, Tirol, Vorarlberg; 0,07
Prozent Kathrein & Co. 8,33 Prozent Wirtschaftskammer Österreich;
2,67 Prozent UNIQUA, 0,67 Prozent Grazer Wechselseitige, 0,53 Prozent Niederösterreich Versicherung, 0,47 Prozent Wiener Städtische
Versicherung (Vienna Insurance Group), 0,33 Prozent Oberösterrei-
chische Wechselseitige Versicherung; 4,27 Prozent B&C (vormalig
Bank Austria); 2 Prozent Industriellenvereinigung; 0,67 Prozent Pensionsfonds Niederösterreichische Landwirtschaftskammer; 0,13 Prozent Bank für Ärzte und Apotheker. Quelle: APA/OenB, 11. Januar 2010.
7 SCHWEIZERISCHE NATIONALBANK (2012), 154.
8 Banca d'Italia: www.bancaditalia.it/bancaditalia/funzgov/gov/
partecipanti/Shareholders_1.pdf
9 RAT DER EUROPÄISCHEN UNION (2008), 131. Artikel 125 des Vertrages über die Arbeitsweise der Europäischen Union.
10 RAT DER EUROPÄISCHEN UNION (2008), 311. Artikel 21 des Protokolls Nr. 4 »Über die Satzung des Europäischen Systems der Zentralbanken und der Europäischen Zentralbank«.
11 Artikel 2 des Protokolls Nr. 4.
12 SCHULMEISTER (1995) und (2007).
13 Federal Reserve Act, Section 2A.
14 *The Telegraph*, 7. August 2013: www.telegraph.co.uk/finance/mark-
carney/10227862/Bank-of-England-Governor-Mark-Carney-
announces-interest-rates-will-remain-low.html
15 *Der Spiegel*, 16. Juni 2003.
16 Die damalige Außenministerin Österreichs, Ursula Plassnik, in der
ORF-Pressestunde, 21. Oktober 2007.
17 SCHULMEISTER (2010).
18 US-Schatzamt, zitiert in *Frankfurter Allgemeine Zeitung*, 19. September
2013.

19 DEUTSCHLAND: ABN AMRO Bank, Banca IMI, Banco Bilbao Vizcaya
    Argentaria, Banco Santander, Bankhaus Lampe, Barclays Bank, Baye-
    rische Landesbank, BHF-Bank Aktiengesellschaft, BNP Paribas, Citi-
    group Global Markets Limited, COMMERZBANK Aktiengesellschaft,
    Crédit Agricole Corporate and Investment Bank, Credit Suisse Securi-
    ties (Europe) Limited, DekaBank (Deutsche Girozentrale), Deutsche
    Bank Aktiengesellschaft, DZ Bank AG (Deutsche Zentral-Genossen-
    schaftsbank), Goldman Sachs International, HSBC Trinkaus & Burk-
    hardt AG, ING Bank N.V., Jefferies International Limited, J.P. Morgan
    Securities Ltd., Landesbank Baden-Württemberg, Landesbank Hes-
    sen-Thüringen Girozentrale, Merrill Lynch International, Mizuho
    International plc, Morgan Stanley & Co. International plc, Natixis,
    Nomura Bank (Deutschland), Norddeutsche Landesbank Girozentrale,
    Nordea Bank Finland, RBC Europe Limited, Scotiabank Europe,
    Société Générale, State Street Bank and Trust Company (London
    Branch), The Royal Bank of Scotland (Niederlassung Frankfurt), UBS
    Deutschland, UniCredit, WestLB.
    ÖSTERREICH: Barclays Capital, BAWAG P.S.K., BNP Paribas, Citi-
    group Global Markets Limited, Commerzbank AG, Crédit Agricole CIB,
    Credit Suisse Securities (Europe), Deutsche Bank Aktiengesellschaft,
    Erste Group Bank AG, Goldman Sachs International, HSBC France,
    J.P. Morgan Securities, Merrill Lynch International, Morgan Stanley &
    Co. International, Nomura International, Oberbank AG, Österreichi-
    sche Volksbanken-Aktiengesellschaft, Raiffeisen Bank International,
    Raiffeisenlandesbank Oberösterreich Aktiengesellschaft, Royal Bank
    of Scotland, Société Générale, UBS AG.
20 BOARD OF GOVERNORS OF THE FEDERAL RESERVE SYSTEM
    (2013), 4.
21 Frankfurter Allgemeine Zeitung, 2. Juli 2013.
22 HUBER (2013a), 46.
23 HUBER (2013a), 53.
24 HUBER (2010), 115.
25 HUBER (2008), 22.

4. Lösung des Staatsschuldenproblems

1 Rolf-E. Breuer: »Die fünfte Gewalt« in Die Zeit, 18/2000.
2 Grundgesetz für die Bundesrepublik Deutschland von 1949,
   Art. 109 (3).
3 SCHULMEISTER (2010), 95.
4 Die amtliche Finanzstatistik kommt für 2012 auf 64 Milliarden Euro.
   Sie erhebt tatsächlich geleistete Zahlungen und bezieht Derivate mit
   ein. Die Volkswirtschaftliche Gesamtrechnung kommt »nur« auf 64

Milliarden Euro, weil sie nur die in einer Periode anfallenden Ansprüche erhebt und Derivate weglässt. Der Höchstwert wurde übrigens 1998 mit über siebzig Milliarden Euro erreicht, seither sinkt er leicht: aufgrund der Euro-Einführung. BUNDESBANK (2013), 49–52.
5   *El País*, 18. Oktober 2013.

5. Regeln für Kreditvergabe

1   Art. 151, Verfassung des Freistaates Bayern.
2   Verfassung Italiens, Art. 41.
3   Grundgesetz für die Bundesrepublik Deutschland von 1949, Artikel 14 (2).
4   Verfassung Spaniens, Art. 128.
5   Bundesverfassung der Schweizerischen Eidgenossenschaft vom 18. April 1999 (Stand: 1. Januar 2011), Art. 100 (3).
6   HUBER (2013a), 67.
7   Interview in DOHMEN (2011), 201.
8   Art. 151 (2), Verfassung des Freistaates Bayern.
9   SCHULMEISTER (2008).
10 MCKINSEY (2012), 5.
11 *Die Presse*, 17. Oktober 2013.
12 Laut Bundesbank betrug das private Geldvermögen in Deutschland per 30. Juni 2013 4992 Milliarden Euro, die Wirtschaftsleistung wurde für 2013 zur Jahresmitte mit 2650 Milliarden Euro prognostiziert.
13 JENNER (2008), 184–188; ÖGPP (2003), REIMON/FELBER (2003) und WEIZSÄCKER/YOUNG/FINGER (2006).
14 *Frankfurter Allgemeine Zeitung*, 9. August 2013.
15 *Der Standard*, 14. Juli 2010.

6. Gemeinwohlorientierte Banken

1   ZEISE (2013), 217.
2   Zitiert in KLEIN (2008), 77.
3   www.raiffeisenverband.at/philosophie.php, besucht am 19. November 2013.
4   In der zweiten Hälfte des 20. Jahrhunderts wurden die »Eisenbahner-Spar- und Darlehenskassen« für alle ArbeitnehmerInnen geöffnet.
5   Zum Beispiel das Saarländische Sparkassengesetz und das Rheinland-Pfälzische, jeweils in § 2: »Mit ihrer Aufgabenerfüllung dienen die Sparkassen dem Gemeinwohl.« Oder das Berliner Sparkassengesetz in § 4: »Die Geschäfte der Berliner Sparkasse sind nach kaufmännischen Grundsätzen unter Beachtung allgemeinwirtschaftlicher Grundsätze zu führen. Die Erzielung von Gewinn ist nicht Hauptzweck des Geschäftsbetriebes.«

6 Zahlen des Historikers Roman Sandgruber: www.foonds.com/article/13225

7 Der Spareckzins wurde bis 1967 in der Habenzinsverordnung geregelt und betrug drei Prozent.

8 Laut Statistischem Bundesamt wuchs die deutsche Wirtschaft 1951–1960 real um 8,2 Prozent, 1961–1969 um 4,4 Prozent, 1970–1979 um 2,8 Prozent, 1980–1990 um 2,6 Prozent und 1991–2003 um 1,2 Prozent.

9 Christian Felber:»Alle Macht den Konzernen«, Kommentare der anderen, *Der Standard*, 20. Dezember 2013.

10 Der Vertrag von Maastricht aus dem Jahr 1992 sah noch eine ganz andere Linie in Bezug auf den Kapitalverkehr und mögliche Beschränkungen vor:»Für den Kapitalverkehr zwischen den Mitgliedstaaten und dritten Ländern schlägt die Kommission dem Rat Maßnahmen zur schrittweisen Koordinierung der Devisenpolitik vor. Der Rat erläßt mit qualifizierter Mehrheit Richtlinien hierfür. Er wird bemüht sein, ein Höchstmaß an Liberalisierung zu erreichen. Der Einstimmigkeit bedürfen Maßnahmen, die einen Rückschritt auf dem Gebiet der Liberalisierung des Kapitalverkehrs darstellen.« (Artikel 70, Vertrag von Maastricht vom 7. Februar 1992) Erst in einer nachträglichen Änderung wurden die Bestimmungen über den Kapitalverkehr von Artikel 67 bis 73 durch neuere Artikel 73b bis 73g ersetzt, die per 1. Januar 1994 in Kraft traten. Darin heißt es erstmals, dass»alle Beschränkungen des Kapitalverkehrs zwischen den Mitgliedstaaten sowie zwischen den Mitgliedstaaten und dritten Ländern verboten« sind. Die»Liberalisierung« kommt per ordnungspolitischem Verbot.

11 Mit Ausnahme der Zweiteilung der Deixa in einen belgischen und einen französischen Konzern.

12 *Handelsblatt*, 3. September 2013.

13 ZEISE (2013), 207.

14 *Handelsblatt*, 3. September 2013.

15 *Handelsblatt*, 20. November 2013.

16 OTTE (2013), 46.

17 *Zentralschweiz am Sonntag*, 15. September 2013.

18 STIGLITZ (2013), 348.

19 DEUTSCHER GEWERKSCHAFTSBUND (2013).

20 FINANCE WATCH (2013), 26.

21 www.smud.org

22 CREUTZ (2008), 83. Nach Creutz' Berechnung zählen achtzig Prozent der Bevölkerung zu den NettozinszahlerInnen und zehn Prozent zu den NettozinsempfängerInnen. Bei zehn Prozent ergibt sich Verteilungsneutralität. Da die Vermögensverteilung in Deutschland seit der Berechnung im Jahr 2000 laut DIW ungleicher geworden ist, gehe ich

davon aus, dass die Angabe neunzig Prozent NettozahlerInnen und zehn Prozent NettogewinnerInnen korrekt ist.

23 Laut BIZ beträgt die Summe aller Kredite an private Unternehmen und Haushalte im Schnitt der OECD-Staaten 221 Prozent vom BIP, s. BANK FÜR INTERNATIONALEN ZAHLUNGSAUSGLEICH (2012), 24–25 (Table A2.1 und A2.2).

24 www.attac.at/uploads/media/Demokratische_Bank.pdf

25 www.demba.at

26 www.gabv.org

27 Konkret die Sparda München: https://www.sparda-m.de/ gemeinwohl-oekonomie.php und die Raiffeisenbank Lech am Arlberg: www.lechbank.com/eBusiness/services/resources/media/ 1021675446323-860041005464794945_908452368679380957-908451334129132605-1-38-NA.pdf

28 BOSTON CONSULTING GROUP (2013), 4.

29 MCKINSEY GLOBAL INSTITUTE (2013), 14.

30 CREDIT SUISSE RESEARCH INSTITUTE (2012), 3.

31 BOSTON CONSUTLING GROUP (2011), 5.

32 Der Begriff geht angeblich zurück auf Carmen M. Reinhart & M. Belen Sbrancia, »The Liquidation of Government Debt«, BIS Working Paper No. 363, November 2011.

33 VALLUGA AG (2011), 13.

34 Im Vollgeld-Regime auf der Passivseite der Bankbilanz als Spargut-haben und auf der Passivseite als Vollgeld-Forderung gegen die Zen-tralbank. Im gegenwärtigen Giralgeld-Regime als Sparguthaben auf der Passivseite der Bankbilanz (gleich wie im Vollgeld-Regime), auf der Aktivseite hingegen als Buchgeld-Forderung gegen die SparerIn.

35 HUBER (2008), 72.

7. EU- und globale Finanzaufsicht

1 ADMATI/HELLWIG (2013), 345.

2 ZEISE (2013), 204.

3 PEUKERT (2012), 549.

4 Interview »Wir müssen mehr Klartext reden« in *Handelsblatt*, 22. November 2013.

5 ZEISE (2103), 209.

6 ZEISE (2013), 223.

7 www.start-trading.de/liste-der-pleitebanken-usa

8 EUROPÄISCHE KOMMISSION (2012), 4.

9 FINANCIAL STABILITY BOARD (2012).

10 www.w4tler.at/geaneu/fma-vs-gea/pressemeldungen

11 EUROPÄISCHE KOMMISSION (2012), 2 und 5.

12 Allerdings ist diese – ohnehin flaue – Regulierung durch TTIP in (Deregulierungs-)Gefahr, weil die USA einen geringeren Regulierungsstandard aufweisen und im TTIP die »gegenseitige Anerkennung« der Standards vorgesehen ist. US-Unternehmen hätten dann unter Einhaltung von US-Standards Zugang zum EU-Binnenmarkt.

13 Im August 2013 ging die Meldung durch die Medien, dass sich ein 21-jähriger Praktikant einer US-Investmentbank in der Londoner City durch mehrere Nächte hindurch zu Tode gearbeitet hatte. In den Berichten war davon die Rede, dass nicht nur Nachtschichten bis drei Uhr morgens die Regel seien, sondern gar »magic roundabouts«, was bedeutet, dass die TaxilenkerIn während des Duschens und Umziehens für die nächste Schicht gleich vor der Haustür wartet. Mit derselben Empathielosigkeit, mit der InvestmentbankerInnen sich selbst und ihren eigenen Körper behandeln, wirkt sich das Investmentbanking, das professionelle Gewerbe, aus Geld mehr Geld zu machen, auf andere Menschen, auf die gesamte Gesellschaft und die Umwelt aus.

14 OXFAM DEUTSCHLAND (2012).

15 HONEGGER/NECKEL/MAGNIN (2010).

16 Richtlinie 2009/111/EG (»CRD II«). Das CRD IV-Paket hob im Juni 2013 die Pakete CRD I, II und III auf.

17 STADLER (2011), 145–146.

18 HUFFSCHMID (1999), 109.

19 Beschluss 2009/820/GASP des Rates vom 23. Oktober 2009 über den Abschluss im Namen der Europäischen Union des Abkommens über Auslieferung zwischen der Europäischen Union und den Vereinigten Staaten von Amerika und des Abkommens über Rechtshilfe zwischen der Europäischen Union und den Vereinigten Staaten von Amerika.

20 Art. 63 Vertrag über die Arbeitsweise der Europäischen Union (VAEU).

21 HGB § 253, Abs. 3 und 4.

22 STADLER (2011), 142.

23 SINN (2009), 160.

24 ADMATI/HELLWIG (2013), 272; Die Welt, 22. Dezember 2013.

25 HUBER (2013a), 37.

26 Deutsche Bundesbank: »Fünf Jahre nach Lehman. Wie eine Bankeninsolvenz die Bankenwelt verändert«, 18. September 2013.

27 PEUKERT (2012), 391.

28 REINHART/ROGOFF (2008), 32.

29 Vgl. FELBER (2012b).

30 ADMATI/HELLWIG (2013), 157.

31 ADMATI/HELLWIG (2013), 275.

32 *The New York Times*, 14. Januar 2010; *Frankfurter Allgemeine Zeitung*, 17. Oktober 2013.

33 ADMATI/HELLWIG (2013), 276.

34 PEUKERT (2013), 391.

35 STADLER (2011), 159.

36 *Frankfurter Allgemeine Zeitung*, 5. November 2013.

37 *Frankfurter Allgemeine Zeitung*, 11. Oktober 2013.

38 ADMATI/HELLWIG (2013), 268 und 336.

39 *Emagazine der Credite Suisse*, 31. März 2008.

40 *Süddeutsche Zeitung*, 7. April 2010.

41 *The Wall Street Journal*, 28. Januar 2011.

42 LOWENSTEIN (2000), 191.

43 G20 (2008), 3.

44 EUROPÄISCHES PARLAMENT UND EUROPÄISCHER RAT (2012).

45 DEUTSCHE BANK RESEARCH (2001), 1.

46 Der Arbeitsgruppe gehörten auch ExpertInnen aus Ägypten, Barbados, Malaysia, Ekuador und Tansania an.

47 FELBER (2006), S. 165 ff.

48 UNITED NATIONS (2009), 96 ff.

49 UNITED NATIONS (2009), 84.

50 UNITED NATIONS (2009), 87 ff.

8. Derivate – das Casino schließen

1 Alan Greenspan: »Fostering Financial Innovation. The Role of Government«, in James Dorn (Hg.): »The Future of Money in the Information Age«, Cato Institute, Washington, 1997, 48.

2 »The only useful thing banks have invented in 20 years is the ATM«, in *New York Post*, 13. Dezember 2009.

3 BANK FÜR INTERNATIONALEN ZAHLUNGSAUSGLEICH (2013a), 1.

4 Warren Buffett: »To the Shareholders of Berkshire Hathaway Inc.«, Brief an die Aktionäre, 21. Februar 2003.

5 World Federation of Exchanges: Annual Statistics Reports, Annual Query Tool.

6 »Börsen-Entschleuniger« in *Die Zeit*, 26. Februar 2013.

7 PEUKERT (2012), 423.

8 *Kurier*, 9. Oktober 2010.

9 OXFAM (2012), 16 und 43.

10 Barclays Capital (2013): »The commodity investor«.

11 ADMATI/HELLWIG (2013), 352.

12 VON UEXKÜLL (2010).

13 RÜGEMER (2012), 183–184.

14 *Die Zeit* 51/2002.

15 DOHMEN (2011).

16 SCHULMEISTER (2010), 115.

17 Robert H. Frank, Thomas Gilovich, Dennis T. Regan: »Does Studying Economics Inhibit Cooperation?« in *Journal of Economic Perspectives*, Volume 7, Issue 2 (Spring, 1993), 159–171.

18 DOHMEN (2011), 7 und 216.

19 WEED (2003), 36.

20 HIRTLE (2007), 1.

21 Andreas Dombret: »Globale Derivatemärkte im Umbruch«, in *Börsen-Zeitung*, 2. August 2013.

22 OFFICE FOR THE COMPTROLLER OF THE CURRENCY (2013), 10.

23 Ulrike Herrmann: »Erpressen und Auspressen«, in *taz*, 7. Dezember 2013.

24 ADMATI/HELLWIG (2013), 103.

25 ZEISE (2013), 83.

26 SCHWEITZER (2013).

27 »A Proposal for a New Constitution for the Republic of Iceland«, verfasst von einem Verfassungskonvent.

9. Sichere Renten

1   VEREINIGTE DIENSTLEISTUNGSGEWERKSCHAFT (2003), 1.

2   Präsident der Österreichischen Industriellenvereinigung. *Der Standard*, 24. November 2013.

3   Alois Guger/Christine Mayrhuber: »Arbeitsmarktperspektiven und Pensionsfinanzierung bis 2030«, WIFO-Monatsberichte 9/2001.

4   *Frankfurter Allgemeine Zeitung*, 29. November 2013.

5   Statistisches Handbuch der Österreichischen Sozialversicherung 2013, Tabelle 3, 03.

6   Handbuch der österreichischen Sozialversicherung 2012, 119.

7   BOSBACH (2004), 744.

8   Gerhard Mackenroth: »Die Reform der Sozialpolitik durch einen deutschen Sozialplan«, in *Schriften des Vereins für Socialpolitik*, NF, Band 4, Berlin 1952.

9   VEREINIGTE DIENSTLEISTUNGSGEWERKSCHAFT (2003), 8.

10 REIMON/FELBER (2003), 135–165.

11 Toni Keppler: »Rechenfehler mit schweren Folgen. Chiles privates Rentensystem wird zum Sanierungsfall für den Staat«, in *Welt-Sichten* 4/2009.

12 Edward Whitehouse: »Administrative Charges for Funded Pensions: An International Comparison and Assessment«, *Social Protection Discussion Paper* No. 0016, Social Protection Unit, The Human Development Network, IBRD, 2000.

13 John B. Williams: »Social Security Privatization: Lessons from the United Kingdom«, Center for Retirement Research at Boston College, WP 2000–10.

14 Richard Disney: »OECD public pension programmes in crisis: An evaluation of the reform options«, Weltbank 1999, 32.

15 Peter R. Orszag/Joseph E. Stiglitz: »Rethinking Pension Reform: The Myths about Social Security Systems«, Vortrag bei der Konferenz »New Ideas about Old Age Security«, IBRD, Washington DC, 14./15. September 1999.

16 *Manager-Magazin*, 30. Mai 2011.

17 *Der Standard*, 28. Januar 2011.

18 Frank Schirrmacher: »Das Methusalem-Komplott«, Karl Blessing Verlag, München 2004.

19 SCHULMEISTER (1995).

10. Globale Steuerkooperation

1 HUFFSCHMID (2002), 109.

2 *Neue Zürcher Zeitung*, 22. Oktober 2013.

3 Die Zahlen stammen von den Senatoren John McCain und Carl Levin, zitiert in *Financial Times*, 15. Oktober 2013.

4 Recherche von Attac Deutschland: www.attac.de/?id=9546

5 *Handelszeitung*, 16. Juli 2013.

6 GRAVELLE (2013), 13.

7 HENRY (2012), 5.

8 *New York Times*, 14. August 2011.

9 Inklusive »Reichensteuer« und Solidaritätszuschlag.

10 Eine genauere Argumentation habe ich als Reaktion auf die – unvorsichtige – Nominierung für den »Big Brother Award« entwickelt: FELBER (2010).

11 Internationaler Währungsfonds, Articles of Agreement, Article VI, Section 3.

12 www.financialsecrecyindex.com

13 Protokoll (Nr. 4) über die Satzung des Europäischen Systems der Zentralbanken und über die Europäische Zentralbank des Vertrags über die Europäische Union und des Vertrags über die Arbeitsweise der Europäischen Union.

14 G20 (2013), 13, Rn 51.

15 Körperschaftssteuer und Gewerbesteuer.

16 KPMG: Corporate and Indirect Tax Rate Survey 2007 und 2009.

17 Die meisten Verfassungen demokratischer Staaten definieren »Gerechtigkeit« als Verfassungswert; Wettbewerb oder Wettbewerbsfähigkeit ist meines Wissens in keiner Verfassung ein Wert.

18 www.attac.de/kampagnen/konzernbesteuerung/unitary-taxation/
gesamtkonzernhysteuer

19 PICCIOTTO (2012), 10 und 1.

20 Kommentar in *Der Standard*, 25. Oktober 2013.

11. Obergrenzen für Einkommen und Besitz – »negative Rückkoppelungen«

1 VON BRAUN (2012), 165.

2 CROUCH (2008), 142 und 13.

3 JOHNSON (2010).

4 REICH (2008), 214.

5 http://usgovinfo.about.com/od/moneymatters/a/Federal-Minimum-
Wage.htm

6 *The Wall Street Journal*, 28. Januar 2011.

7 DIW (2009), 59.

8 ECKERSTORFER/HALAK/KAPELLER/SCHÜTZ/SPRINGHOLZ/
WILDAUER (2013), 28–29.

9 VALLUGA AG (2011), 13.

10 Erwin Laszlo: »Das dritte Jahrtausend. Zukunftsvisionen«, Suhrkamp,
Frankfurt am Main 1998, 70.

11 http://money.cnn.com/magazines/fortune/fortune500/world-
economies-interactive

12 Stefania Vitali/James B. Glattfelder/Stefano Battiston: »The network of
global corporate control«, wissenschaftliche Studie, ETH Zürich,
28. Juli 2011.

13 FRIEDMAN (2006), 49.

14 HAYEK (2004), 25.

15 HAYEK (2005), 14ff.

16 WIRTSCHAFTSKAMMER STEIERMARK (2013), 1 und 23.

17 Sommergespräch, *Der Standard*, 7. September 2013.

18 Bundeskanzlerin Angela Merkel bei einer Pressekonferenz am 1. September 2009. Quelle: www.bundesregierung.de/Content/DE/Mitschrift/
Pressekonferenzen/2011/09/2011-09-01-merkel-coelho.html, besucht
am 2. November 2013.

19 CDU-Vorsitzender Helmut Kohl 1982. SPD-Parteivorsitzender Kurt
Beck, *Die Welt*, 19. August 2006.

20 CREDIT SUISSE (2012), 31.

21 HERRMANN (2013), 234.

22 WILKINSON/PICKETT (2012), 50.

23 R+V Angstindex: www.ruv.de/de/presse/download/pdf/aengste-der-
deutschen-2010/20100909-grafik-aengste-der-deutschen-2010.pdf

24 WILKINSON/PICKETT (2012), 68 und 71.

25 WILKINSON/PICKETT (2012), 300.

26 LAYARD (2009), 43.

27 LAYARD (2009), 46.

28 Carol Nickerson, Norbert Schwarz, Daniel Kahnemann:»Zeroing in on the Dark Side of the American Dream. A Closer Look at the Negative Consequences of the Goal for Financial Success«, in *Psychological Science*, Vol. 14, No. 6, November 2003, 531–536.

29 »Hinter den Potemkinschen Kulissen der Sozialmechanik«, in *Die Presse*, 13. August 2011; »Den großen Wurf gibt es nicht«, in *Die Presse*, 22. Oktober 2011.

30 VON BRAUN (2012), 269.

31 FELBER (2006), 276 ff.

32 *Frankfurter Allgemeine Zeitung*, 20. Januar 2013. Im *FAZ*-Interview »Zu hohe Managergehälter sind nicht mehr sozialverträglich« sagte Schwab wörtlich: »Ob das Verhältnis nun 1 zu 20 oder 1 zu 40 sein soll, das ist nachrangig. Wenn's aber 1 zu 100 wird und darüber hinaus, dann ist es nicht mehr sozial verträglich. Ich habe übrigens keinen meiner Freunde unter den Unternehmern deswegen verloren, die verstehen meine Beweggründe.«

33 Focus Research/APA, 19. Oktober 2013.

34 *Frankfurter Allgemeine Zeitung* online, 10. August 2013.

35 Populorum Progressio, Rn 23–24.

36 Alexander Dibelius, siehe Zitat am Anfang des Buches.

37 *SonntagsZeitung*, 5. Mai 2013.

38 *New York Times*, 14. Februar 2001.

39 SCHACHERMAYER (2011).

40 FELBER (2012a), 91 ff. und DUCOMMUN (2005), 131 ff.

12. Währungen – Zeit für ein Bretton Woods II

1 Zitiert in MONBIOT (2003), 178.

2 UNITED NATIONS (2009), 115.

3 Die Goldreserven lagerten im berühmten Fort Knox – heute noch.

4 Gesell schreibt von einer »Internationalen Valuta-Assoziation«. Dass Keynes von dieser inspiriert wurde, vermutet BETZ (1998), 39.

5 KEYNES (1943), 16.

6 FELBER (2012b).

7 SCHULMEISTER (2007), 82.

8 *Süddeutsche Zeitung*, 5. Dezember 2013.

9 FELBER (2012b), 48 ff. Die EU verlor Ende 2013 das AAA.

10 Zum Beispiel im Grundgesetz, Art. 104b und 109.

11 UNITED NATIONS (2009), 112; www.statista.com

12 UNITED NATIONS (2009), 113.

13 UNITED NATIONS (2009), 109.

14 Eine Ausnahme bildet MONBIOT (2003), 172 ff. Dieser wiederum wurde durch das Buch »Goodbye America! Globalisation, Debt and the Dollar Empire« von Michael Rowbotham (2000) auf den Vorschlag von Keynes aufmerksam.

15 So etwa der auch in Oxford lehrende Doyen der Volkswirtschaftslehre Erwin Streissler bei der Ö1-Live-Diskussion »Im Zeit-Raum: Götterdämmerung auf den Geldmärkten. Wie kann der Finanzkapitalismus gebändigt werden?« am 4. Dezember 2008 in Wien.

16 XIAOCHUAN (2009), 2.

17 VEREINTE NATIONEN (2009), 109 ff.

18 Diese Entscheidung war umstritten. Der damalige Chefökonom der EZB, Jürgen Stark, meinte: »Das ist reine Geldschöpfung. Das ist Helikopter-Geld für den Globus.« Handelsblatt, 7. April 2009.

19 SCHULMEISTER (2010), 85; Salzburger Nachrichten, 14. September 2013.

20 UNCTAD (2011), 171 ff.

21 FLASSBECK (2010), 87.

22 EUROSTAT.

23 UNCTAD (2011), 178.

24 SCHWEIZER NATIONALBANK (2013), 3–5.

25 Business Week, 24. August 2012.

26 LIETAER (2002).

27 KENNEDY (2006).

28 PLETTENBACHER (2008) und EISENSTEIN (2013).

29 www.allmenda.com/langenegger-talente

30 www.chiemgauer.info

31 www.regiostar.com/3.0.html

VI. Startschuss: Der Weg zum ersten Konvent

1 FELBER (2012a).

2 BERTELSMANNSTIFTUNG (2010), 1 und (2012), 7.

3 www.gemeinwohl-oekonomie.org/de/content/downloads

4 Richtlinie des Landes Vorarlberg zur Einberufung und Durchführung von Bürgerräten: www.vorarlberg.at/pdf/buergerratrichtlinie.pdf

Literatur

ADMATI, Anat/HELLWIG, Martin (2013):»Des Bankers neue Kleider. Was bei Banken wirklich schiefläuft und was sich ändern muss«, FBV, München.

AKADEMIE SOLIDARISCHE ÖKONOMIE (BENDER/BERNHOLDT/WINKELMANN) (Hg.) (2012):»Kapitalismus und dann? Systemwandel und Perspektiven gesellschaftlicher Transformation«, oekom, München.

ATTAC DEUTSCHLAND (2000):»Die Finanzmärkte untergraben unser Rentensystem. Gegen die Abschaffung einer solidarischen Rentenversicherung«, Diskussionspapier.

ATTAC ÖSTERREICH (2004):»Die geheimen Spielregeln des Welthandels. WTO – GATS – TRIPS – MAI«, Promedia, Wien.

ATTAC ÖSTERREICH (2010):»Die demokratische Bank«, Projektpapier, Mai 2010.

BANK FÜR INTERNATIONALEN ZAHLUNGSAUSGLEICH (2011):»The real effects of debt«, BIS working papers 352, von Stephen G. Cecchetti, M.S. Mohanty und Fabrizio Zampolli, September 2011.

BANK FÜR INTERNATIONALEN ZAHLUNGSAUSGLEICH (2013a): »Statistical release: OTC derivatives statistics at end-December 2012«, Monetary and Economic Department, Basel, Mai 2013.

BEIGEWUM (1998):»Vom Pensionär zum Aktionär. Private Pensionsvorsorge, Finanzmärkte und Politik«, Kurswechsel 3/1998, S. 118–134.

BEIGEWUM (2005):»Mythen der Ökonomie. Anleitung zur geistigen Selbstverteidigung in Wirtschaftsfragen«, VSA, Hamburg.

BEIGEWUM (2010):»Mythen der Krise. Einsprüche gegen falsche Lehren aus dem großen Crash«, VSA, Hamburg.

BENES, Jaromir/KUMHOF, Michael (2012):»The Chicago Plan Revisited«, IMF Working Paper, Washington, August 2012.

BERTELSMANNSTIFTUNG (2010):»Bürger wollen kein Wachstum um jeden Preis«, Umfrage-Studie, Juli 2010.

BERTELSMANNSTIFTUNG (2012):»Kein Wachstum um jeden Preis«, Umfrage-Studie, Kurzbericht, Juli 2012.

BETZ, Thomas (1998):»Was der Euro soll und was eine internationale Währung wirklich sollte«, Zeitschrift für Sozialökonomie, 117. Folge, S. 35–43.

BETZ, Thomas (2010):»Keynes' Bancor-Plan reloaded. Eine moderne Idee kommt endlich in Mode«, Zeitschrift für Sozialökonomie, 164/165. Folge, S. 38–49.

BINGLER, Klaus/BOSBACH, Gerd (2004):»Kein Anlass zu Furcht und

Panik. Fakten und Mythen zur ›demografischen Katastrophe‹«, Schriftenreihe des Verbandes Deutscher Rentenversicherungsträger, 59. Jahrgang, November/Dezember, S. 725–749.

BINSWANGER, Hans Christoph (2009): »Geld und Magie. Eine ökonomische Deutung von Goethes Faust«, Murmann Verlag, 3. Aufl., Hamburg.

BINSWANGER, Hans Christoph (2013): »Finanz- und Umweltkrise sind ohne Währungs- und Geldreform nicht lösbar«, S. 19–31 in: Verein Monetäre Modernisierung (2013): »Die Vollgeld-Reform. Wie Staatsschulden abgebaut und Finanzkrisen verhindert werden können«, 3. Aufl., Edition Zeitpunkt, Solothurn.

BOARD OF GOVERNORS OF THE FEDERAL RESERVE SYSTEM (2013): »Quarterly Report on Federal Reserve Blance Sheet Developments«, New York, November 2013.

BOSTON CONSULTING GROUP (2011): »Back to Mesopotamia? The Looming Threat of Debt Restructuring«, Studie von David Rhodes und Daniel Stelter, London-Berlin.

BOSTON CONSULTING GROUP (2013): »Global Wealth 2013. Maintaining Momentum in a Complex World«, Boston.

BRODBECK, Karl Heinz (2012): »Die Herrschaft des Geldes. Geschichte und Semantik«, Wissenschaftliche Buchgesellschaft, 2. Aufl., Darmstadt.

CREDIT SUISSE RESEARCHE INSTITUTE (2012): »Global Wealth Report 2012«, Zürich.

CREUTZ, Helmut (2004): »Das Geld-Syndrom. Wege zu einer krisenfreien Marktwirtschaft«, Verlag Mainz, 7. Aufl., Aachen.

CREUTZ, Helmut (2008): »Die 29 Irrtümer rund ums Geld«, Signum Wirtschaftsverlag, Sonderproduktion, Wien.

CROUCH, Colin (2008): »Postdemokratie«, suhrkamp, Frankfurt a. M.

DEUTSCHE BANK RESEARCH (2011): »Financial supervision in the EU. Incremental progress, success not ensured«, EU Monitor 84, 4. August 2011.

DEUTSCHE BUNDESBANK (2013): »Die Entwicklung staatlicher Zinsausgaben in Deutschland«, Monatsbericht September 2013, S. 47–56.

DEUTSCHER GEWERKSCHAFTSBUND (2013): »Auch Trennbanken können gefährlich sein«, KLARTEXT 13/5. April 2013.

DEUTSCHES INSTITUT FÜR WIRTSCHAFTSFORSCHUNG (2009): »Wochenbericht des DIW Berlin« 4/2009.

DIETER, Heribert (2013): »Die G20 und das Dilemma asymmetrischer Souveränität«, SWP-Aktuell 53, September 2013.

DOHMEN, Caspar (2009): »Let's make money. Was macht die Bank mit unserem Geld?«, Orange Press, 4. Aufl., Freiburg.

DOHMEN, Caspar (2011): »Good Bank. Das Modell der GLS Bank«, Orange Press, Freiburg.

DUCOMMUN, Gil (2005): »Nach dem Kapitalismus. Wirtschaftsordnung einer integralen Gesellschaft«, Verlag Via Nova, Petersberg.

ECKERSTORFER, Paul/HALAK, Johannes/KAPELLER, Jakob/SCHÜTZ, Bernhard/SPRINGHOLZ, Florian/WILDAUER, Rafael (2013): »Vermögen in Österreich. Bericht zum Forschungsprojekt ›Reichtum im Wandel‹«, Johannes Kepler Universität Linz, Juli 2013.

EICHHORN, Wolfgang/SOLTE, Dirk (2009): »Das Kartenhaus Weltfinanzsystem. Rückblick – Analyse – Ausblick«, Fischer Taschenbuch, Frankfurt a. M.

EISENSTEIN, Charles (2013): »Ökonomie der Verbundenheit. Wie das Geld die Welt an den Abgrund führte – und sie dennoch retten kann«, Scorpio Verlag, München.

EUROPÄISCHE KOMMISSION (2012): »Grünbuch Schattenbankwesen«, COM(2012) 102 final, Brüssel, 19. März 2012.

EUROPÄISCHES PARLAMENT UND EUROPÄISCHER RAT (2011): »Richtlinie 2011/61/EU über die Verwalter alternativer Investmentfonds«, 8. Juni 2011.

EUROPÄISCHE ZENTRALBANK (2013): »Jahresbericht 2012«, Frankfurt a. M.

EUROPEAN CENTRAL BANK (2013b): »Monthly Bulletin December 2013«, Frankfurt a. M.

EUROPEAN CENTRAL BANK (2013c): »Euro banknotes and coin statistics«, Frankfurt a. M.

FELBER, Christian (2008): »Neue Werte für die Wirtschaft. Eine Alternative zu Kommunismus und Kapitalismus«, Deuticke, Wien.

FELBER, Christian (2010): »Attac an BBA: Erfordern die Bürgerrechte ein Lohngeheimnis?«, Rechtfertigung zur Nominierung für den Big Brother Award 2010, 2 Seiten, im Internet: www.christian-felber.at/schaetze/BBA_Attac_Felber.pdf

FELBER, Christian (2012): »Kooperation statt Konkurrenz. 10 Schritte aus der Krise«, Deuticke, Wien.

FELBER, Christian (2012a): »Die Gemeinwohl-Ökonomie. Eine demokratische Alternative wächst«, 2., überarbeitete Neuaufl., Deuticke, Wien.

FELBER, Christian (2012b): »Retten wir den Euro«, Deuticke, Wien.

FELBER, Christian/HENN, Markus/LINDNER, Stephan (2012): »Financial Crimes. Wie Banken funktionieren, spekulieren und welche Alternativen nötig sind«, AttacBasis Texte 38, VSA-Verlag, Hamburg.

FINANCE WATCH (2013): »Europe's banking trilemma: Why banking reform is essential for a successful Banking union«, verfasst von Duncan Lindo und Katarzyna Hanula-Bobbitt, Brüssel, September 2013.

FINANCIAL STABILITY BOARD (2012): »Global Shadow Banking Monitoring Report«, 45 Seiten, Basel, 12. November 2012.

FISHER, Irving (2007): »100%-Money. 100%-Geld«, Verlag für Sozialökonomie, Kiel.

FLASSBECK, Heiner (2010): »Die Marktwirtschaft des 21. Jahrhunderts«, Westend, Frankfurt a. M.

FRIEDMAN, Milton (2006): »Kapitalismus und Freiheit«, Piper Taschenbuch, 3. Aufl., München/Zürich.

G20 (2008): »Declaration of the Summit on Financial Markets and the World Economy«, Washington, 15. November 2008.

G20 (2013): »Russia G20 Leaders' Declaration«, Moscow, September 2013.

GESELL, Silvio (1988–2009): »Die natürliche Wirtschaftsordnung durch Freiland und Freigeld«, gesammelte Werke, Band 11, 1920, Verlag für Sozialökonomie, Kiel.

GLÖTZL, Erhard (2013): »Fragen zur Problematik der Giralgeldschöpfung durch Geschäftsbanken – Banken haben einen ungerechtfertigten Vorteil im Wettbewerb mit Nichtbanken«, Arbeitspapier.

GRAEBER, David (2012): »Schulden. Die ersten 5000 Jahre«, Hanser, München.

GRAVELLE, Jane G. (2013): »Tax Havens: International Tax Avoidance and Evasion«, Congressional Research Service, Januar 2013.

HAYEK, Friedrich August (2004): »Der Weg zur Knechtschaft«, Deutsche Reader's-Digest-Ausgabe, Friedrich August v. Hayek Institut, Wien.

HAYEK, Friedrich August (2005): »Die Verfassung der Freiheit«, Mohr Siebeck, 4. Aufl., Tübingen.

HENRY, James S. (2012): »The price of offshore revisited«, Studie des Tax Justice Network, Juli 2012.

HERRMANN, Ulrike (2013a): »Der Sieg des Kapitals. Wie der Reichtum in die Welt kam: Die Geschichte von Wachstum, Geld und Krisen«, Westend Verlag, Frankfurt a. M.

HERRMANN, Ulrike (2013b): »Die vier Krisen des Euro«, Le Monde diplomatique, deutsche Ausgabe, 13. September 2013.

HIRTLE, Beverly (2007): »Credit derivatives and Bank Credit Supply«, Federal Reserve Bank of New York Staff Report no. 276, Februar 2007.

HONEGGER, Claudia/NECKEL, Sighard/MAGNIN, Chantal (2010): »Strukturierte Verantwortungslosigkeit. Berichte aus der Bankenwelt«, Suhrkamp, Berlin.

HUBER, Joseph/ROBERTSON, James (2008): »Geldschöpfung in öffentlicher Hand. Weg zu einer gerechten Geldordnung im Informationszeitalter«, Verlag für Sozialökonomie, Kiel.

HUBER, Joseph (2010): »Monetäre Modernisierung. Zur Zukunft der Geldordnung«, Metropolis-Verlag, Marburg.

HUBER, Joseph (2013a): »Finanzreformen und Geldreform – Rückbesinnung auf die monetären Grundlagen der Finanzwirtschaft«, S. 33–59 in: Verein Monetäre Modernisierung (2013): »Die Vollgeld-Reform. Wie Staatsschulden abgebaut und Finanzkrisen verhindert werden können«, 3. Aufl., Edition Zeitpunkt, Solothurn.

HUBER, Joseph (2013b): »Vollgeld und 100%-Reserve«, wissenschaftliches Arbeitspapier, veröffentlicht auf: https://vollgeld-jh.squarespace.com/vollgeld-und-100-prozent-reserve

HUFFSCHMID, Jörg (1999): »Politische Ökonomie der Finanzmärkte«, VSA-Verlag, Hamburg.

JENNER, Gero (2008): »Das Pyramidenspiel. Finanzkapital manipuliert die Wirtschaft«, Signum, Wien.

JOHNSON, Simon (2010): »Wir müssen die Macht der Wall Street brechen«, Interview, Süddeutsche Zeitung, 18. Mai 2010.

KARWAT, Klaus (2009): »Vom fraktionalen Reservesystem zur Monetative: eine Darstellung in Bilanzform«, wissenschaftliches Arbeitspapier, veröffentlicht auf: https://vollgeld-jh.squarespace.com/papers-und-manuskripte-zur-vollgeldreform

KENNEDY, Margrit (2006): »Geld ohne Inflation und Zinsen. Ein Tauschmittel, das jedem dient«, Aktualisierte Neuausgabe, Goldmann Taschenbuch, München.

KEYNES, John Maynard (1943): »Vorschläge für eine International Clearing Union / Union für den internationalen Zahlungsverkehr«, Collected Writings Vol. 25 – Activities 1940–1944, Cambridge 1980, S. 168–195; Übersetzung von Werner Onken.

KEYNES, John Maynard (1983): »Vom Gelde« (A Treatise on Money), Duncker & Humblot, Berlin.

KLEIN, Michael (2008): »Bankier der Barmherzigkeit: Friedrich Wilhelm Raiffeisen. Das Leben des Genossenschaftsgründers in Texten und Bildern«, Sonder-Edition für Mit.Einander NÖ, Aussaat Verlag, Neukirchen-Vluyn.

KREISS, Christian (2013): »Profitwahn. Warum sich eine menschengerechtere Wirtschaft lohnt«, Tectum Verlag, Marburg.

LAYARD, Richard (2009): »Die glückliche Gesellschaft. Was wir aus der Glücksforschung lernen können«, Campus, Frankfurt a. M.

LIEBERT, Nicola/HENN, Markus (2013): »Stellungnahme des Tax Justice Network (Netzwerk Steuergerechtigkeit) zum Fachgespräch im Finanzausschuss des Deutschen Bundestags zur ›Bekämpfung grenzüberschreitender Steuergestaltungen‹ am 20. März 2013«.

LIETAER, Bernard (2002): »Das Geld der Zukunft. Über die zerstörerische Wirkung unseres Geldsystems und Alternativen hierzu«, Riemann, 2. Aufl. und Sonderausgabe, München.

LIETAER, Bernard/ULANOWICZ, Robert/GOERNER, Sally (2009):»Wege zur Bewältigung systemischer Bankenkrisen«, Wissenschaftliche Arbeit für die World Academy of Arts and Sciences (WAAS) in Hyderabad, Indien.

LIPKE, Isabel (2003):»Derivate. Das unbekannte Wesen«, WEED-Broschüre, 39 Seiten, Berlin.

LOWENSTEIN, Roger (2000):»When Genius Failed: The Rise and Fall of Long-Term Capital Management«, New York.

MARTIN, Felix (2013):»Money. The unauthorised biography«, Random House, London.

MASTRONARDI, Philippe (2013):»Die Vollgeldreform als Verfassungsinitiative aus juristischer Sicht«, S. 61–72 in: Verein Monetäre Modernisierung (2013):»Die Vollgeld-Reform. Wie Staatsschulden abgebaut und Finanzkrisen verhindert werden können«, 3. Aufl., Edition Zeitpunkt, Solothurn.

MCKINSEY GLOBAL INSTITUTE (2012a):»Debt and deleveraging: Uneven progress on the path to growth«, Studie, Januar 2012.

MCKINSEY & COMPANY (2012b):»The Hunt for Elusive Growth: Asset Management in 2012«, Europe/North America.

MCKINSEY GLOBAL INSTITUTE (2013):»Financial globalization: Retreat or reset? Global capital markets 2013«, New York, März 2013.

MONBIOT, George (2003):»United People. Manifest für eine neue Weltordnung«, Riemann, München.

MÜLLER, Dirk (2009):»Crashkurs. Weltwirtschaftskrise oder Jahrhundertchance. Wie sie das Beste aus Ihrem Geld machen«, Droemer, München.

OFFICE FOR THE COMPTROLLER OF THE CURRENCY (2013):»OCC's Quarterly Report on Bank Trading and Derivatives Activities«, 1. Quartal 2013, Washington.

ÖSTERREICHISCHE GESELLSCHAFT FÜR POLITIKBERATUNG UND POLITIKENTWICKLUNG (2003):»Privatisierung und Liberalisierung öffentlicher Dienstleistungen in der EU. Ein Überblick über den Stand der Privatisierung und Liberalisierung von öffentlichen Dienstleistungen in den 15 Mitgliedstaaten der EU«, Studienzusammenfassung, Wien, Mai 2003.

OTTE, Max (2008):»Der Crash kommt. Die neue Weltwirtschaftskrise und wie Sie sich darauf vorbereiten«, Ullstein, Berlin.

OTTE, Max (2013):»Wie die Staaten aus dem Würgegriff der Finanzmärkte herauskommen«, Gastkommentar, Format 24/2013.

OXFAM DEUTSCHLAND (2012):»Mit Essen spielt man nicht. Die deutsche Finanzbranche und das Geschäft mit dem Hunger«, Broschüre, 60 Seiten, Berlin.

300

PEUKERT, Helge (2012):»Die große Finanzmarkt- und Staatsschulden-krise«, 4., aktualisierte Aufl., Metropolis, Marburg.

PEUKERT, Helge (2013):»Das Moneyfest. Ursachen und Lösungen der Finanzmarkt- und Staatsschuldenkrise«, Metropolis, Marburg.

PICCIOTTO, Sol (2012):»Towards Unitary Taxation of Transnational Cor-porations«, Tax Justice Network, Studie, 19 Seiten.

PLETTENBACHER, Tobias (2008):»Neues Geld. Neue Welt. Die drohende Wirtschaftskrise – Ursachen und Auswege«, 2. Aufl., planetverlag, Salz-burg.

REICH, Robert (2008):»Superkapitalismus. Wie die Wirtschaft unsere Demokratie untergräbt«, Campus, Frankfurt a. M.

REINHART, Carmen M./ROGOFF, Kenneth S. (2008):»This Time is Diffe-rent. A Panoramic View of Eight Centuries of Financial Crisis«, National Bureau of Economic Research Working Papier Nr. 13882, Cambridge, März 2008.

ROBERTSON, James (2012):»Future Money. Breakdown or Breakthrough?«, Green Books, Totnes.

RÜGEMER, Werner (2012):»Rating-Agenturen. Einblick in die Kapital-macht der Gegenwart«, transcript, Bielefeld.

RÜLKE, Eckhard/REISSMANN, Jan (2011):»Geld Macht Druck. Geschichte, System und Funktion des Geldes«, Power-Point-Präsentation, Attac Chemnitz.

SCHACHERMAYER, Walter (2011):»Der Rechenfehler der Schulden-bremser«, Kommentare der anderen, Der Standard, 17. Dezember 2011.

SCHULMEISTER, Stephan: (1995):»Zinssatz, Wachstumsrate und Staats-verschuldung«, WIFO-Monatsberichte 3/95, S. 165–180.

SCHULMEISTER, Stephan: (2007):»Finanzspekulation, Arbeitslosigkeit und Staatsverschuldung«, Intervention 1/2007, S. 73–97.

SCHULMEISTER, Stephan: (2008):»Luftschlösser – eingestürzt und ausge-bubbelt«, Kommentare der anderen, Der Standard, 23. September 2008.

SCHULMEISTER, Stephan: (2010):»Mitten in der großen Krise. Ein ›New Deal‹ für Europa«, Picus Verlag, Wien.

SCHULMEISTER/Stephan, SCHRATZENSTALLER, Margit/PICEK, Oliver (2008):»A General Financial Transaction Tax. Motives, Revenues, Feasibility and Effects«, Studie des Österreichischen Instituts für Wirt-schaftsforschung, März 2008.

SCHWEITZER, Albert (2013):»Die Ehrfurcht vor dem Leben. Grundtexte auf fünf Jahrzehnten«, C. H. Beck, 10. Aufl., München.

SCHWEIZERISCHE NATIONALBANK (2012): Geschäftsbericht 2012.

SENF, Bernd (2009):»Der Nebel um das Geld. Zinsproblematik, Währungs-systeme, Wirtschaftskrisen. Ein Aufklärungsbuch«, 10. überarbeitete Aufl., Verlag für Sozialökonomie, Kiel.

SENNRICH, Simon (2013):»A review of money issuance concepts in modern economic history«, Bachelor Thesis, Universität Zürich, 27. Juni 2013.

SIEDENBIEDEL, Christian (2013):»Brauchen wir ein neues Geldsystem?«, Frankfurter Allgemeine Zeitung, 17. August 2013.

SPRINKART, Karl Peter/GOTTWALD, Franz-Theo (2013):»Fair Finance. Das Kapital der Zukunft«, Herbig, München.

STADLER, Wilfried (2011):»Der Markt hat nicht immer recht. Über die wirklichen Ursachen der Finanzmarktkrise und wie wir die nächste vermeiden können«, Linde Verlag, Wien.

STIGLITZ, Joseph (2002):»Die Schatten der Globalisierung«, Siedler, Berlin.

STIGLITZ, Joseph (2012):»Der Preis der Ungleichheit. Wie die Spaltung der Gesellschaft unsere Zukunft bedroht«, Siedler, München.

UNCTAD (2010):»Global monetary chaos: Systemic failures need bold multilateral responses«, Policy Paper N° 12, März 2010.

UNCTAD (2011):»Trade and Development Report 2011«, New York und Genf.

UNITED NATIONS (2009):»Report of the Commission of Experts of the President of the United Nations General Assembly on Reforms of the International Monetary and Financial System«, 140 Seiten, New York, 21. September 2009.

VALLUGA AG (2010):»D.A.CH.-Vermögensreport 2010«, Vaduz.

VEREINIGTE DIENSTLEISTUNGSGEWERKSCHAFT E.V. (2003):»Mythos Demografie«, Broschüre, 28. Seiten, Berlin.

VEREIN MONETÄRE MODERNISIERUNG (Hg.) (2013):»Die Vollgeld-Reform. Wie Staatsschulden abgebaut und Finanzkrisen verhindert werden können«, 3. Aufl., Edition Zeitpunkt, Solothurn.

VOGL, Joseph (2012):»Das Gespenst des Kapitals«, diaphanes, Zürich.

VON BRAUN, Christina (2012):»Der Preis des Geldes. Eine Kulturgeschichte«, Aufbau Verlag, Berlin.

VON UEXKÜLL, Jakob (2010):»Die Finanzwelt muss der Wirtschaft dienen, nicht umgekehrt«, Süddeutsche Zeitung, 25. Februar 2010.

WAGENKNECHT, Sahra (2011):»Freiheit statt Kapitalismus«, Eichborn Verlag, Frankfurt a. M.

WAGENKNECHT, Sahra (2013):»Im Geld- und Finanzsystem ist der Reset-Knopf zu drücken«, Börsen-Zeitung, 30. August 2013.

WEIK, Matthias/FRIEDRICH, Marc (2012):»Der größte Raubzug der Geschichte. Warum die Fleißigen immer ärmer und die Reichen immer reicher werden«, Tectum-Verlag, Marburg.

WEISSMAN, Robert/DONAHUE, James (2009):»Sold out. How Wall Street

and Washington Betrayed America«, Studie, Essential Information &
Consumer Education Foundation, Washington/Studio City, 2009.

WEIZSÄCKER, Ernst Ulrich von/YOUNG, Oran R./FINGER, Matthias (Hg.)
(2006): »Grenzen der Privatisierung. Wann ist des Guten zuviel?«,
Bericht an den Club of Rome, Hirzel, Stuttgart.

WILKINSON, Richard/PICKETT, Kate (2009): »Gleichheit ist Glück. Warum
gerechte Gesellschaften für alle besser sind«, Tolkemitt Verlag, Berlin.

WIRTSCHAFTSKAMMER STEIERMARK (2013): »Wachstum und Wirt-
schaftssysteme. Bruttoinlandsprodukt, Gemeinwohlökonomie & Co«,
Standpunkte der Wirtschaftskammer Nr. 01/2013, Graz.

XIAOCHUAN, Zhou (2009): »Reform the International Monetary System«,
Essay zum G20-Gipfel in London, 23. März 2009.

ZEISE, Lucas (2012): »Geld – der vertrackte Kern des Kapitalismus: Versuch
über die politische Ökonomie des Finanzsektors«, 3. aktualisierte Aufl.,
PapyRossa, Köln.

Dank

Bei den Kaffeehaus-Sessions mit Clemens Guptara sprühten jedes Mal die Ideen, der Humor, Sprachwitz und die Analogien. Clemens ist der jüngste Intellektuelle in meinem Bekanntenkreis und Freund zugleich. Das Buch ist unser erstes gemeinsames Projekt, bei dem wir nicht nur geblödelt haben.

Joseph Huber für die geduldige Betreuung des wahrlich nicht leichtverdaulichen Themas Vollgeld vom E-Mail-Verkehr bis zum persönlichen Treffen in Berlin. Seiner Arbeit sage ich noch viel Aufmerksamkeit voraus und wünsche ihr baldige Umsetzung.

Für inspirierende Gedanken, kritisches Feedback und die Durchsicht einzelner Kapitel oder des gesamten Manuskripts bedanke ich mich bei Sven Giegold, Günter Grzega, Gisela Heindl, Ulrich Hoffrage, Elisabeth Klatzer, Karin Küblböck, Nicola Liebert, Helge Peukert, Martin Rollé, Margit Schratzenstaller, Simon Sennrich, Alexandra Strickner, Stephan Schulmeister, Beat Weber, Ralf Widtmann und Albert Wirthensohn.

Bei meiner Partnerin Maga für die liebevolle Begleitung durch die Hochproduktionsphase und die Unterstützung bei der inhaltlichen Recherche.

Dem Team im Deuticke-Verlag einschließlich Hanser rund um Bettina Wörgötter, das mich gleichermaßen professionell wie menschlich betreut und mit dem vorliegenden seit 2006 das achte Buch hervorgebracht hat.

Der letzte und wichtigste Dank gilt auch bei diesem atemberaubend anorganischen Thema Pachamama. Sie birgt die Bodenschätze, aus denen Münzen werden, sie liefert selbst für Buchgeld noch den Rohstoff.